韶关学院人文社会科学资助项目（重点项目，课题号：SZ2022SK03）
中小学体育教学创新研究

中小学体育教学创新研究

黎晋添 著

辽宁大学出版社 沈阳
Liaoning University Press

图书在版编目（CIP）数据

中小学体育教学创新研究/黎晋添著. --沈阳：辽宁大学出版社，2024.5
　　ISBN 978-7-5698-1567-2

Ⅰ.①中… Ⅱ.①黎… Ⅲ.①体育课－教学研究－中小学 Ⅳ.①G633.962

中国国家版本馆 CIP 数据核字（2024）第 079477 号

中小学体育教学创新研究
ZHONGXIAOXUE TIYU JIAOXUE CHUANGXIN YANJIU

出 版 者：	辽宁大学出版社有限责任公司
	（地址：沈阳市皇姑区崇山中路66号　邮政编码：110036）
印 刷 者：	河北万卷印刷有限公司
发 行 者：	辽宁大学出版社有限责任公司
幅面尺寸：	170mm×240mm
印　　张：	16.25
字　　数：	218 千字
出版时间：	2024 年 5 月第 1 版
印刷时间：	2024 年 5 月第 1 次印刷
责任编辑：	田苗妙
封面设计：	徐澄玥
责任校对：	郝雪娇

书　　号：	ISBN 978-7-5698-1567-2
定　　价：	88.00 元

联系电话：024-86864613
邮购热线：024-86830665
网　　址：http://press.lnu.edu.cn

前言

  青少年的体质健康是国之未来与根本，中小学生体质健康水平不只关乎个人健康成长与家庭幸福，而且关乎社会稳定与民族发展，关乎国家人才培养的质量。党的十八大以来，党和国家对体育课程问题和中小学生体质与健康问题的重视程度日益提高，并先后印发了一系列关于中小学体育教学的指导性文件，如《体育强国建设纲要》《深化新时代教育评价改革总体方案》《关于全面加强和改进新时代学校体育工作的意见》《关于全面加强和改进新时代学校卫生与健康教育工作的意见》《关于进一步加强中小学生体质健康管理工作的通知》，强调要开齐开足体育与健康课程，保证学生校内、校外体育活动时间，切实保障学生身心健康发展。中小学体育教学的重要性显而易见。因此，关注和研究中小学体育教学具有非常重要的现实意义，对于中小学生体质健康水平的提升有促进作用。

  鉴于此，笔者撰写了《中小学体育教学创新研究》一书。本书在内容编排上共分为七章，各章节内容如下。

  第一章：主要从体育与体育教学的概念，中小学体育教学的目标和原则、本质与功能以及改革与创新发展入手，对中小学体育教学作出了全方位的阐述，奠定了中小学体育教学研究的理论基础。

  第二章：本章从中小学体育教学内容的范围、特点、优选及拓展等角度详细阐述了如何创新中小学体育教学内容，旨在提高中小学体育教学内容的吸引力、趣味性。

第三章：以教学模式为切入点对中小学体育教学的创新进行了阐述，主要介绍了"课课练"教学模式、"SPARK"教学模式、"运动处方"教学模式、"游戏化"教学模式、"对分课堂"教学模式，旨在提高中小学体育教学模式的有效性。

第四章：在本章的论述中，笔者主要论述了大数据技术、人工智能技术及其他新技术在中小学体育教学中的应用，强调应用这些新兴技术的重要性，旨在让中小学体育教学与时俱进。

第五章：本章以教学评价为切入点，从评价理念、评价内容、评价方法角度入手展开论述，最后具体分析了如何完善中小学体育教学评价体系。

第六章：在本章的论述中，笔者主要探讨了中小学体育教学的文化创新，解读了中小学体育教学的文化内涵与发展路径，同时围绕中小学体育教学与传统文化教育的融合展开了论述，最后立足人文素质教育理念，对中小学体育教学的创新进行了研究。

第七章：本章重点从中小学体育教师的角色定位、专业发展的必要性和途径以及和谐师生关系的建设三个方面入手，阐述了中小学体育教师专业发展的创新路径，旨在为中小学体育教学的创新提供强大的师资力量。

由于笔者知识和水平有限，书中不足之处在所难免，恳请各位老师、专家不吝赐教，以便我们不断改进与完善。

笔者

2023 年 10 月

目录

第一章 概述 1
第一节 体育与体育教学的概念 1
第二节 中小学体育教学的目标和原则 6
第三节 中小学体育教学的本质与功能 15
第四节 中小学体育教学的改革与创新发展 23

第二章 中小学体育教学创新之内容改革 37
第一节 中小学体育教学内容的范围和特点 37
第二节 中小学体育教学内容的优选 44
第三节 中小学体育教学内容的拓展 56

第三章 中小学体育教学创新之模式革新 71
第一节 "课课练"教学模式 71
第二节 "SPARK"教学模式 77
第三节 "运动处方"教学模式 84
第四节 "游戏化"教学模式 96
第五节 "对分课堂"教学模式 104

第四章 中小学体育教学创新之技术应用变革 114
第一节 大数据技术在中小学体育教学中的应用 114
第二节 人工智能技术在中小学体育教学中的应用 126
第三节 其他新兴技术在中小学体育教学中的应用 140

第五章　中小学体育教学创新之评价完善　　149

第一节　中小学体育教学评价的理念　　149
第二节　中小学体育教学评价的内容和方法　　157
第三节　改进与完善中小学体育教学评价体系的建设　　166

第六章　中小学体育教学创新之文化建设　　180

第一节　中小学体育教学的文化内涵与发展路径　　180
第二节　中小学体育教学与传统文化教育的融合　　186
第三节　人文素质教育理念下中小学体育教学的创新　　200

第七章　中小学体育教学创新之教师专业发展　　208

第一节　中小学体育教师的角色定位　　208
第二节　中小学体育教师专业发展的必要性和途径　　224
第三节　中小学和谐师生关系的建设　　232

参考文献　　248

第一章 概述

随着时代的发展，体育在人们日常生活中的地位日益凸显，而中小学体育教育作为青少年健康成长和全面发展的重要途径更是受到了广泛关注。本章全面系统地阐述中小学体育教学的基础，具有一定的理论指导意义。

第一节 体育与体育教学的概念

一、体育的概念

体育是社会发展和人类进步的重要标志，是伴随着人类社会发展而逐渐形成的一个专门的科学领域。体育的概念有广义和狭义之分。

从广义上讲，体育指的是为了增强人的体质，实现人的全面发展，丰富社会文化生活，加强精神文明建设，采用身体练习这一基本手段，进行的一种有目的、有组织、有意识的社会活动。体育是社会文化的重要组成部分，其发展受制于社会政治、经济等因素，并服务于社会政治、经济的发展。

从狭义上讲，体育是一个以发展身体为核心，传授锻炼身体知识与技能、培养道德与意志品质、强健体魄的教育过程，是教育不可或缺的一部分，是培养全面发展人才的一条重要途径。

体育拥有数千年的悠久历史，从古至今经历了一个漫长而曲折的发展过程，而且远未结束。体育的发展与人类文明和社会的进步是相辅相成的：人类文明和社会的进步带动了体育的日益完善，体育的发展又促进了人类文明和社会的不断进步。人类为了追求更高质量、更加美好的生活，对体育寄予了有别于一般的期望，殷切地希望体育能够带给自己健康、力量、和谐与美。这不仅是现代人的美好追求，也是中小学生的共同心声。接下来我们就以体育发展的历史为基础，以体育概念的演变发展历程为线索，对体育进行认识。

在古代的文献著作中，对于"体育"的描述，希腊和欧洲常常使用"运动""经济""体操训练"等词语，中国则常用"引导""尚武""养生""习武"等词语。进入近代之后，伴随着欧洲工业和教育的发展，户外运动成为人们的新宠，越来越多的学者开始着手整理与身体活动相关的术语，编制身体练习方法，频繁使用"体操"的概念，初步形成了完整的"体操"练习体系。随着"三育"并重教育理念的提出，"体育"一词在学校教育中得到了大范围的使用与传播，其他相近意义上的词语也逐渐为之所取代。

伴随着社会的不断进步，尤其是现代社会体育的发展，"体育"一词不断被赋予彰显时代特征的丰富内涵，人们以人和社会的现实需要为依据，组建了极其丰富的体育词组，形成了庞大的体育概念体系。概念是人们在认识事物的过程中对"这种事物是什么"的回答，是反映事物本质属性的思维形式。换言之，概念必须对事物的本质属性加以反映。通常来说，人们习惯于借助定义来说明概念的具体内容，同时反映对象的本质属性，下面介绍几个与体育相关的基本概念。

《现代汉语词典》对"体育"一词作出如下解释：①以发展体力、增强体质为主要任务的教育，通过参加各项运动来实现。②指体育运动。[①]体育的主要任务随着现代社会的进步与发展而不断发生变化，早已超出单纯发展身体、增强体质的范畴。新时代，体育的主要任务在于促进人们身心健康全面发展，培养终身体育意识。

综上所述，笔者认为体育是对包括身体锻炼、游戏、竞争要素在内的各项身体运动的总称。现代学校开展体育教学，要不断深化中小学生对体育的认识，使之可以主动参与其中，并在酣畅淋漓的体育运动中收获快乐、自信与健康。

二、体育教学的概念

（一）体育教学的定义

体育教学由"体育"和"教学"两个相对独立的词组成，把体育的理论体系和教学的概念结合在一起，就形成了一套完整的、全新的教学内容和教学方法。在教学实践过程中，体育教学与其他学科的相同之处在于，都拥有一套完整、系统、成熟的体系，包括组织活动和管理活动两部分。体育教学与其他学科教学的不同之处在于它对教学环境、场地、器材提出的要求具有特殊性。由此可见，体育教学并不是循规蹈矩、因循守旧的教学活动，也不是一种简单的休闲娱乐的放松活动，而是需要诸多因素相辅相成、相互促进才能有序、科学、合理地开展的教学活动。

关于体育教学的概念，目前学术界尚未形成统一界定，不同学者提出了不同的观点。在《学校体育学》一书中，潘绍伟、于可红将"体育教学"解释为"学校体育的重要组成部分，是实现学校体育目标的基本组成形式，体育教学是教师的教与学生的学的统一活动"[②]。在《体育教学论》一书中，

[①] 中国社会科学院语言研究所词典编辑室.现代汉语词典[M].7版.北京：商务印书馆，2016：1288.

[②] 潘绍伟，于可红.学校体育学[M].3版.北京：高等教育出版社，2015：90.

龚正伟对"体育教学"作出的定义为："体育教学与其他各科教学一样具有共同性，都是一种有目的、有计划、有组织地对学生传授知识和技能，发展智力和体力，培养品德与形成个性的教育过程。"[1] 在《体育教学论学程》一书中，姚蕾明确指出，体育教学以体育教材为媒介，是一种学生跟随体育教师学习和掌握体育知识、技术与技能，形成受益终身的体育锻炼习惯，有助于身体、心理及社会适应能力持续发展的教育活动。[2]

通常情况下，人们对于新事物的概念界定并不是一蹴而就的，而是需要以长期实践为基础获得一定的认识与理解。唯有弄清楚新事物的概念，人们才能进一步作出客观、理智、全面的思考与判断，进而进行深层次的研究，最终得出更加深刻的结论。

通过分析大量文献，并结合教学实践经验，笔者认为，体育教学是一种以课程标准为依据，有计划、有目的、有组织的教育过程，其主要任务在于向教育对象传授体育知识、技术与技能，帮助教育对象强身健体，培养良好的道德、意志、品质等。它不仅是实施学校体育的基本形式，还是实现体育目标的一条主要途径。

（二）体育教学的内涵

体育教学是一个具有动态性、生成性的过程，包括传授体育知识、技术与技能的过程。在多种因素的共同作用下，体育教学的概念、角色在不同阶段有所不同。目前，体育教学的内涵主要包括三个方面的内容，如图1-1所示。

---

[1] 龚正伟.体育教学论[M].北京：北京体育大学出版社，2004：45.
[2] 姚蕾.体育教学论学程[M].北京：北京体育大学出版社，2005：39.

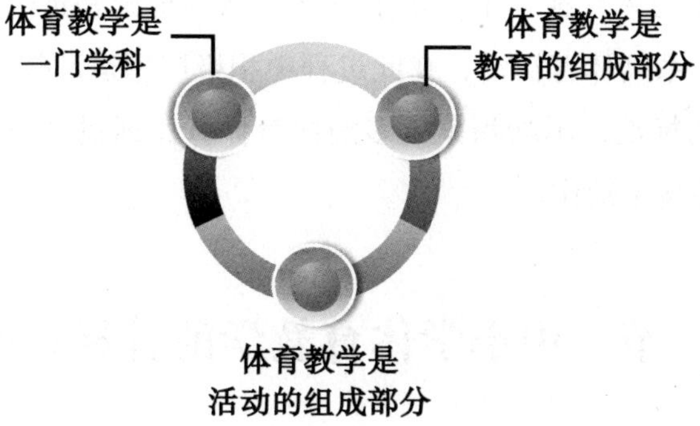

体育教学是
一门学科

体育教学是
教育的组成部分

体育教学是
活动的组成部分

图 1-1 体育教学的内涵

1. 体育教学是一门学科

体育教学体系是一个由若干个相互作用的要素组成的有机整体，涵盖教学目标、教学内容、教学模式、教学方法等。体育教学的主要目标在于增强学生体质、增进学生身心健康，它作为一门具有特殊性的课程，通过与德育、智育、美育、劳育相结合，帮助学生获得全面发展。

在体育教学中，课程教学是一种主要的教学组织形式，其主要目的在于实现教学目标，促进学生德、智、美、劳全面发展，同时提高学生运动能力，增进学生身心健康。

2. 体育教学是教育的组成部分

体育教学的实施，需要体育教师从相关学科中吸收知识的精华，包括教育学、生物学、社会学、运动科学、运动心理学、运动保健学等，并紧紧围绕体育与健康，基于一定目标的指导，按照一定计划进行以身体练习为主要形式的活动，它通过配合德、智、美、劳方面的培养，促进学生身心的全面发展。在体育教学中，体育运动、体育训练等方面的教育可以有效促进学生的身心发展，这是素质教育的主要内容与方法。

3. 体育教学是活动的组成部分

体育教学是有目标、有计划、有组织的体育活动的组合，是以促进学生在身体、运动认识、运动技能、情感等方面的发展为目的的活动。

因此，在具体的体育教学中，学生只掌握课本理论是远远不够的，还需要亲身参与一系列体育活动，在此过程中积极应用运动技能和运动技术，并达到一定的标准，不断积累更多的体育体验，通过亲身感受和感触真正地掌握相关技术动作。

第二节　中小学体育教学的目标和原则

一、中小学体育教学的目标及其特征

（一）中小学体育教学目标的概念

中小学体育教学目标指的是在一定时间和范围内，中小学体育教师与学生通过共同努力所要达到的预期教学结果的标准、规格或状态。中小学体育教学目标是中小学体育教学的出发点和最终归宿，对中小学体育教学活动的方向起着决定性作用。中小学体育教学目标需要以课程标准、学生特点为依据来确定，具体可以从知、情、意、行四个方面入手设计"四位一体"的教学目标，形成完整的目标体系。

（二）中小学体育教学目标的特征

具体来说，中小学体育教学目标具有以下四个方面的特征。

第一，详细、具体地说明中小学体育教学目标的内容，即说明做什么、如何做（知识、方法等）。

第二，中小学体育教学目标需要通过教与学双方共同合作完成。

第三，在中小学体育教学中，与教学目的相比，教学目标具有更强的具体性、可行性、清晰性，更便于操作。同时，中小学体育教学目标应与学科、学生需要相符，能够通过实践顺利实现。

第四，中小学体育教学目标可以利用现代信息技术手段进行测定。

二、中小学体育教学目标的结构与内容

（一）中小学体育教学目标的结构

中小学体育教学目标是一个由若干具体目标组成的多层次的网络系统，这种网络系统可以通过"目标树"直观、清晰地展示出来。中小学体育教学目标体系主要包括以下内容，如表1-1所示。

表1-1　中小学体育教学目标体系

总目标	大目标	中目标	小目标
学校体育的目标	各类学校体育教学的目标	各年级体育教学的目标	各年级各种教材的教学目标

基于北京师范大学体育与运动学院教授、博士生导师、硕士生导师毛振明的《体育教学论》[①]，可以将中小学体育教学目标划分为多个层次，如图1-2所示。

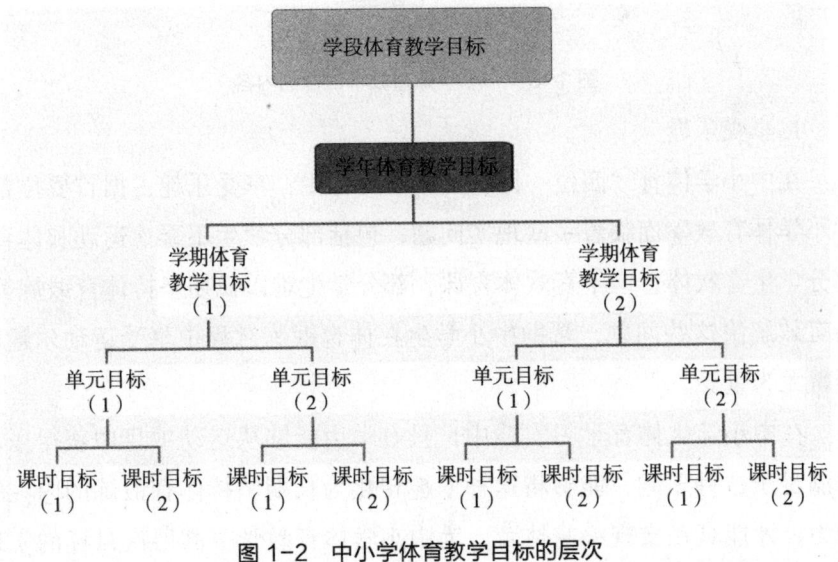

图1-2　中小学体育教学目标的层次

---

① 毛振明.体育教学论[M].3版.北京：高等教育出版社，2017：23-26.

（二）中小学体育教学目标的内容

在 2018 年的全国教育大会上，习近平总书记提出学校体育要建立"四位一体"的目标，即享受乐趣、增强体质、健全人格、锤炼意志。基于此，从整体上来看，中小学体育教学目标的内容主要包括以下四个方面，如图 1-3 所示。

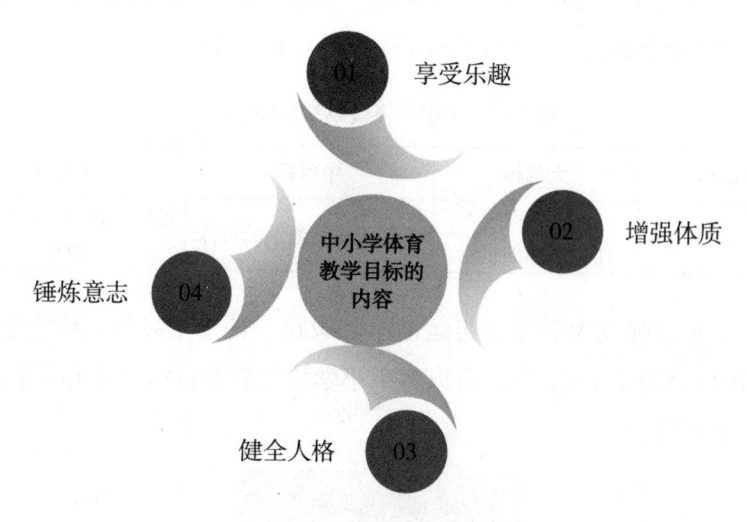

图 1-3　中小学体育教学目标的内容

1. 享受乐趣

在中小学体育"四位一体"的教学目标中，享受乐趣占据首要位置。中小学体育教学面临着一些现实问题，包括部分学生不喜欢运动和体育，部分学生喜欢体育但不喜欢体育课，部分学生难以长期坚持体育锻炼等。为有效解决这些问题，帮助中小学生在体育锻炼过程中享受运动乐趣就显得尤为重要。

在中小学生体育学习实践中，只有学生能够从运动项目中获得乐趣并满足于这种乐趣，能够将这种乐趣转化为长期坚持体育锻炼的内在驱动力，才能真正实现终身体育，为中小学体育教学更高层次目标的实现奠定基础。因此，享受乐趣作为学生进行体育锻炼的内部动力，是学生养成终身体育意识和习惯的内在要求，是有效实现中小学体育教学其他目标的前提条件，也是中小学体育教学带给学生更多获得感的要求。

2. 增强体质

近些年来，青少年体质健康状况不容乐观，青少年面临着身体素质下降、肥胖、近视率居高不下等现实问题。为此，通过小学体育教学来增强学生体质的重要性不言而喻。从中小学体育近30年的发展来看，学生体质问题依然是中小学体育教学工作所面临的一大痛点。

从中小学体育教学的"体育"和"教育"的"二重性"角度来看，增强学生体质是中小学体育教学最基础、最本质的任务，特别是在提高中小学生力量、速度、柔韧、耐力、协调、灵敏等身体素质方面，中小学体育教学有着义不容辞的责任。增强学生体质是中小学体育教学应当首先实现的目标，属于中小学体育教学低层次目标，是更高层次目标得以有效实现的基础。总之，在中小学体育"四位一体"的教学目标中，"增强学生体质"这一目标反映了中小学体育教学的本质功能，是对中小学体育教学的基本要求。

3. 健全人格

在现实生活中，青少年的人格问题日益凸显，中小学生人格养成问题颇多。因此，有必要以中小学体育教学为手段，帮助学生形成健全的人格。人格是影响一个人幸福程度的最重要因素，在当今社会生活中有重要作用。健全人格作为高层次的心理健康标准，是乐观、专注力、毅力、诚实、勇气、真诚、勤奋等积极人格特征的完美整合。

如果将增强体质看成中小学体育教学的"育体"（身体健康），那么健全人格则是中小学体育教学的"育心"（心理健康）。如果一个人只具备健康的身体，缺乏健全的人格，那么他将无法成为满足社会主义现代化需要的建设者，甚至可能会成为危害社会稳定的人。因此，从某种程度上来看，健全人格（心理健康）的重要性要略高于身体健康。

中小学体育教学并不是为了锻炼而锻炼，也不是机械、低效、大量地重复每一个动作，而是要让学生在体育锻炼中更全面地认识自己，积极主动地塑造自己，从而不断健全自己的人格。在培养学生健全人格方面，中小学体育教学有着显著的优势，这是由其人文性、综合性的学科性质所决定的。中小学体育教学对于学生宽宏大量、好学上进、知难而上、知恩图报、诚实守信、团结互助等美好人格的形成具有积极的影响。总之，健全人格的教学目标是新时代赋予中小学体育教学的伟大使命，是对中小学体育教学的更高要求。

4. 锤炼意志

在现实生活中，部分学生意志薄弱，主要表现为缺乏自制力、消极面对困难、常常半途而废等。因此，通过中小学体育教学，帮助学生实现锤炼意志的目标具有十分重要的意义。

所谓意志，指的是人自觉地确定目的，并以目的为依据，对自身行动进行调节支配，克服困难，去实现预定目标的心理倾向，通常包括勤劳勇敢、自制自强、谦虚谨慎、自觉自律等。坚强的意志是一个人走向成功的重要保障，是成为卓越人才所必备的基本特质，更是蜕变为时代新人的前提条件。

通常来说，锤炼意志往往与面对挫折、克服困难、战胜失败等联系起来。因此，从目标实现的难易程度来看，在中小学体育"四位一体"的教学目标中，锤炼意志这一目标的要求最高、难度最大，同时对于人才培养质量的提升具有重要意义。因此，锤炼意志的目标是国家、社会对中小学体育教学的重要期许，是中小学体育教学培育时代新人的重要任务。

总而言之，上述四个目标之间相辅相成，层层递进，逻辑缜密，最终指向新时代"培养什么人——时代新人"的教育目的。另外，在中小学体育教学中，由于不同学段学生的最佳发展期有所不同，不同学段教学目标的侧重点也不尽一致，需要以本学段学生体育能力的发展需求为依据，设置具有较强针对性的教学目标。具体来说，小学阶段体育教学目标的侧重点在于激发学生参与体育运动的兴趣，满足学生对体育运动的好奇心。这一阶段可以精心挑选一些基础、经典的体育项目实施教学，帮助学生对各个体育项目的基本原理有一个初步的了解。中学生处于生长发育的旺盛时期，所以中学阶段的体育教学目标的侧重点在于传授给学生各种体育项目的技术，以及具有科学性、有效性、合理性的体育锻炼方法。

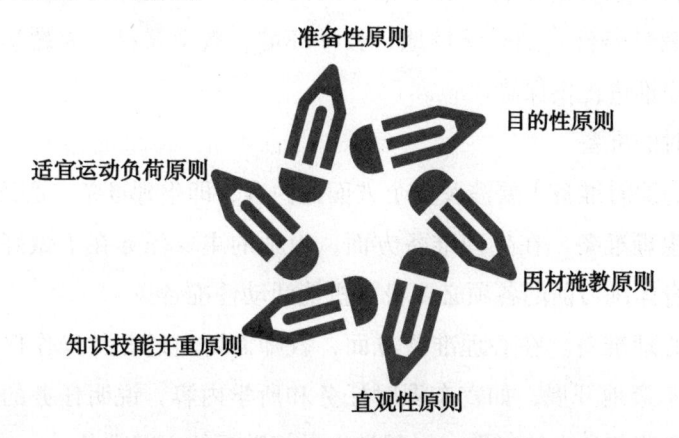

三、中小学体育教学的原则

中小学体育教学的原则是中小学体育教学应遵循的基本准则和要求，是人们在长期中小学体育教学实践中总结出的宝贵经验，反映了人们对中小学体育教学规律的认识与把握。中小学体育教学的原则主要包括以下几点，如图 1-4 所示。

图 1-4 中小学体育教学的原则

（一）准备性原则

教学效果的好坏并非一成不变的，而是诸多影响因素综合作用的结果，而其中一个重要的影响因素就是教师和学生对教学的准备状态及客观提供的条件。与其他学科教学不同的是，体育教学的主要场所是体育场馆，这就对教学准备工作提出了更高的标准、更严格的要求。

对于中小学体育教学而言，准备活动是重中之重，主要原因有两点：一是准备活动可以为教学活动的顺利进行提供有利的条件，二是反映出体育教学过程对教学准备和教学条件依从性的要求。通常情况下，中小学体育教学的准备工作主要包括以下两个方面。

1. 课前的准备

总的来说，教师的课前准备工作共涉及以下三个方面的内容。

（1）教师自身的准备。教师自身的准备主要包括四个方面的内容，分别为教师的生理素质、教师的心理素质、教师的业务素质以及教师的着装。

（2）教案的准备。教师在准备教案的过程中应当根据学生情况、场地设备、器材等，精选切合实际的教学内容，并深层次研究所选教学内容，从而设计并制订出可操作性强的教学方案。

（3）教学条件的准备。教学条件的准备的主要任务是全面、仔细地检查各项教学条件，如教学场地、教学环境、教学器材，为教学过程的安全、有序推进提供保障。

2. 课时的准备

教师的课时准备主要涉及两个方面的内容，即生理准备、心理准备。

（1）生理准备。在生理准备方面，教师的主要任务在于做好课时所学内容和身体练习前的各项必要身体机能活动性准备。

（2）心理准备。在心理准备方面，教师需要通过各种操作保证教学活动有条不紊地开展，如宣布课时任务和所学内容，说明任务的具体要求，激发和调节学生的兴趣，提醒学生做好学习的心理准备。

（二）目的性原则

目的性原则在中小学体育教学中发挥着显著作用，集中体现为对教师全方位、科学地规划体育教学发展和教学任务具有引导作用。

中小学体育教学活动不具有绝对独立性，而是需要与其他学科联系起来一起实施，涉及的学科知识以自然科学、社会科学为主，多学科知识联合应用旨在保障教学的目的性、计划性。

在中小学体育教学中，要将培养德、智、体、美、劳全面发展的社会主义建设者摆到重要位置。在具体操作中，应以党的教育方针为根本遵循，所培育的人才需要具备共产主义思想品德，掌握一定的科学知识，体魄强健。全面型人才是人才培养的终极目标。这就需要中小学体育教师根据教学目的、任务，结合本校特点，科学地调整与修改教学大纲，编写符合教学实际情况和发展需要的教学计划，设计适用于本校学生的教学内容，制订教学方案，并在具体实施过程中加以修订、补充与完善。

目的性原则既能很好地指导教学方案的设计与实施，以及教学效果的预测，又能作为一项重要的标准来衡量教学效果。总之，这一原则在中小学体育教学中主要发挥调节作用，具有较强的科学性、概括性。

（三）因材施教原则

人文主义教育强调"将一切知识教给一切人"，要实现这一理想必须坚持因材施教的原则。具体到中小学体育教学领域，就是要综合考虑学生各方面因素，包括身体健康状况、运动兴趣、运动基础等，在此基础上设置切实可行的教学目标，选择合适的教学内容和教学方法，并加以实施，保证教学任务的顺利完成。

（四）直观性原则

直观性原则对于教学方法的选择具有非常重要的指导作用。教学方法多种多样，而且不同教学方法对应的指导思想有所不同，这就决定了教学手段的运用也不尽相同。在中小学体育教学中，教师要通过准确精练、生动形象的讲解与正确优美的动作示范，有效地启发学生的学习与思考，进一步开发与拓展学生的思维。相比单一枯燥的注入式教法，直观形象的模仿练习是一种效果更加显著的重要的教学手段，有助于增强中小学体育教学效果。

需要强调的是，教师在选择教学方法的时候尽量不要采用单一的教学方法，要积极地将语言法、直观法、兴趣启发教学法等综合起来运用，以便取得更加理想的教学效果。

（五）知识技能并重原则

中小学体育教学的开展，以学生直接身体运动体验为基础，帮助学生获得相关的体育知识和运动技能。在实际教学中，教师要将知识传授与技能培养有机地结合在一起，在做好基础知识传授工作的同时，避免停留于口头上的学习，帮助学生内化与吸收基础知识，并转化为锻炼身体的良好技能，促进学生终身体育能力的形成与发展。

（六）适宜运动负荷原则

适宜运动负荷原则的依据是人体机能活动能力变化的规律和人体机能适应性规律。所谓运动负荷，指的是学生在进行体育锻炼时身体承受的运动量和运动强度，主要涉及运动的数量、强度、时间、密度等多种因素。

《关于全面加强和改进新时代学校体育工作的意见》强调，要坚持健康第一的教育理念。在中小学体育教学中，教师要贯彻和落实"健康第一"思想，科学合理地安排适量的运动负荷。如果运动负荷过轻，就无法达到预期的教学目标；如果运动负荷过重，就会超出学生身体的实际承受范围，容易引发学生身体疲乏，甚至出现伤害事故。因此，中小学体育教学需要遵循适宜运动负荷的原则，根据学生生理和心理变化规律，将训练强度控制在学生身体所能承受的范围之内，避免学生对体育锻炼产生排斥、惧怕心理，促进学生身心健康成长。

第三节　中小学体育教学的本质与功能

一、中小学体育教学的本质

准确、客观地理解中小学体育教学的本质属性，掌握体育教学所固有的性能，有助于从多方面了解中小学体育教学的概念、目标与功能。从根本上讲，中小学体育教学的本质取决于体育的本质，体育的本质属性是增强体质，增进健康，在人的全面发展方面具有重要作用。同时，我们对中小学体育教学的概念有广义和狭义之分：广义的教学指的是教师指导学生以一定文化为对象所进行的学习活动；狭义的教学可以理解为学校教学，指的是在教育目的的规范下，教师的"教"与学生的"学"共同组成的一种活动。下面主要围绕中小学体育教学的本质进行探讨。

（一）中小学体育教学的教育属性

一直以来，中小学体育教学都是教育必不可少的一部分，主要是对中小学生身心发展施加一定影响的教育过程。中小学体育教学本身具有多质性特点，兼具教育性、教养性、发展性，是全面发展教育的一部分。

中小学体育教学是一个培养人、造就人的过程，它通过中小学生的身体活动来达到塑造全面发展的人的目的。在全面发展教育当中，对体育教学地位和作用的理解，必须以育人目的为出发点和落脚点。教育是一项复杂、系统的育人工程，其育人目的需要通过德、智、体、美、劳这些不同的教育形态来实现。从全面发展的观念来看，教育主要涉及德、智、体、美、劳这五个方面。要想实现全面发展，德育、智育、体育、美育、劳育不能各自为政，否则即便有全面发展的教育方针作为引领，也无法培育出全面发展的人。

因此，任何学科的教学都是进行"五育"的过程，这样的过程才可以称得上真正的教育过程，中小学体育教学也不例外。换言之，教育寄托于中小学体育教学的并非只是锻炼身体，更是以体育为手段与途径落实全面发展教育，中小学体育教学本身也具备这种条件。

（二）中小学体育教学的社会属性

中小学体育教学的发展不仅受到教育目的、教育任务的影响，还受政治、经济、文化因素的影响。中小学体育培育社会所需人才以服务于社会主义现代化建设。英国哲学家和医生约翰·洛克的"小绅士"教育强调：儿童要早睡早起，保证充足的睡眠，注意饮食清淡；多参加户外活动，适当进行冷水浴锻炼，学习游泳；要吃苦耐劳，适应不同气候，严禁饮用任何酒水和烈性饮料。[1]根据洛克的观点，要将儿童培育成"小绅士"，需要加强对儿童体格的锻炼。现代体育教学更是引起了世界各国的关注与重视，为了推动体育教学的进一步发展，近几十年陆陆续续有国家修改、完善、规范体育教学大纲，加强对体育教学的改革与创新，提升体育教学的地位，多措并举加强师资队伍建设，不断加大物力、财力的投入。只有加强身体锻炼，才能以良好的条件应对科技革命给体育运动带来的挑战，并以最优方法提高人的身体素质，从而使人们更好地从事高强度的生产劳动，并承担起保卫祖国的职责。这充分说明，中小学体育教学具有社会属性。

（三）中小学体育教学研究的多维体育观和方法论

随着现代社会的迅猛发展，人才之间的竞争愈演愈烈。因此，在学校教育中，有必要不断改善体育教学的质量，尤其是中小学体育教学的质量，为学生终身体育奠定良好基础。有效实施中小学体育教学，可提

---

[1] 洛克.教育漫话[M].徐大建，译.北京：商务印书馆，2018：71-78.

高学生身体素质，强健其体魄，培养其顽强的意志力，从而培育出适应激烈社会竞争的综合素质过硬的现代人才。这需要我们对中小学体育教学进行多角度、多层次、多方面的研究，从而为其提供有力的理论支撑。对于中小学体育教学的本质，应该从人体科学、心理学、生物学、社会学等不同角度进行探究，其本质的理论应该具有系统性、全面性、多维性、完整性、立体性。

在中小学体育教学的发展历程中，其多方面的功能已经得到充分展现。社会在进步，时代在发展，我们需要与时俱进，不断更新观念，改善自身的研究方法、提高自身的技能，善于从不同角度对中小学体育教学进行分析与研究，从而使中小学体育教学不断紧跟社会发展的步伐，并更好地推动中小学体育教学的改革与发展。

二、中小学体育教学的功能

中小学体育教学的功能主要表现在两个方面，分别为本质功能和延伸功能，如图1-5所示。

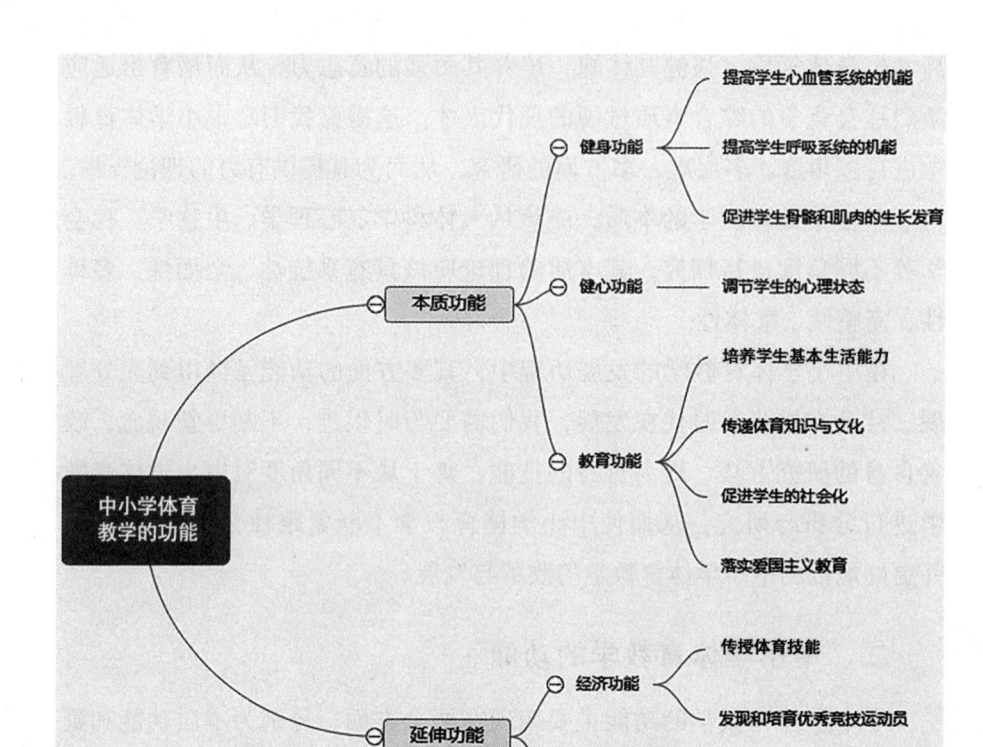

图 1-5　中小学体育教学的功能

（一）中小学体育教学的本质功能

从本质功能来看，中小学体育教学主要具备健身功能、健心功能以及教育功能。

1. 健身功能

（1）提高学生心血管系统的机能。

首先，学生长期参加体育运动能够促进其心肌细胞内的蛋白质合成，使心肌纤维逐渐变粗，进而有效提升心肌收缩力量，增加心脏的每搏输出量，从而不断提升心脏的供血能力。

其次，学生长期坚持进行体育锻炼，能够增强其血管壁的弹性，从而有效预防血管壁退化引发的相关疾病，如退行性高血压等。

再次，学生长期参加体育运动，能够增强其体内毛细血管的开放程度，从而提升血液与组织液之间的交换速度，进而使机体新陈代谢水平持续提升。

最后，学生长期参加体育运动，能够极大地降低其血液中的血脂含量，主要包括三酰甘油、蛋白质、胆固醇等，从而预防动脉粥样硬化、高血压、冠心病等疾病。

（2）提高学生呼吸系统的机能。

首先，学生长期坚持进行体育锻炼，尤其是参加一些长跑等有氧耐力运动，能够不断增强呼吸肌的力量，在加快肺组织生长发育的同时，还能促进肺的扩张，从而显著增加肺活量。此外，学生如果经常做深呼吸运动，也能提高自身的肺活量。

其次，学生经常参加各项体育运动，其呼吸肌力量就会得到不断增强，从而使呼吸深度得以增加，肺的通气效率得以提升，进而不断提高使氧从肺进入血液的能力。

（3）促进学生骨骼和肌肉的生长发育。

一个人从出生到长大是一个不断生长和发育的过程，而骨骼和肌肉的成长和发育是其中一个重要方面。学生参加各种各样的体育活动，有助于其骨骼和肌肉更好地成长与发育。人体身高主要取决于骨骼的生长发育，其中与下肢长骨的增长最为密切。换句话说，正是长骨中骺软骨的不断生长，才实现了人体身高的增长。在中小学阶段，学校组织学生参加适度适量的体育运动，尤其是牵拉类、跳跃类运动，能够对学生的骺软骨产生一定的刺激，加快其生长的速度，从而促进中小学生身高的增长。

除此之外，引导中小学生参加体育运动，能够使其骨骼变粗，增加其骨骼密度，同时使其骨骼具备良好的抗压和抗弯折能力。而且，经常参加体育运动的学生，其体内的氧化酶浓度会提高，线粒体的数量会增加，进而使其自身肌肉的有氧代谢水平得到持续提升，增强肌肉的能量利用能力，以便为机体更好地供能。

2. 健心功能

这里提到的健心功能主要是指引导学生不间断地参加各项体育运动，调节学生的心理状态，保证学生心理健康发展。随着现代社会的高速发展，人们的物质生活得到了极大丰富，但是精神生活难以得到充分满足。人长时间生活在快节奏、高压力的社会环境下，容易产生一系列心理方面的问题，主要表现为情感淡漠、抑郁、焦虑等。对于中小学生群体来说，他们面临着来自学习、父母、教师、同伴、环境、自我发展和时间七个方面的压力，很可能出现一些心理问题，而心理健康对中小学生的全面发展具有非常重要的意义。

中小学体育教学的实施，对于学生心理状态的调节具有积极的影响，有助于促进学生的心理健康发展。这主要表现在以下几个方面：

首先，学生通过参加各项体育运动，能够产生一定的内啡肽，而内啡肽具有很多生理功能，如调节体温和呼吸功能，调节学生的负面情绪，帮助学生克服抑郁，使学生的身体和心理始终处于轻松愉悦的状态等。

其次，中小学体育教学以体育活动作为桥梁，能够增进学生之间的情感交流，尤其是一些集体的活动，有助于培养学生的团队合作精神，消除学生的孤独感和抑郁感。

最后，组织学生参加体育活动，能够使学生重拾自信，如在球场上的重要位置、比赛场上的制胜一击，这些都能帮助学生重新认识自己，即便是现实生活中面临着失败，但赛场上的出色表现也可能会使学生获得认可，从而使学生重拾对生活的信心。

总之，中小学体育教学的开展是有效调节学生心理状态的重要手段，有助于促进学生心理健康发展。

3. 教育功能

（1）培养学生基本生活能力。一个人要想在社会上生存，就需要具备基本生活能力，有些能力并不是与生俱来的，而是需要后天进行有效的学习和训练才能获得的，中小学体育教学就是一个有效的途径。在中小学体育教学中，教师会帮助学生掌握正确的站立、走路、跑步等姿势，为学生未来的生活奠定良好的基础。这对于人来说是最初始的需求，从这个角度来看，中小学体育教学必不可少。

（2）传授体育知识与文化。体育起源于生产劳动和日常生活，是中华民族宝贵的文化遗产，所以，需要以一定的活动作为载体来传播和弘扬体育文化，而中小学体育教学就是肩负这一重任的良好助手。开展中小学体育教学，能够帮助学生学习基础的体育知识，习得有效锻炼身体的方法，还能使学生充分认识到体育的价值与功能，培养学生正确的体育意识，使其形成良好的体育运动习惯，养成健康积极的生活方式。

另外，体育教师可以组织中小学生参加、观看各种体育比赛，帮助学生认识和了解体育规则与文化，从而达到传播和弘扬体育文化的目的。

（3）促进学生的社会化。每个人都要扮演好自然人和社会人的双重角色，中小学生也不例外。人在经历过家庭教育、学校教育以及社会教育的共同作用之后，社会属性逐渐变成第一性，并慢慢完成个人的社会化。任何人要想不断迎合社会需要，都必须完成社会化。

中小学体育教学的实施，对于学生的社会化转变具有促进作用。学生在进行体育运动、体育比赛的过程中，必须严格遵守相关的规则和要求，而遵守规则具体到社会领域便是遵守纪律、遵守法律法规等；体育比赛注重公平公正，如果拓展到现实生活中，便是追求社会的平等、公正；在团体体育活动或体育比赛中，学生需要与不同角色的人进行交往，主要包括队友、观众、裁判等，这有助于学生适应社会中的角色，通过亲身体验来修正自己的行为。总之，中小学体育教学是促进学生社会化的有效途径。

（4）落实爱国主义教育。开展各项体育比赛等活动，有助于激发学生的爱国热情。中小学体育教学是强化爱国主义教育且具显著效果的重要手段。

在奥运会、世锦赛、世界杯等大规模国际体育运动竞赛中，我们时常能看到运动员斩获佳绩后披着国旗绕场一周的画面，这样的画面能够向中小学生传递极大的爱国热情，有效实施爱国主义教育。另外，在国际体育运动竞赛中的奏国歌仪式也能很好地激发人们的爱国热情，使人们接受爱国主义教育的洗礼。因此，形式多样的体育活动和比赛是爱国主义教育的重要载体。

（二）中小学体育教学的延伸功能

中小学体育教学不仅具有本质功能，还具有一些延伸功能，其延伸功能主要包括经济功能、娱乐功能两个方面。

1. 经济功能

中小学体育教学的经济功能主要体现在以下两个方面。

（1）传授体育技能。中小学体育教学能够传授给学生体育技能，让学生拥有较好的身体素质，以便今后更好地为祖国服务，从而积极响应国家"每天运动一小时，健康工作五十年，幸福生活一辈子"的号召。健康的体魄是生命质量的保障，一个人唯有具备健康的体魄，才能为社会创造出更大的经济效益和社会效益。这是中小学体育教学经济功能的间接体现。

（2）发现和培育优秀竞技运动员。中小学体育教学是发现和培育优秀竞技运动员的重要途径，对优秀运动员要进行潜能挖掘和个性化培养，他们将来有可能发展成体育明星，具有一定的商业价值，这也是中小学体育教学产生的经济效益。

2. 娱乐功能

在中小学体育教学活动中，体育活动与娱乐之间存在着天然的联系。体育运动本身蕴含着丰富的娱乐元素。在中小学体育教学中，教师组织的体育游戏也蕴含着娱乐的成分。现代体育教学与传统意义上的体育课有着本质的区别，学生不仅可以在校学习体育知识与技能，还能利用闲暇参加自己感兴趣的体育教学活动，如参加武术培训班接受专项知识与技能指导，不仅能调节和舒缓紧张的情绪，还能产生快乐的情绪，享受到娱乐的轻松。

第四节 中小学体育教学的改革与创新发展

一、改革开放以来中小学体育教学改革的回顾

自改革开放以来，我国中小学体育教学已经走过了40余年的路程。从改革开放至今，纵观我国中小学体育教学的发展历程，大致可以分为全面恢复时期、活跃发展时期、日臻繁荣时期三个阶段，如图1-6所示。

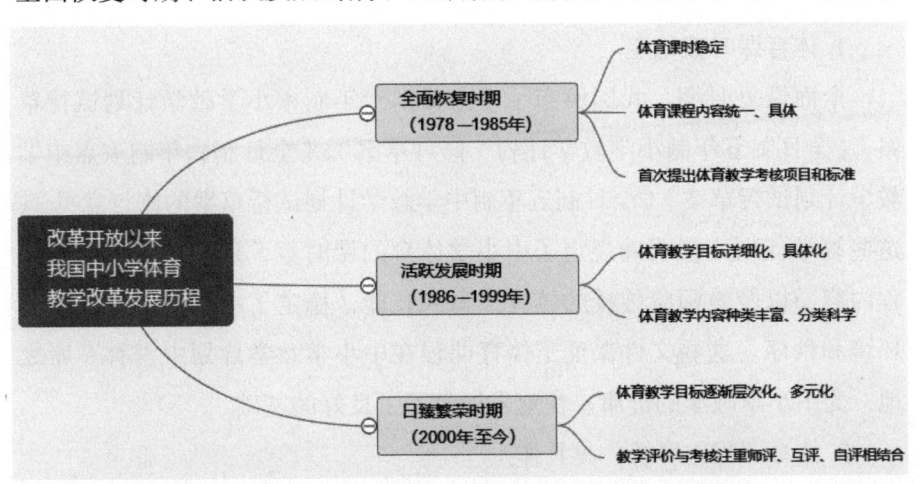

图1-6 改革开放以来我国中小学体育教学改革发展历程

（一）全面恢复时期中小学体育教学的发展（1978—1985年）

1978—1985年，为了尽快恢复教育事业的发展，明确体育在学校教育中的地位，我国颁布了一系列与中小学体育教学相关的文件，如表1-2所示，以营造良好的教学秩序和学习风气。

表1-2　1978—1985年颁布的有关中小学体育教学的文件

颁布时间	文件
1978年	《全日制中学暂行工作条例（试行草案）》
1978年	《全日制小学暂行工作条例（试行草案）》
1978年	《全日制十年制中小学教学计划试行草案》
1978年	《全日制十年制中小学体育教学大纲（试行草案）》
1981年	《全日制五年制小学教学计划（修订草案）》
1981年	《全日制六年制重点中学教学计划试行草案》
1981年	《全日制五年制中学教学计划试行草案的修订意见》
1984年	《全日制六年制城市小学教学计划（草案）》
1984年	《全日制六年制农村小学教学计划（草案）》

1.体育课时数稳定

全面恢复时期，我国颁布了《全日制十年制中小学教学计划试行草案》《全日制五年制小学教学计划（修订草案）》《全日制六年制重点中学教学计划试行草案》《全日制五年制中学教学计划试行草案的修订意见》，这些教学计划不仅明确规定了中小学体育的课时数，还规定了具体的课程内容，以及教师应传授的体育知识和技能，稳定了中小学体育的教学环境和秩序。这些文件保证了体育课程在中小学教学计划中占有一席之地，为中小学教学的健康、快速发展打下了良好的基础。

2.体育课程内容统一、具体

教材是中小学体育教学内容发展变化的承载体，也是中小学体育教学发展的重要基础，还是体育教师开展课堂教学的基本依据。1977年8月，邓小平在科学和教育工作座谈会上强调："关键是教材。教材要反映出现代科学文化的先进水平，同时要符合我国的实际情况。"座谈会结束之后，他还组织人前往其他国家开展中小学教材的引进工作，主要目的在于了解发达国家的教材水平，为本国教材编订理念和发展方向提供指引，确保所传授的知识与时俱进。

第一章 概述

1978年颁布的教学大纲对中小学体育课程教材编选原则作出了明确规定，为当时中小学体育课程教材的编选指明了方向。基本教材是各级各类学校体育教学的主要内容，在此基础上，选择合适的教材实施教学。1978年小学、中学体育各项教材时数比重分别如表1-3、表1-4所示。

表1-3　1978年小学体育各项教材时数比重

教材		年级				
		一	二	三	四	五
基本教材	体育基础知识	9	9	9	9	9
	走和跑、跳跃、投掷	21	21	21	21	21
	队列和体操队形、基本体操、技巧、支撑跳跃、低单杠	24	24	22	22	22
	游戏	30	30	26	20	20
	武术	—	—	6	8	8
	小计	84	84	84	80	80
选用教材		16	16	16	20	20
总计		100	100	100	100	100

表1-4　1978年中学体育各项教材时数比重

教材		年级				
		一	二	三	四	五
基本教材	体育基础知识	6	6	6	6	6
	跑、跳跃、投掷	26	28	28	28	28
	队列、基本体操、技巧、支撑跳跃、单杠、双杠	26	24	24	18	18
	球类	14	14	14	12	12
	武术	8	8	8	6	6
	小计	80	80	80	70	70
选用教材		20	20	20	30	30
总计		100	100	100	100	100

之所以选择1978年颁布的教学大纲进行分析，是因为它在课程内容的安排方面进一步明确了学校体育指导思想。同时，它注重将传授体育

知识与培养运动技能相结合，努力让学生每节课都接触并学习到实用性强、动作简单易学的课程内容。教师不仅要传授基本的体育知识，还要帮助学生了解一定的卫生保健知识。1978年颁发的教学大纲打破了围绕竞赛编排体育教材的传统做法，主张各学校从自身发展需要出发，根据教学目标适当增加选用教材比例，彰显各地区、各学校体育教学内容安排上的灵活性。

3.首次提出体育教学考核项目和标准

1978年颁布的《全日制十年制中小学体育教学大纲（试行草案）》作出了明确、详细的规定。对于小学阶段，体育课的主要考核项目设置为三大项，即身体素质、支撑跳跃以及技巧；考核标准划分为两大类，分别为学生性别、年级。[1] 相比小学阶段的体育课，中学阶段体育课的考核项目和考核标准增加了单杠和双杠两个项目。[2]

从这部教学大纲可知，小学与中学的体育教学考核项目有所差异，小学阶段侧重于学生身体素质的考核，中学阶段增加了跳高、跳远和球类等项目。虽然明确了考核项目，但考核内容基本是围绕身体素质展开的，考核标准以体育成绩为主，出现了单一的生物性倾向。

综上所述，该时期，党和政府对学生体质尤为重视，致力于学生体能与身体素质的增强，中小学体育教学的指导思想以增强学生体质为主，该思想对体育教学理论与实践的发展具有十分深远的影响。

（二）活跃发展时期中小学体育教学的发展（1986—1999年）

改革开放初期，中小学体育教学的发展取得了明显的进步，增强学生体质的教育思想也开始发生变化。素质教育在教育领域逐渐引起关注，强调增强学生的创新精神和实践能力。中小学体育教学目标也出现了一

---

[1] 课程教材研究所.20世纪中国中小学课程标准·教学大纲汇编 体育卷[M].北京：人民教育出版社，2001：113-114.

[2] 课程教材研究所.20世纪中国中小学课程标准·教学大纲汇编 体育卷[M].北京：人民教育出版社，2001：590.

定的变化，逐渐向多元整合的方向发展。在1986—1999年，我国颁布了一系列与中小学体育教学改革相关的指导性文件（见表1-5），对于中小学体育教学改革与发展具有一定的借鉴意义。

表1-5　1986—1999年颁布的有关中小学体育教学的文件

颁布时间	文件名称
1987年	《全日制小学体育教学大纲》
	《全日制中学体育教学大纲》
	《义务教育全日制小学、初级中学教学计划（试行草案）》
1988年	《九年义务教育全日制小学体育教学大纲（初审稿）》
	《九年义务教育全日制中学体育教学大纲（初审稿）》
1992年	《九年义务教育全日制小学、初级中学课程计划（试行）》
	《九年义务教育全日制小学体育教学大纲（试用）》
	《九年义务教育全日制中学体育教学大纲（试用）》

1. 体育教学目标详细化、具体化

在深化改革与体育教学活跃发展的时期，邓小平同志提倡的"三个面向"的思想始终贯穿于中小学体育教学大纲当中。与以往的体育教学大纲相比，1987年制定并推行的教学大纲对于教学目标的阐述有所不同，究其原因，主要是该体育教学大纲的颁布处于素质教育阶段，深受"三个面向"思想的影响。小学体育教学的主要目的在于提高学生的身体素质和体质，让学生在德、智、体、美等各个方面健康发展，进而使得全民族素质进一步提升；[①] 中学体育教学的主要目的在于使学生身心得到有

---

① 课程教材研究所. 20世纪中国中小学课程标准·教学大纲汇编 体育卷[M]. 北京：人民教育出版社，2001：115.

效发展，增强学生体质，促进学生在德、智、体、美等各方面的健康发展，为社会、国家的建设培养出身心健康、体质强硕的建设者。① 由此可见，1987年颁布的体育教学大纲的关注点发生了一定程度的变化，不再单纯地考虑增强学生体质，而是逐渐关注学生身体的全面发展。

1988年，国家教委颁布了《九年义务教育全日制小学体育教学大纲（初审稿）》《九年义务教育全日制中学体育教学大纲（初审稿）》，二者对于小学阶段、中学阶段体育教学目标的描述基本一致，都强调通过体育教学向学生传递卫生保健、体育等方面的知识，促进学生在德、智、体、美等方面健康发展。②

与以往的中小学体育教学大纲相比，1992年的教学大纲取得了非常明显的进步与发展，特别是在教学目标体系的探索方面。经过这一时期积极的探索，一套较为完整、详细、系统的中小学体育教学目标体系逐渐形成。该教学大纲中体育教学目标发生了一定变化，在目标内容中去掉了"培养社会主义捍卫者"的表述，增加了有计划、有针对性地组织学生进行综合体育锻炼，通过完善的体育教育为日后升学做好准备这一内容。③

2. 体育教学内容种类丰富、分类科学

从教学内容来看，与1978年颁布的教学大纲相比，1987年颁布的教学大纲没有作出过于明显的改动，大致沿用了以往的体育教材内容分类方法，如表1-6所示。

---

① 课程教材研究所. 20世纪中国中小学课程标准·教学大纲汇编 体育卷[M]. 北京：人民教育出版社，2001：591.

② 课程教材研究所. 20世纪中国中小学课程标准·教学大纲汇编 体育卷[M]. 北京：人民教育出版社，2001：645.

③ 课程教材研究所. 20世纪中国中小学课程标准·教学大纲汇编 体育卷[M]. 北京：人民教育出版社，2001：221.

第一章 概述

表1-6 1987年全日制中小学体育教学大纲规定的教学内容

小学教学内容	基本教材	理论部分（体育常识）
		实践部分（基本动作、游戏、田径、基本体操、技巧与器械体操、韵律活动、武术、小球类）
	选用教材	各地区根据本地实际情况自行选用
中学教学内容	基本教材	理论部分（体育基础知识）
		实践部分（田径、基本体操、技巧与器械体操、篮球、武术、舞蹈与韵律体操）
	选用教材	体操类、球类（足球、排球、手球、乒乓球）、游戏、速度滑冰、民间体育（乡土教材）、武术

由表1-6可知，1987年的教学大纲按照运动项目对教学内容进行了分类，小学阶段以基本身体项目活动为主，中学阶段以运动技能项目为主。教学内容不仅根据运动项目作出了分类，还体现出体育教学内容种类的丰富性、分类的科学性。

对于体育教学内容结构，1988年颁布的九年义务教育全日制中小学体育教学大纲又作出了新的调整，如表1-7所示。从基本教材方面来看，该教学大纲的体育常识被"体育、卫生保健基础知识"所替代，实践部分被"身体锻炼教材"所替代。[1]

表1-7 1988年九年义务教育全日制中小学体育教学大纲规定的教学内容

小学教学内容	基本教材	体育、卫生保健基础常识
	身体锻炼教材	各项运动基本教材（基本运动、游戏、韵律活动和舞蹈、田径、体操、小球类、民族传统体育）
		发展身体素质教材
	选用教材	实践教材（田径类、体操、小球类、民族传统体育、游泳、滑冰）

---

[1] 课程教材研究所. 20世纪中国中小学课程标准·教学大纲汇编 体育卷[M]. 北京：人民教育出版社，2001：161.

（续 表）

中学教学内容	基本教材	体育卫生保健基础知识
		必修教材（田径、体操、发展身体素质教材）
	身体锻炼教材	必选教材（球类、韵律体操和舞蹈、民族传统体育）
	任选教材	游泳，滑冰，各项基本教材的补充和延伸，地区性、民族、民间教材，其他

1992年颁布的九年义务教育全日制中小学体育教学大纲对小学、中学的体育教学内容进行了比较明显的调整，分类方式不再是基本教材与选用教材，而是转变为"体育与健康知识内容"与"体育实践内容"，并对体育实践内容作出了明确的划分，对体育与健康知识内容作出了清晰的说明，[①] 如表1-8所示。

表1-8 1992年九年义务教育全日制中小学体育教学大纲规定的体育课程

小学教学内容	体育与健康知识内容	健康的身体，体育锻炼与健康，个人卫生知识、习惯，环境与健康，饮食与健康，常见疾病的防治，安全生活，健康心理，体育基础知识
	体育实践内容	必修内容：游戏、基本运动、基本体操、球类、民族传统体育、韵律活动、发展身体素质练习
		选修内容：水上活动，冰雪活动，各项必修内容的补充与延伸，地区性、民族、民间项目
中学教学内容	体育与健康知识内容	人体生理、青春期、卫生保健、常见疾病的防治、体育
	体育实践内容	必修内容：田径、体操、球类、民族传统体育、韵律体操和舞蹈、身体素质练习
		选修内容：水上活动，冰雪活动，各项必修内容的补充与延伸，地区性、民族、民间项目

在这一时期颁布的与中小学体育教学有关的教学大纲中，对于教学

---

① 课程教材研究所. 20世纪中国中小学课程标准·教学大纲汇编 体育卷[M]. 北京：人民教育出版社，2001：290-291.

内容的规定基本由两大部分组成，即理论部分与实践部分，教学的基本结构大致分为基本教材和选修教材，并不存在显著的差异。由此可知，这一时期教学思想仍然以"学科类课程"为主，并未改变"学科中心"的基本特质。因此，活跃发展时期中小学体育教学的基本结构是以科学主义为核心的体育教学内容结构，这充分体现了中小学体育教学自中华人民共和国成立以来始终保持向前发展。

综上所述，相比全面恢复时期，活跃发展时期的体育教学改革具有鲜明的特点，在相关教育文件的推行与引领下，中小学体育教学基于"三个面向"落实的教育改革发展步伐逐渐加快，同时，中小学体育教学发展各个方面趋于规范化。

（三）日臻繁荣时期中小学体育教学的发展（2000年至今）

自21世纪以来，我国在政治、经济、文化、科技等方面日益繁荣，学校体育教学需要进行不断改革。在此期间，我国颁布了一系列教育政策文件（见表1-9），对体育教学改革具有重要的导向、协调作用。

表1-9　1999年至今颁布的有关中小学体育教学的文件

年份	文件
2000年	《九年义务教育全日制小学体育与健康教学大纲（试用修订版）》
	《九年义务教育全日制初级中学体育与健康教学大纲（试用修订版）》
2001年	《全日制义务教育普通高级中学体育（1～6年级）　体育与健康（7～12年级）课程标准（实验稿）》
2011年	《义务教育体育与健康课程标准（2011年版）》
2022年	《义务教育体育与健康课程标准（2022年版）》

1.体育教学目标逐渐层次化、多元化

2000年，我国将"体育"更名为"体育与健康"。体育与健康课程的教学以育人为宗旨，与德育、智育、美育有机结合，推动少年儿童身心全面发展，以为培育社会主义建设者和接班人奠定基础为课程教学目标。① 相关改革详情见《九年义务教育全日制小学体育与健康大纲（试用修订版）》。

2001年，我国将体育教学大纲文件的名称更改为体育课程标准，这是对体育教学大纲名称进行的首次更改。随着名称的改变，相应的教学目标也发生了一定的变化。其中，最为显著的变化就是教学目标体系由三部分组成，即总目标、领域目标、水平目标，有效提升了体育教学目标的具体性、可操作性。

通过近十年的不断探索与实验，再结合对实际情况的总结与分析，教育部于2011年颁布了《义务教育体育与健康课程标准（2011年版）》，对小学、初中阶段的体育课程教学总目标进行了详细说明。共包括五个方面的内容：掌握体育与健康的基础知识、基本技能与方法，增强体能；学会学习和锻炼，发展体育与健康实践和创新能力；体验运动的乐趣与成功，养成体育锻炼的习惯；发展良好的心理品质、合作与交往能力；提高自觉维护健康的意识，基本形成健康的生活方式和积极进取、乐观开朗的人生态度。

2022年，我国已经制定并颁布了新的体育与健康课程标准来代替旧版，即《义务教育体育与健康课程标准（2022年版）》，围绕核心素养，对义务教育体育与健康课程教学三个总目标作出了说明：掌握与运用体能和运动技能，提高运动能力；学会运用健康与安全的知识与技能，形成健康的生活方式；积极参与体育活动，养成良好的体育品德。在此基础上又将三个总目标进一步细化为四个不同水平。

从教学目标来看，21世纪以来制定的教学大纲和课程标准，无论是在深度上还是在广度上都较之前有了很大的提升，具有较强的层次性、

---

① 课程教材研究所. 20世纪中国中小学课程标准·教学大纲汇编 体育卷[M]. 北京：人民教育出版社，2001：790-791.

更加多元化，而且更加注重人文关怀，与青少年儿童的发展规律具有更高的契合度。

2. 教学评价与考核注重师评、互评、自评相结合

2000 年印发的《九年义务教育全日制小学体育与健康教学大纲（试用修订版）》《九年义务教育初级中学体育与健康教学大纲（试用修订版）》强调采取多样化的考核与评定方法，倡导教师平时对学生的考查、学生自评和互评相结合，运用等级评价法。

对于教学评价，《义务教育体育与健康课程标准（2011 年版）》强调要构建多层次、多水平的评价体系，有机结合定性评价与定量评价、过程性评价与终结性评价，更好地改善学生的发展，帮助学生精准地把握自己的学习水平以及在班级中所处的位置。

《义务教育体育与健康课程标准（2022 年版）》指出，注重过程性评价与终结性评价、定性评价与定量评价、相对性评价与绝对性评价、教师评价与学生评价相结合。

这一时期颁布的体育课程标准，在教学评价方面注重评价方式的多样化，主张学生的积极参与，强调构建科学合理的教学评价体系，在促进教师"教"的同时，重视学生更好地"学"。

综上所述，在日益繁荣发展时期，新一轮基础教育课程改革对我国中小学体育教学的发展具有十分深远的影响，中小学体育教学目标趋于多元化、层次化，教学评价更加关注学生自身价值的体现，在很多方面都取得了不容小觑的进步。

二、中小学体育教学的创新发展趋势展望

（一）"健康第一"的体育教学思想

健康是新时代的家风，也是我国现阶段倡导的生活理念。有效的健康教育与每个人的健康成长和全面发展息息相关。为了更好地迎合时代

的发展，未来的中小学教育要充分利用体育教学这一手段，不断强化对学生身体健康的教育，从而实现强健体魄、提高品德素养、促进身心健康发展的教学目标。

体育教学与健康教育并不是毫无关系的，而是有着紧密的联系且相互促进的。基于此，未来的中小学体育教学要贯彻与践行"健康第一"的教学思想，积极融入丰富的健康元素，使学生充分认识到健康的重要性，掌握有效的强身健体的方法，充分调动学生对体育学习的积极性。《义务教育体育与健康课程标准（2022年版）》也强调要坚持"健康第一"的教学理念。因此，中小学体育教学要牢固树立"健康第一"的理念，促进广大青少年文化学习和体育锻炼协调发展。

（二）以素质教育为主线的体育教学

素质教育是现代化教育的产物，注重个体在各个方面的全面发展。中小学体育教育要想加快实现现代化，必须沿着素质教育这条主线开展，以体育教学为手段落实素质教育。其本质内涵就在于引导学生参加各项体育运动、体育比赛，全方位提高学生的综合素质，包括身体素质、心理素质、社会适应能力、人格等。

在素质教育实施过程中，身心健康素质作为其他素质发展的基础，要引起高度关注。我们要通过引导学生参加多样化的体育教学活动，塑造学生强壮、优美的身材，增强学生体质和身体机能，培养学生平和的心态和定期锻炼的好习惯，以提高学生的综合素质。因此，中小学体育教学要坚持以素质教育为主线，追求更高的教学品质，丰富教学内容，为国家和社会发展培育全面发展的人才。

（三）以终身体育为目的的体育教学

终身体育是伴随着终身教育兴起的一种体育概念，其含义包含两个方面的内容：一是体育意识和体育锻炼习惯贯穿一个人生命的整个过程，使体育成为一个人生命中必不可少的一部分；二是在终身体育思想的指导下，为实现体育的整体化、体系化，为人们提供更多在各个时期、各个生活领域进行体育活动机会的实践过程。该思想的确立丰富了体育教学思想，对于体育教学的发展具有积极的促进作用。

终身体育强调人们不仅要在学生阶段坚持参加各项体育运动，还要在其余各个人生阶段坚持参加各项体育运动。虽然不同阶段参加的运动项目不尽相同，但最终目的都指向促进身心健康的全面发展。因此，开展中小学体育教学要培养学生终身体育意识，不仅要培养学生运动技能，还要激发学生对体育运动的持久性兴趣，使学生充分认识到终身参与体育的必要性和重要性。

（四）以创新性和快乐性为特征的体育教学

现代教育逐渐重视对受教育者创新性的培养，因为创新是一个民族进步的灵魂，是否具备创造性思维是衡量个体综合素质的重要指标。因此，在素质教育不断深入发展的今天，每一种教育都必须重视对创新性的培养，中小学体育教学也不例外。

因此，在日常中小学体育教学中，教师要有意识地培养学生的创造意识、能力和精神，利用体育项目中的技战术对学生创造性思维进行锻炼，鼓励学生发挥想象力、创造力做一些运动，如鼓励学生自编徒手操、自己布置战术，以促进学生创造意识、创造能力的提升。

随着体育教育的发展，人们对体育教学形式的探索逐渐深入，其中德国和日本出现了快乐式体育教学，该教学方法流传到我国后，受到广大师生的青睐。它可以给学生带来诸多乐趣，不仅能有效缓解学生的厌学情绪，还有助于培养学生终身参加体育实践的志向和习惯。由此可见，快乐性也日渐成为中小学体育教学的一个重要特征。

（五）构建"体医结合"人才培养模式

"体医结合"，从字面上可以理解为体育运动与医疗的有机结合，即以体育运动的方式辅助医疗，确保人们的身体健康。在"体医结合"思想当中，体育具有健康、治疗、康复等多重作用。随着全民健身国家战略的深入实施，"体医结合"将成为加快健康中国建设步伐，提高人民健康水平的重要战略依托。

基于此，中小学体育教学也应该加强对"体医结合"人才培养模式的探索，积极拓展人才培养新领域，打造体育教学新样态，让体育运动促进学生健康成长。

第二章　中小学体育教学创新之内容改革

在 21 世纪的教育环境中，创新已经成为推动教育事业发展的关键因素。中小学体育教学作为青少年全面发展的基础，同样需要不断创新与发展。尤其是中小学体育教学内容的创新，其必要性在于适应时代发展趋势，激发学生对体育的兴趣，吸引学生积极参与，培养学生全面发展的体育素养，提高体育教学质量，为学生的健康成长奠定基础。本章聚焦中小学体育教学创新之内容优选，旨在帮助体育教师深入了解如何优化体育教学内容、提高教学质量。

第一节　中小学体育教学内容的范围和特点

一、中小学体育教学内容的概念

中小学体育教学内容又被称为"中小学体育教材"，它是以实现中小学体育教学目的和教学任务为目的，通过加工与处理各项身体练习、运动技能学习以及教学比赛等内容，以教学形态出现在中小学体育课堂上的教学材料的总称。

中小学体育教学内容是教学实践过程中进行的教师的"教"与学生的"学"有机结合的实践依据。中小学体育教学内容的制定，需要教育主管部门以现代社会人才需求标准为依据，在总结前人体育教学思想与实践经验的基础上，按照一定的原则和程序，从丰富的体育知识和技能中精心挑选出来。中小学体育教学内容是教师与学生之间的桥梁，对教学手段与教学方法具有重要的制约作用，对中小学体育课程目标与教学目标的实现有直接作用。

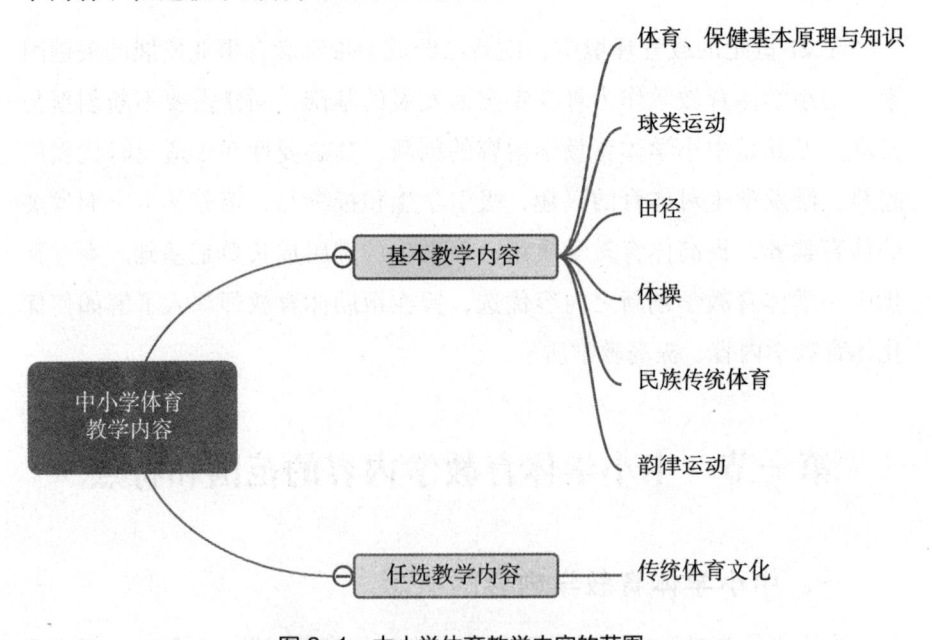

二、中小学体育教学内容的范围

通常来说，中小学体育教学内容主要由两部分组成，分别为基本教学内容、任选教学内容，如图 2-1 所示。

图 2-1　中小学体育教学内容的范围

（一）基本教学内容

1. 体育、保健基本原理与知识

中小学体育教学的主要目标在于促进学生身心素质的提升，使学生更好地掌握体育与健康之间的关系。过于重视对学生某项运动技能的培养，忽视最基础、最根本的健康教育，会造成体育教学的片面性。而通过向学生传授保健与卫生知识，使其充分认识到健康的重要性，了解身体健康所需的环境，并自觉地改变自己的习惯来适应环境，有助于提高学生爱护环境的自觉性，保持自己的身体处于健康状态。

在中小学体育教学中，教师要善于将体育保健基本原理和知识与实际问题有机结合起来，让学生利用所学知识解决现实生活中遇到的问题，使学生体会到学以致用的成就感，从而激发学生对体育学习的热情。另外，在选择体育、保健基本原理与知识这类教学内容时，教师要注意不同知识点之间的关联性、逻辑性，尽量根据社会发展现状精心挑选体育、保健原理，并与运动实践部分的内容结合起来实施教学。

2. 球类运动

在中小学体育教学中，常见的球类运动主要有足球、篮球、网球、羽毛球、乒乓球、排球等。球类运动的主要特征之一是多变，其中还蕴含着丰富的技战术内容，是一种具有复杂性、多变性的运动。中小学体育教学通过传授球类运动的教学内容，帮助学生从整体上了解与掌握球类运动的基本情况和共性规律。

球类运动的教学，不仅要教会学生基本的技战术，还要培养学生与球类项目开展相关的其他能力，主要包括执法比赛的能力、组织竞赛的能力等。考虑到球类运动教学内容中蕴含着较多复杂、高难度的技战术，且许多技战术之间具有较高的关联度，所以难以单独挑选出某种或某几种技战术来学习。鉴于此，如果将球类运动作为中小学体育教学内容，教师要从较为宏观的角度进行考虑，尽可能将相关技战术教学与比赛或其他形式的运动实践相结合，在保证教学质量的同时，降低球类运动教学的难度。

3. 田径

田径运动的基础就是走、跑、跳、投等活动，因运动方式具有较强的基础性特征，故田径运动有"运动之母"之称。在中小学体育教学中，向学生传授田径运动知识与技能，能够增强学生对田径运动的认识与了解，使其进一步明确田径运动学习的价值与意义，尤其是田径运动在人体健康发展方面的积极作用，帮助学生对基本的走、跑、跳、投等能力形成更多规律性的认识。在此基础上，学生能够对田径运动有更深层次的了解，熟悉并掌握田径赛事的组织方法。

从总体上来看，田径教学内容以田径运动技能为依托，除此之外，其中还蕴含着培养人的意志品质、塑造完美人格等内容。因此，在挑选和设计田径教学内容时，教师还应该充分考虑体质提升、心理、运动、文化等方面的内容。

4. 体操

体操运动起源于原始社会的生产劳动，人类在狩猎过程中通常要采用滚动、滚翻、腾起等手段与野兽进行搏斗，这些活动日渐形成体操的雏形。体操运动作为人体基本活动技巧的一种展现，主要有基本体操、竞技体操、技巧运动、艺术体操、辅助体操和团体操等类型。体操运动有着十分悠久的历史，它不仅能够提升人的身体素质，还能培养人勇敢、坚毅、果断和克服困难等优秀品质。将体操运动纳入中小学体育教学内容，可以帮助学生了解体操运动的基础知识和体操文化，使学生充分认识到体操运动具有的多方面价值，并掌握一些有代表性、实用性强的体操技能。

在精选体操教学内容时，教师要避免出现片面关注其竞技属性的问题，多关注学生生理、心理等多方面的内容。在实际的体操教学过程中，教师要坚持循序渐进原则，同时全力做好课堂管理和学生安全工作，为学生营造安全的学习环境，切实提升学生的体操运动技能。

5. 民族传统体育

民族传统体育作为一种体育文化，不仅是民族传统历史文化的重要内容，还是人类体育文化的重要组成部分，其内容主要包括少数民族传统体育运动、传统武术、养生气功等。将民族传统体育项目作为中小学体育教学的重要内容，能够帮助学生更全面地了解我国优秀文化和民族传统文化。尤其是在传授我国特有的民族传统体育项目——武术时，一方面通过身体动作上的练习，起到强身健体、增强身体柔韧性的作用；另一方面在教学中能够培养学生舍己为人、胸襟坦荡、大义凛然的武德精神，再将其与爱国精神、民族自尊心的培养进行有机结合，有助于产生更显著的教学效果。

许多民族传统体育项目比较复杂，而且部分项目需要练就过硬的基本功，使得民族传统体育的教学所需时间通常比较长。鉴于此，民族传统体育教学的关注点不应该单纯局限在学生必须完成一套动作上，更重要的是从学生身体特点和实际能力出发，注重教学内容的文化性和实用性，即在传授民族传统体育运动技能时积极将其与相关文化背景内容相结合，如民族传统体育运动项目的起源和发展过程。

6. 韵律运动

韵律运动指的是需要以音乐伴奏作为辅助进行的操舞类运动。适用于中小学体育教学的韵律运动类型较为丰富，如广播体操、民间舞蹈、健美操、韵律操等。将韵律运动纳入中小学体育教学内容，有助于学生更好地认识与了解相关项目的特点与规律，掌握基础韵律运动动作和套路，还能提高学生自我创编动作的能力。另外，有效的韵律运动教学，能够极大地改善学生的体态，增强学生的韵律感，提高学生的身体表现能力。

与其他体育运动项目有所不同，韵律运动展现出更强的艺术性，其本身蕴含着更加丰富的艺术成分。为此，在开展韵律运动教学时，教师要善于将韵律运动内容与音乐理论、审美观、舞蹈理论等知识结合起来，避免片面关注动作或套路练习的教学思维。

(二)任选教学内容

我国疆域辽阔,民族众多,人文特点多样。在如此多样化的环境下,我国各地区、各民族的群众创造出多种多样、博大精深的传统体育文化,这就为中小学体育教学内容的选择提供了丰富的教育资源。从某种程度上来看,任选教学内容的出现使部分边远地区学校的体育教学内容资源变得更加丰富,这些内容具有较强的因地制宜性,对于当地学校了解本地区文化特色具有促进作用。

在实际的中小学体育教学中,对于任选教学内容的选择,在现行体育教学大纲中可能没有作出具体的说明与指导。因此,教育工作者在选择这类内容时要制定一套完善、详细的教学要求与目标,以提升教学内容的系统性、科学性,使学生能够学有所得、学有所获、学有所长。

三、中小学体育教学内容的特点

与一般的教学内容相比,中小学体育教学内容不仅具有共性特征,还具有独特、鲜明的个性特征。

就共性特征而言,与一般的教学内容一样,中小学体育教学内容具有教育性、系统性、科学性。中小学体育教学内容的教育性指的是中小学体育教学内容是学生接受教育的媒体,所以,首先要具备教育性。中小学体育教学内容的系统性主要体现在两个方面:一方面是体育运动的内在规律使得体育教学内容所形成的特定的内在结构;另一方面是根据学生身心发育特征、教育目标等因素,逻辑地、系统地安排不同年级的教学内容。所谓科学性,指的是中小学体育教学内容是中小学教育教学内容的一部分,与其他学科教学内容一样,具有鲜明的科学性。

中小学体育教学内容的个性特征指的是中小学体育教学内容本身具有的独特特征,如图2-2所示。

图 2-2　中小学体育教学内容的个性特征

（一）运动实践性

运动实践性是中小学体育教学内容的鲜明特征之一。在中小学体育教学中，许多教学内容需要以运动为媒介，基于大肌肉群的活动状态进行教育，而且，大部分教学内容的培养目标为习得与身体运动相关的知识和技能。通俗地讲，单纯地依靠教师的语言传递，以及学生的看、想、听来学习中小学体育教学内容是远远不够的，还需要学生参加运动学习和身体练习的实践活动，让学生体会肌肉的本体感觉，加深对动作的印象，由此才能有效解决学生"会与不会"的问题。

（二）娱乐性

中小学体育教学内容主要来源于各种各样的身体活动，而这些身体活动又主要来源于人的娱乐活动，所以中小学体育教学内容就自然而然地具备了娱乐性、趣味性。尤其是人在运动过程中会经历一系列的体验，如竞争与合作、成功与失败，这些体验对人的情绪与情感发展具有丰富且深刻的影响。

(三)健身性

中小学体育教学内容的健身性特征是指中小学体育教学内容的学习势必会使学生身体承受一定的运动负荷，合理的运动负荷对学生身体可以起到一定的锻炼作用。与其他学科相比，体育教学合理安排适量的身体负荷，在促进学生身体健康方面发挥着不可比拟的作用。

(四)非阶梯性

所谓非阶梯性，指的是就中小学体育教学内容而言，不同内容之间不存在比较清晰的由易到难、由简到繁的阶梯性结构，以及比较鲜明的从基础到提升的逻辑结构体系。

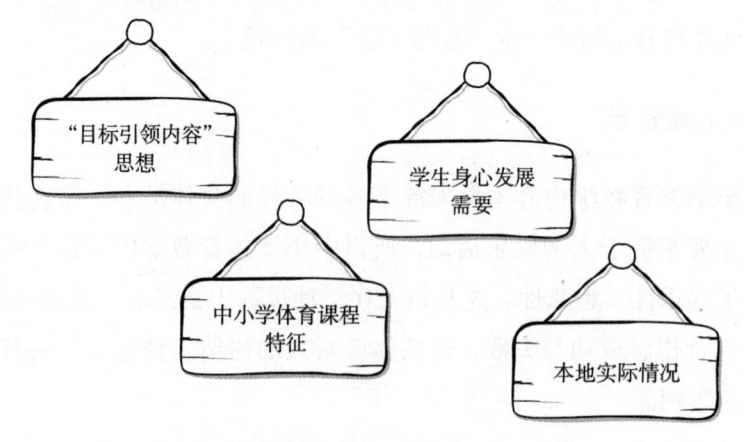

第二节 中小学体育教学内容的优选

一、中小学体育教学内容的优选依据

中小学体育教学内容是实现中小学体育教学目标的基础。中小学体育教学内容的选择要以以下几点为依据，如图2-3所示。

图2-3 中小学体育教学内容的优选依据

（一）以"目标引领内容"的思想为依据

在选择教学内容时，体育教师要以"目标引领内容"的思想为依据，根据体育与健康课程设置的阶段目标，在认真分析教材内容的基础上，精心挑选合适的教学内容，致力于学生体能水平、运动技能水平的提升，增强学生健康维护的意识，促进学生身心全面发展。

（二）以学生身心发展需要为依据

在选择教学内容时，体育教师要综合分析当下学生的身体特征、心理特点、知识获取方式等各方面的情况，了解学生当前状况与理想状况之间存在的差距，以此为依据选择满足学生学习需要的教学内容，以促进学生全面协调发展。

（三）以中小学体育课程特征为依据

中小学体育课程的学科特征主要包括技艺性、情感性、自然性和人文性。基于这些学科特征，再加上体育教学内容具有非阶梯性特征，体育教师在选择教学内容时要明确以下几个问题：一是什么是"亟须开发的内容"，二是什么是"需要开发的内容"，三是什么是"不必开发的内容"，四是什么是"不能开发的内容"。只有弄清楚以上几个问题，才能保证所选择的教学内容满足中小学体育教学的需要。

（四）以本地实际情况为依据

中小学体育教学内容的选择还需要充分考虑本地的实际情况，如区域之间的差异、场地设施条件、气候、安全。要因时制宜、因地制宜地选择教学内容。

二、中小学体育教学内容的优选原则

教学内容的选择是一项重要的任务，它不仅与学生学习效果密切相关，还关系到教师的教学质量。因此，中小学体育教学内容的优选应当遵循一定的原则，如图 2-4 所示。

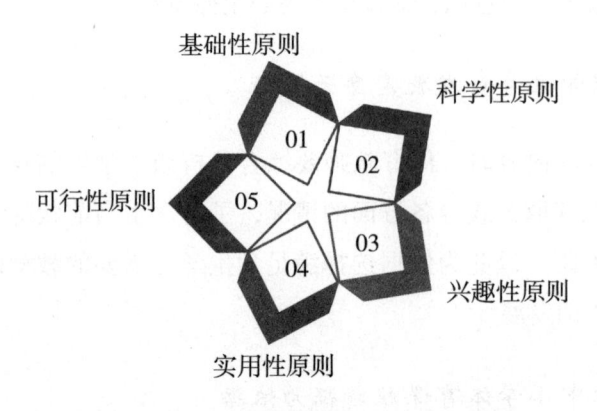

图 2-4　中小学体育教学内容的优选原则

（一）基础性原则

所谓基础性原则，是指所选择的中小学体育教学内容要具有培养学生基础体育运动能力和健康维持能力，帮助学生打牢自身健康基础的作用。除此之外，所选内容还要能提高学生长期坚持参加体育运动的能力，进而带动学生综合体育文化素养的提高。因此，在选择中小学体育教学内容时，教师要专门选择有关体育与健康的、基础性的知识与技能。

（二）科学性原则

科学性原则指的是所选择的中小学体育教学内容要与该年龄段学生的身心发展特点相符，对于学生身心健康发展具有促进作用。此外，还应该充分考虑学生的个体差异，针对不同类别的学生选择差异化的教学内容，确保每个学生都能从中受益。

（三）兴趣性原则

所谓兴趣性原则，指的是中小学体育教学内容的选择要充分考虑学生的体育兴趣。兴趣是学生主动学习的内驱力所在，只有面对自己感兴趣的事物，学生才会有更强大的动力进行学习，并倾注更多的精力。因此，中小学体育教学内容的选择，必须从学生的角度出发，充分考虑学生的兴趣爱好、发展需求，力求让学生从学习中获得更强烈的参与感、成功感、满足感。

（四）实用性原则

所谓实用性原则，是指所选择的中小学体育教学内容要具有鲜明的生活教育色彩，满足当下社会发展的要求，迎合未来社会发展的趋势。除此之外，所选择的中小学体育教学内容还要解决实际问题，如培养学生学习兴趣、提高学生运动能力、培养学生组织体育活动的能力。因此，体育教学内容要满足以下两个方面的要求：一是注重打牢学生的运动基础，二是满足学生参与体育活动的需求与兴趣。如此，才能使学生深刻感受到所学知识和技能在现实生活中具有一定的使用价值，而非脱离学校后就变得毫无用处。

（五）可行性原则

可行性原则要求中小学体育教学内容的选择要从本校的实际条件出发，包括教师水平、体育硬件条件、学生学情等。如果不遵循可行性原则，即便教学内容再新颖，学生对教学内容再感兴趣，等到真正组织教学时，也会发现教学活动难以顺利进行下去，实践教学缺乏可行性。因此，中小学体育教学内容的选择务必遵循可行性原则。

三、中小学体育教学内容的优选过程

通常情况下，体育教学内容的选用要经过一系列过程，主要包括基本体育素材的形成、运动项目的选择、有效运动项目的选择、可行性分析等。中小学体育教学内容的选用也要经历这一系列过程，如图2-5所示。选择的内容务必满足中小学生的身心发育、兴趣、爱好等要求。

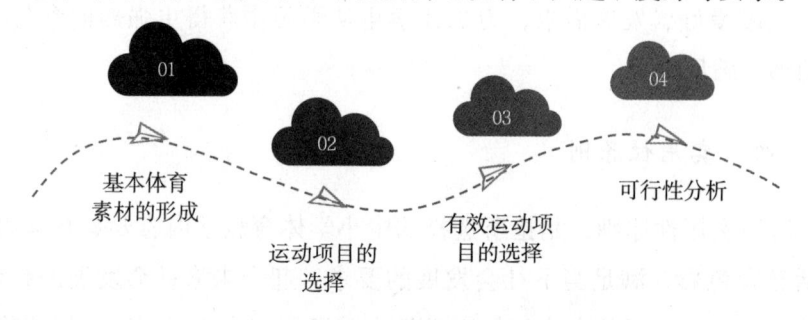

图2-5 中小学体育教学内容的优选过程

（一）基本体育素材的形成

首先，从教育性角度对现有体育素材进行分析与评价，即初步判断这些内容对中小学生的身体健康是否有利，对中小学生参与运动、掌握运动技能是否有利，对中小学生心理健康和社会适应能力的发展是否有利。其次，以教学目标为依据，对各个体育运动项目与身体练习的主要功能进行分析，并根据分析结果整理、合并教学内容，最终形成基本体育素材。

（二）运动项目的选择

多功能、多指向性是体育运动项目和身体练习的主要特征之一，这就意味着不同体育运动项目与身体练习之间是可以相互代替的。因此，体育教师需要以社会需求和条件为依据，结合不同年龄段学生的身心特点与兴趣爱好，精选有代表性的、常见的体育运动项目，作为体育教学内容。

（三）有效运动项目的选择

体育教师应根据不同学段体育教学目标，以及不同水平阶段学生的身心特点，认真选择适合不同水平、年级的体育运动项目和教学方法。

（四）可行性分析

中小学体育教学内容比较容易受到地域、气候、场地器材条件的影响与约束。因此，在选择教学内容的时候，体育教师必须全面分析与考虑场地器材条件。

四、中小学体育教学内容的优选方法

中小学体育教学内容丰富多彩，比较常见的优选方法有筛选法、改造法、整合法、拓展法、总结法，如图2-6所示。

图2-6 中小学体育教学内容的优选方法

（一）筛选法

筛选法是指以一定标准为依据，从丰富的体育教学内容中选择出最合适的教学内容的方法。通常来说，筛选中小学体育教学内容的步骤如下。

（1）整理并列出可供选择的教学内容清单。

（2）制定筛选标准。这一环节是筛选法的核心步骤。教学内容的筛选标准并非一成不变的，而是会因为教学主体、教学目的等的不同存在一定的差异。筛选标准的影响因素主要包括国家教育和体育教育政策、理念、指导思想，以及学校体育教育的目标、师资水平、硬件条件、学生素质等。

（3）落实筛选工作。以筛选标准为依据，最终确定体育教学的内容。在中小学体育教学内容的挖掘过程中，筛选法往往不是单一应用的，而是与其他方法配合使用的，由此就能极大地提升体育教学内容的合理性。

（二）改造法

所谓改造法，指的是对原体育教学内容中的某个部分进行有针对性的加工与改造，使之变成一种以新形式存在的体育教学内容的方法。改造中小学体育教学内容通常要经过如下几个步骤。

（1）全面了解学校条件和学生学情。在了解学校条件时，重点了解学校体育运动场地和设施情况、师资水平等。在了解学生学情时，重点了解学生的年龄、身心发育特点、生活经验、体育兴趣等。

（2）分析体育教学内容的组成要素。从本质上来看，对体育教学内容的改造是其中一个要素，所以，深层次分析教学内容的组成要素是有效完成改造工作的基础。

（3）改造体育教学内容的组成要素。这一步骤的主要任务是以教学目标为依据，对体育教学内容中的某个要素进行改造。通常情况下，改造的要素主要包括动作、游戏、简化、实用性、变形等。

（4）重构与修改体育教学内容。将改造后的教学内容应用到课堂之中，并对其具体应用情况进行评估，如果存在不足之处，要及时修改存在问题的要素。修改完成之后，需要再一次通过教学实践进行检验，最终形成具有较强应用性的教学内容。

（三）整合法

整合法指的是按照一定的标准将多种体育教学内容中的要素进行重新组合，最终得到新的教学内容的方法。在挖掘中小学体育教学内容资源的实践中，该方法是一种比较常见的方法，其步骤主要有以下几点。

（1）确定整合目的。运用整合法挖掘新的体育教学内容，主要是为了最大限度地发挥教学内容的多种功能，让教学内容展示出更强的趣味性和适应性等。只有明确整合目的，才能有序地进行后续的内容整合工作。

（2）确定整合方式。体育教学内容中各要素的整合方式多种多样，使用较为普遍的主要有取舍、叠加、顺序变换等。而在具体操作中对整合方式的选择，主要取决于教学内容的要素特点。

（3）完成整合工作。在正式进行整合之前，在必要的情况下，还需要适当地修改教学内容中的要素，从而确保整合的高效性、顺畅性。

（4）检验与修改。利用具体的教学实践对整合后体育教学内容的实际表现进行检验，倘若发现其中存在问题，需要重新修改与调整问题点，之后在教学实践中重新检验，直到对教学具有较高的适用性。

（四）拓展法

所谓拓展法，指的是通过补充或延伸原有体育教学的内容、形式与功能等，最终形成新的教学内容。在中小学体育教学内容的挖掘过程中，拓展法的应用通常要经过如下几个步骤。

（1）分析教学内容的性质与特点。为了能为后续工作提供更加精准、可靠的依据，在分析体育教学内容的性质与特点时，必须深入每一个要素当中。

（2）发现可拓展的空间。在分析教学内容的性质与特点的基础上，探寻教学内容中的哪些元素能够进行拓展，哪些元素必须维持原样。此外，对于可拓展的元素，也要考虑好拓展的具体内容，如内容结构、内容呈现方式、内容功能等。

（3）尝试性拓展教学内容。在拓展体育教学内容的过程中，应当利用好学校、家庭、社区的各项体育资源，同时要适当增加、删减教学内容，确保拓展工作的可行性、高效性。

（4）整理、实施与总结教学的合理性、科学性。在具体的教学实践中，对拓展后的体育教学内容的实际表现进行检验。倘若发现其中存在问题，需要作出适当的修改与调整，之后重新通过教学实践进行检验，直到教学内容完全适合教学为止。

（五）总结法

总结法指的是通过总结多种体育教学内容开发的成果经验，梳理并归纳出最典型的教学内容的方法。从本质上来看，对于体育教学内容的开发过程、结果的总结不仅是步骤中的重要环节，还是一种开发方法。在中小学体育教学内容资源的挖掘中，总结法的应用步骤如下。

（1）反思教学内容的开发过程。这一步骤的主要任务是回顾与反思开发体育教学内容的经验、疑惑、困难、成果等，要事无巨细，从而为后续的总结提供更加准确、有效的信息。

（2）总结教学内容开发过程，汇总文字材料。做好对教学内容开发过程的总结与反思后，将反思情况用文字的形式呈现出来。

五、中小学体育教学内容优选的建议

（一）建立中小学体育教学内容电子数据库

学校要以体育与健康课程标准为依据，建立健全中小学体育教学内容电子数据库。学校可以根据学生的年龄特征、身心发展情况，遵循体育运动发展规律，多途径、多方式收集国内外体育教学内容，并按照技术动作的难易程度，将教学内容分类、分层地投递至中小学体育教学的各个学段。针对相同学段的体育教学内容，要建立横向的逻辑联系；针对不同学段的体育教学内容，要建立递进关系，避免不同学段体育教学内容的重复，保证不同学段都有新的教学内容。

一线体育教师要根据教材内容、学生需求选择合适的教学内容，避免盲目地选择体育教学内容，减少体育教学内容的重复，为中小学体育教学质量的改善奠定基础。如此一来，可以提高学生参与体育运动的乐趣，提高学生的体质健康水平，培养学生的终身体育运动意识，为学生打牢基本运动能力之基石，推动学生生命个体的全面发展。

（二）构建中小学生体育与健康成长电子档案

根据学生电子学籍系统，学校可以发挥现代科学技术资源的优势，构建学生体育与健康成长电子档案。电子档案可以详细具体、真实完整地记录下学生参与体育与健康课程的情况，不仅包括不同学段、不同年级、不同学年度、不同学期的体育教学内容的完成情况，还包括体育教学内容的基本情况、达标情况以及完成的星级情况等。依托体育与健康成长电子档案，可以实现对学生体育与健康课程学习情况的实时、持续追踪，为学生学习效果的过程性评价提供重要参考依据，更好地进行阶段性评价。这不仅能帮助体育教师全方位、全景式地了解不同学段学生对教学内容的掌握程度，还能为后续体育教学内容的选择提供方向指引。

体育与健康成长电子档案中的体育教学内容指标可以充分反映当下阶段体育教学内容选择是否具有实效性，为体育教学内容的选择与创新提供强有力的实证，有助于推动体育教学内容全面深化改革在广度和深度上的拓展。课程标准强调"以学生为主体，关注学生全面发展"，将这一基本理念有效落实到中小学体育教学具体的实践中去，对体育教学内容效果进行充分量化，对于体育教学质量的改善具有重要意义；同时，也有助于社会更好地监督中小学体育教学的实际情况，推动中小学体育教学的进一步发展，帮助学生打牢基本运动能力的基础，为学生终身体育健康意识的树立奠定基础。

（三）树立体育教师专业发展观念，支持鼓励体育教师继续深造

根据体育教学的特点、学生年龄发育特征，体育教师不仅是专业的体育教师，还需要完成很多方面的工作，具备多方面、复杂的劳动能力。近些年来，我国社会主义发展步伐逐渐加快，高学历体育教育者的比例逐年增加，体育教师的专业性日渐提升，但其对于心理学、教育学方面的理论知识掌握相对较为薄弱。这不仅制约了体育教师专业化水平在体育教学具体实践中的发挥，还对学生的体育学习与健康成长造成了不利影响。

体育教师不仅要掌握本专业的知识，还应该学习和掌握其他学科的知识，如教育学、心理学、社会学的知识等，使这些知识能够更好地服务于体育教学。因此，学校要注重引导体育教师树立专业发展观念。体育教师专业成长的继续教育不仅要以体育学科专业知识为中心展开，还需要涉及继续教育培训的多元化培训内容。尤其要注重体育教师的入职培训，由于教师角色、教师知识技能等都发生了一定转变，所以体育教师需要再学习。

中小学是学生学习生涯中非常重要的阶段，是学习和掌握基础知识的重要阶段，体育教师在教学实践中永远不能停下创新的脚步。与此同时，体育教师还需要进行深度学习与深造。因此，打造体育教师专业成长和学业深造的平台是非常必要且重要的，因为有很多体育理论知识无法在短时间内有效掌握。利用寒暑假时间，体育教师可以积极参加片段式的培训，进行集中学习，这不仅能使体育教师拥有更加广阔的继续深造学业的平台，还能极大地缓解职称、岗位等给体育教师带来的职业压力，提升体育教师的教学水平，进而促进学生的健康成长。

（四）回归体育教学本质，唤醒学生生命个体的内在需求

每个中小学生都是一个个鲜活的、独一无二的个体，都是不可替代的、独特的。因此，体育教师应建立健全中小学体育教学内容体系，增添学生生存技能元素，关注和尊重学生生命个体的独特性，用多样化、趣味性的教学内容，唤醒学生内在的本体感觉，使学生的学习状态转变为"由内而外的主动式学习"，以替代"由外而内的接受式学习"。从本质上来看，体育作为一项运动是由远古的狩猎行为演变而来的，那个时期的运动主要是满足人们内心最深处的需要，如果不掌握狩猎技能，人们就只能忍受饥饿。而在丰衣足食的现代社会，体育教学仍旧要回归教学本质，满足学生个体内心最深处的需要，而非用丰富多彩的教学内容"绑架"学生的内心需求。

为了回归体育教学的本质和初心，体育教学的当务之急在于还原基本运动的环境。在教学的初期，教育的作用应该是弱化的，重点是创建足够安全、自由舒适、有锻炼价值的游戏环境，使学生在玩耍过程中体验本我的需求，让学生亲身经历从最开始的跑不快、爬不高、跳不远到之后的跑得快、爬得高、跳得远，在欢快的玩耍中体验游戏，并在此过程中寻找、认识、接受自身的不足。

"玩中学"是学生基本运动能力提升的过程，从教师教的角度来看，它是一种良性循环模式，即"游戏体验—技能教学—应用实践—再游戏体验—再技能教学—再应用实践"；从学生学的角度来看，它也是一种良性循环模式，即"需求—教学—实践—再需求—再教学—再实践"。这种循环模式的周期长短不一，短至一节课，长至一个学年。体育教学内容游戏化、趣味化，使学生可以先在游戏中进行体验，之后对技能产生好奇心和学习的渴望，最终使学生将体育运动技能的学习变成本能的需要。适当放慢教学速度，打破"为教而教"的现实困境，不仅能提高体育教学的质量，收到事半功倍的教学效果，还能唤醒学生生命个体内在的需要，这是体育教学的本质。

（五）为体育教学内容瘦身，出版权威性的体育教科书

从幼儿园到大学都有体育课，体育是学生学段中跨度较大的一门课程，又是与学生身体健康、生命健康息息相关的课程。因此，体育教学内容更应该由易到难、由浅入深，阶段性、循序渐进地介入生命个体的发展。这是一个漫长、不间断的教育过程，教学内容的有序性、规范性、系统性尤为重要。在大量、丰富的教学内容中，体育教师应剔除非必要、重复的教学内容，精心挑选有教育价值、满足学生需求的体育教学内容，在为教学内容瘦身的同时，将有代表性的经典体育教学内容选入教科书（教师用书、学生教材），就如同语文书中的文章、数学书中的练习题，提高体育教科书的权威性。

第三节　中小学体育教学内容的拓展

一、中小学体育教学的健康教育内容

（一）健康教育与体育教育的关系

从健康教育的本质上来看，健康教育与体育教育之间存在着不解之缘。早在1979年12月，我国就颁布了《中、小学卫生工作暂行规定（草案）》，对学校卫生工作的主要任务作出了规定，即贯彻预防为主的方针，培养学生良好的卫生习惯，改善学校环境，加强防病措施，矫治学生常见疾病，以提高学生的健康水平，促进学生正常发育成长。上述任务的实现，需要以学校为主要场所，而学校体育教育是落实这项任务的主要载体。从根本内容上看，健康教育与体育教育既有区别又紧密联系。分析健康教育与体育教育之间的区别与联系，不仅能帮助师生更好地把握两者的关系，还有助于教师进一步明确自身的教育任务。

1. 健康教育与体育教育的区别

（1）目标不同。健康教育的目标在于引导学生形成科学的健康观，增强学生的健康意识，使其掌握必备的健康方法，形成良好的健康习惯，从而使学生的身心健康始终处于一个较高的水平。体育教育的目标在于提高学生的身心素质水平，使学生掌握体育运动知识与技能，培养学生终身体育意识。

（2）内容不同。健康教育以培养学生健康意识和健康习惯的内容为主。体育教育以某项体育运动的运动技能类内容为主。

（3）组织形式不同。健康教育组织形式较为丰富，应用比较普遍的主要有课堂教学、健康讲座、健康咨询、健康行为矫正以及保健行为实践指导等。此外，还伴随各种各样学校、班级组织的宣传活动。体育教育比较常见的组织形式主要有课堂教育、课外活动、运动竞赛、运动队训练等。

2. 健康教育与体育教育的联系

虽然健康教育与体育教育之间存在着一定的区别，但两者作为学校教育的重要组成部分，存在着一定的关联。

（1）以"健康第一"为指导思想。众所周知，健康教育是一种培养学生健康意识，提高学生健康素养，为学生今后发展打下坚实健康基础的教育。体育教育内容虽然以运动知识、运动技能为主，但这些内容的学习对于学生身心健康发展具有巨大的推动作用，也能在一定程度上提高学生的健康素养。

另外，体育教育内容中蕴含着很多团体运动项目，学生长时间参加团体运动项目，更容易从人际交往等社会行为中获取宝贵的经验，这是塑造学生完美人格和完善心理的关键环节。因此，从落实"健康第一"的指导思想上来看，健康教育和体育教育之间存在着一种互为补充的关系。

（2）健康教育是身体教育的重要内容，体育教育是实现健康的重要手段。在中小学体育教学中蕴含着一些帮助学生树立运动健康及运动安全理念并掌握相应方法的内容。在健康教育中蕴含着健康行为、安全应急与避险、疾病预防、生长发育促进等内容，其中的很多内容需要依靠体育运动来实现，而且，在纠正学生一些不良行为时，也需要采用运动的形式实现。因此，从健康促进的角度来看，健康教育与体育教育之间存在着密不可分的联系。

（3）健康教育与体育教育相结合，有助于提高学生体质与健康发展水平。在中小学体育教学实践中，如果过分看重体育运动的基本知识、基本技术、基本技能的教学，忽视其与健康教育的联系，就容易导致学生失去对体育教育的兴趣和喜爱，大部分学生仅仅对运动技能有所掌握，对于正确健康运动的方法的理解却不全面、不透彻。而有机结合健康教育与体育教育，能够使学生从体育运动中获取健康，通过接受健康教育有效掌握科学运动的方法。这对于学生健康意识的树立、运动兴趣的激发具有重要意义。

（二）中小学健康教育的目标、要求与内容

1. 中小学健康教育的目标

健康教育在中小学阶段开展，总体目标在于为学生奠定受益终身的健康基础。在总体目标之下，还包含如下几点具体目标。

（1）培养学生健康意识与公共卫生意识。

（2）减少或消除影响或有可能影响学生健康的不利因素。

（3）让学生了解健康相关知识并掌握必备的健康技能。

（4）引导和鼓励学生为保持自身健康而作出努力的行为。

从总体上来看，健康教育在中小学阶段的开展，主要是为学生营造对其身心健康发展有益的环境，再通过传授各种各样的健康知识和健康技能，让学生学会维护自身的健康。

2. 中小学健康教育的要求

为了实现中小学健康教育的目标，在中小学阶段开展健康教育时要做到以下几点。

（1）在注重健康知识传授的同时，不能忽视健康技能的传授，应将两者置于同等重要的位置，决不能忽视任何一方。

（2）以螺旋式递进的方式传授健康知识与技能，保持学习进度和学习扎实度之间的平衡。

（3）对于健康知识、健康行为、健康意识等内容的传授，要做到整体统一。

（4）健康教育的内容要根据大纲锁定的范围，再结合学校实际情况进行确定。

（5）健康理论知识要与学生实际生活紧密结合起来。

3. 健康教育的内容

对于中小学健康教育的内容，《中小学健康教育指导纲要》《生命安全与健康教育进中小学课程教材指南》作出了明确的规定。由上述文件的规定可知，中小学体育的健康教育内容共涉及五大领域，即健康行为与生活方式、生长发育与青春期保健、心理健康、传染病预防与突发公共卫生事件应对、安全应急与避险，各领域核心要点如图2-7所示。

```
                    ┌─────────────────────┐
                    │ 中小学体育的        │
                    │ 健康教育内容        │
                    │ 的五大领域          │
                    └─────────────────────┘
```

领域1 健康行为与生活方式	领域2 生长发育与青春期保健	领域3 心理健康	领域4 传染病预防与突发公共卫生事件应对	领域5 安全应急与避险
认识健康	生长发育	社交与社会适应	传染病基础知识	应急常识与急救技能
个人卫生与保健	青春期心理	情绪与行为调控	常见传染病及防控措施	用药安全
健康问题与疾病预防控制	青春期性健康	心理健康与援助支持	传染病对社会的影响	社会安全
用眼健康	性侵害预防		口岸公共卫生	校园安全
耳鼻口腔健康	珍爱生命		突发公共卫生事件应对	实验、实习安全及职业健康
形体健康				网络与信息安全
健身锻炼与运动				
健康作息				
合理膳食				
公共环境卫生				
关注健康信息				

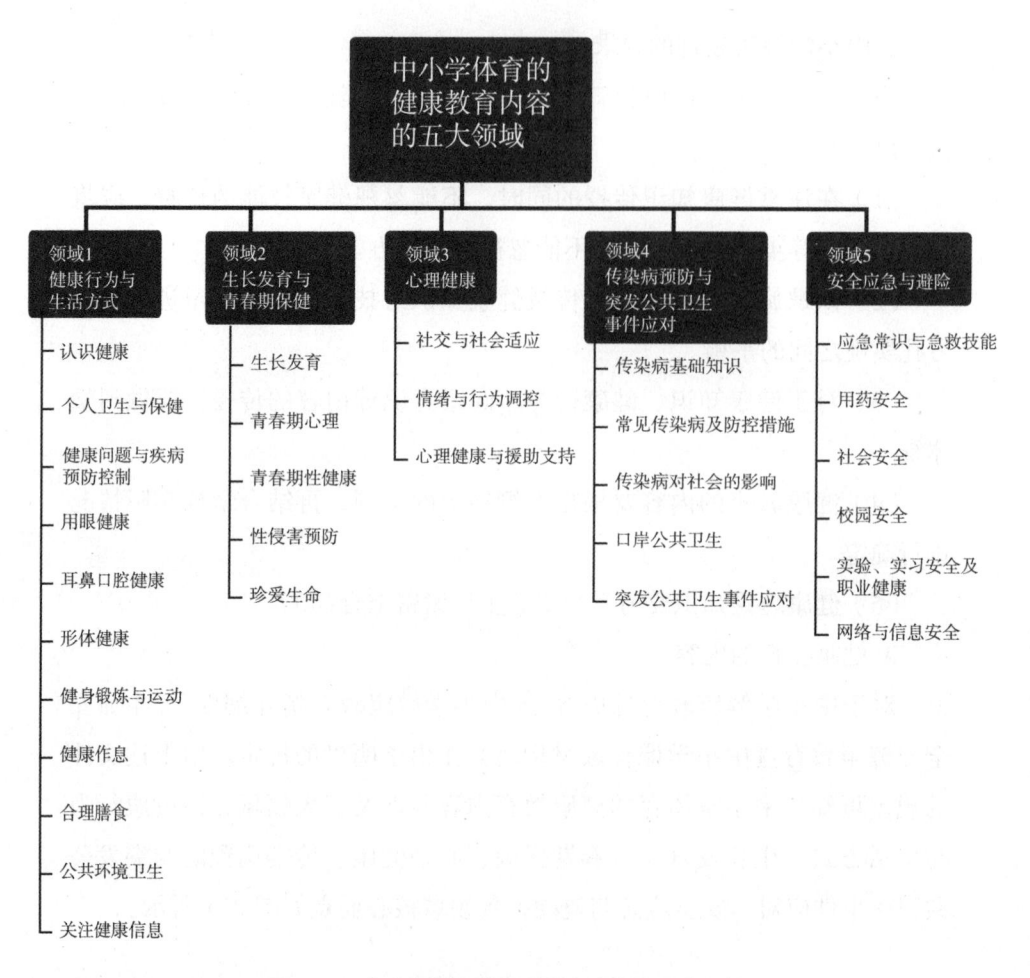

图 2-7　中小学体育的健康教育内容的五大领域

二、中小学体育教学的德育教育内容

（一）中小学体育教学渗透德育的必要性

1. 教育强国的现实需求

中小学是开展德育工作的重要场所，中小学德育教育是提高全民整体道德素养的重要保障。同时，中小学各类学科的差异互补是全方位推进德育工作高质量发展的不竭动力。体育课程是中小学人才培养体系的重要组成部分，与思想政治理论课程共同承担着德育的重要任务，对于教育强国梦的实现具有十分重要的意义。

2. 体育教学的重要延伸

现如今，国内很多学校普遍开设了特色鲜明的体育课程，并鼓励与引导教师将德育融入体育教学实践中，同时要求教师增强学生对体育学科渗透德育的接受度和认可度。教师通过对体育教学和德育的深入探讨，从"显性"和"隐性"两个角度挖掘两者的教育功能，使德育贯穿人才培养的全过程，着眼于涵养学生锲而不舍、团结互助的精神，激发学生爱国主义情怀。将德育渗透至中小学体育教学中，使学生以积极乐观、扎实的学习态度提高自身的身心健康水平，这不仅是拓展体育教学的重要路径，还有助于加强德育建设。

（二）中小学体育教学渗透德育的可行性

1. 体育学科蕴含着丰富的德育元素

在学生全面发展的教育体系中，体育学科发挥着关键的作用，这一学科占据着独特的育人优势，学生可以在体育学习中收获快乐、强健体魄、完善人格、锤炼意志。而且，在各种竞技体育运动中，学生可以在具体情境中感受到规则意识、团队意识和竞争意识。这有助于学生直接得到情感触动和升华，从而体育教学成为学生思想建设的重要内容。例如，在篮球、足球等团体体育运动中，学生可以尽情地享受体育运动带来的快乐和冲击，同时提高个人在团体中的人格魅力。总之，体育学科中蕴含着极其丰富的德育素材，在体育教学中渗透德育具有较强的可行性。

2. 体育教学中的德育内容贴近生活

体育学科课程拥有其他学科课程无可比拟的德育元素和德育价值，现已得到广大一线教育工作者的认可与接受。兴趣是学生参加各项学习活动的动力源泉。众所周知，体育课受到中小学生的普遍喜爱。在兴趣爱好的驱动下，学生往往能自主积极地参与到教育教学活动中。根据学生的兴趣爱好，教师组织不同类型的体育教学实践活动，并巧妙地融入德育元素，不仅能放松学生的身心，还能促进学生思想道德水平的提升。

除此之外，在体育运动当中，学生需要遵守一定的规则，这些规则与生活息息相关，有助于学生更好地融入其中，并使其情感得以升华，从而更主动地接受道德教育。

3. 体育教学有利于强化德育

从空间角度来看，体育教学活动常常选择在广阔的室外或室内进行，在开放、活跃的学习氛围中，学生更容易直接体会到体育运动蕴含的德育内涵。从心理角度来看，相较于其他学科教学，体育学科教学活动的教学互动方式和人际交往模式体现出一定的特殊性，这就要求教师在教学中要处理好与学生之间的关系，学生在学习中也要妥善处理与教师、同学之间的关系。在体育教学过程中，体育教师通过有效的人际互动观察，能够更精准地把握学生心理状态和心理变化，进而因势利导地融入德育内容。通过与教师和同学的互动交流，学生可以更好地领悟团结协作、自强不息等良好的意志品质。教师身临其境地融入德育内容，力求知行合一，有助于强化德育效果。

（三）中小学体育教学渗透德育的原则

要将德育更加巧妙地融入中小学体育教学中，需要遵循一定的原则，如图 2-8 所示。

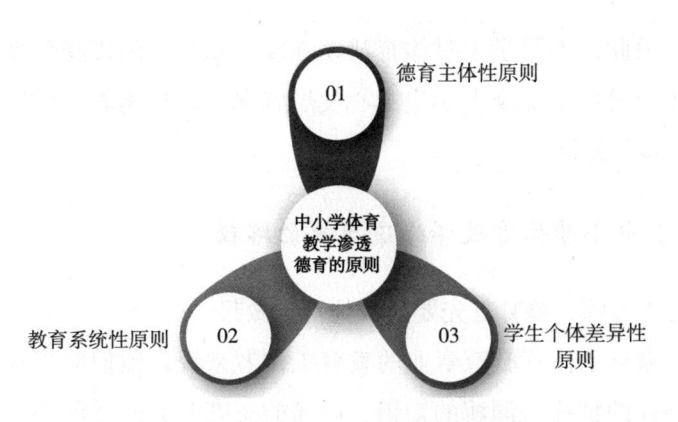

图 2-8 中小学体育教学渗透德育的原则

1. 德育主体性原则

在中小学体育教学中，教师依托各项活动来熏陶和感染学生，以培养学生良好的思想品德。学生是体育教学的主要活动者，与其他思想教育活动相比，体育教学中的德育活动更注重发挥学生在活动中的主体作用，使学生将德育内容逐渐转化为内在品质。为此，体育教师要明确并尊重学生的主体地位，全面调动学生的积极性，引导学生自主参与到体育教学的德育活动中。

2. 教育系统性原则

体育教师要树立教育全局观念，根据其他学科教育的教学阶段，适当、及时地调整教学进度和教学内容，从而全面统一学校内部教育力量。此外，教学必须逻辑清晰、结构合理，教师在设计环节要注意连贯性，根据学生外部表现观察学生学习状态，以学生需要为基点及时调整教学策略，以实现德育在体育教学中的全方位渗透。

3. 学生个体差异性原则

从学生个体角度来看，不同学生在同一方面的发展速度和水平有所不同。例如，同样是处于青春期的少年，部分人骨骼发育相对较早，在奔跑速度、爆发力方面有一定的优势；部分人身体发育还处于关键期，如果参加强度过大的体育活动，可能会对其身体发展带来无法挽回的负面影响。因此，不同学生对体育活动强度、知识点的接受程度不同，这就要求体育教师全面掌握学生身心发展状况，因材施教，促进全体学生的共同进步与发展。

（四）中小学体育教学渗透德育的路径

1. 身正为师，德育首先要从教师自身做起

对于献身于体育教育事业的教育工作者来说，他们应当具备远大的理想、高尚的情操、渊博的知识、严谨的态度及充满爱的心，这些都对学生起着举足轻重的示范作用。教师干净整洁的衣着、平静稳定的教态、生动形象的语言，无时无刻不在影响学生的思想和行为，尤其是教师细致入微、和蔼友爱的师爱品质和师德行为，会使学生道德观念发生改变。因此，在日常生活和教学工作中，体育教师必须严格要求自己，抓好个人师德师风建设。尤其是年轻教师，更应该利用自己的言行举止来潜移默化地影响学生。同时，教师要加强自身修养，通过精湛的教学技艺、崇高的精神以及高尚的师德，不断深化德育在体育教学中的渗透。

2. 深挖教材内容，促进体育与德育的深度融合

中小学体育教材内容丰富、种类繁多，有很多内容能够与德育结合进行教学。众所周知，游戏是深受广大学生青睐的教学方式。体育教师在备课过程中要认真研读教材并及时反思，深入挖掘隐藏于教材中的德育资源，再结合学生的实际情况，组织丰富多彩的游戏活动，将德育渗透到小学体育教学中。例如，在跳皮筋教学中，教师可以以游戏的形式向学生传授相关知识与技能，通过逐步提升橡皮筋的高度，培养学生直面困难、迎难而上的良好品质。同时，在学生练习的过程中，教师要不断提醒学生互帮互助，培养学生团结协作的团队精神。

3. 利用信息化教学手段，增强德育在体育教学中的渗透

在科技日新月异的今天，信息技术在课堂教学中的应用越来越广泛，中小学体育教学也应该乘技术之风，打破操场或体育馆教学场地的束缚，

增强德育在体育教学中的渗透。面对雾霾、雨雪等不适宜进行室外活动的天气，教师可以借助多媒体技术，组织学生观看一些体育竞赛视频。这些体育竞赛视频不仅能帮助学生更好地学习与掌握正确的体育技能和动作，还能增强学生对体育运动竞技魅力的切身体会，进而感受到运动员身上展现出的自信、拼搏、自强、坚忍等优秀的个人品质。

4. 德育渗透应坚持生活化、系统化、长期化

学生良好人生价值道德观念的形成并不是一蹴而就的，而是需要漫长的过程和长期正确的引导。在中小学体育教学中，教师要密切关注所有学生的行为习惯，把握课堂上的每处细节，不动声色地渗透德育，在德育融入体育课堂的同时不影响体育教学的有序开展，以达到体育与德育相得益彰、相互促进的目的。同时，教师要善于联系日常生活，加深学生对德育的理解，增强德育的效果。例如，在障碍跑的教学中，教师可以联系现实生活，构建消防员战士执行任务的情境，一方面帮助学生熟练地掌握障碍跑的相关技能，另一方面使学生切身体验消防员战士的基本行动，深刻感受消防员战士的艰辛。此外，教师还可以将消防员战士的行动和学生日常生活结合起来，培养学生自救自护、节约用水、预防火灾等意识，激发学生对消防员战士的热爱和敬佩之情，培养学生爱国主义情怀。

三、中小学体育教学融合多学科知识

在新时代教育背景下，体育教育在中小学教育中的地位越发重要。基于当前阶段的教学内容，为了更好地促进学生综合性学习能力的提升与发展，体育教师需要在教学中融入多学科知识，落实多学科融合的教学理念。下面重点介绍体育与音乐、美术、信息技术等学科的融合。

（一）体育与音乐学科相融合

音乐是靠听觉来感受的，它是一门听觉艺术。在中小学体育教学中，

引入不同类型、风格的音乐，形成背景、创设情境，可提高课间操的多样性，使体育课堂学练更具活力。体育学科与音乐学科的有机融合能够丰富体育教学内容，为学生创设生动活泼、轻松愉快的课堂氛围，激发学生学习的热情，提高学生学习的主动性和创造能力。

1. 课间操与音乐相融合

中小学上午的第二节课和第三节课之间会有30分钟的休息时间，用来进行大课间体育活动。这是一种打破传统的体育课间形式，采用多样化的活动形式，不仅能充分锻炼学生身体的各个部位，还能使学生走到阳光下，与阳光做伴，以操场为舞台，沐浴在阳光下，尽情地享受快乐。大课间体育活动是中小学体育教学的重要组成部分，体育教师可以创作一套固定的跑操音乐，并为集合、整队、慢跑进场等环节配上专门的音乐。例如，学生在跑操的过程中，需要根据背景音乐的旋律有节奏、响亮地喊出自己班级的锻炼口号；学生在练习广播操、武术操的过程中，体育教师可以为学生播放指定音乐，利用音乐辅助学生进行操作练习，让学生跟随音乐节奏做操，从而提高学生操作练习的韵律感、节奏感。

2. 体育课堂热身活动与音乐相融合

在每节课体育教学活动开始之前，教师通常会在准备环节组织学生进行慢跑和热身操的练习。在体育课堂热身活动中，教师可以为学生播放一些节奏感强的背景音乐，帮助学生更好地控制动作节奏。例如，在立定跳远教学中，体育教师可以创编热身操——青蛙跳，并配以合适的音乐，让学生跟随音乐积极、欢快地投入技术动作练习中；在耐久跑练习过程中，教师可以为学生播放莱格尔跑的背景音乐，先带领学生了解莱格尔跑，然后为学生讲解莱格尔跑中的部分节奏、指令，最后鼓励学生跟随音乐完成耐久跑的练习。这不仅有助于学生快速掌握跑步节奏，还能让耐久跑变得更加有趣。

3. 体育课堂教学与音乐相融合

中小学体育教学中蕴含着一些难度较大但规律性较强的技术动作，针

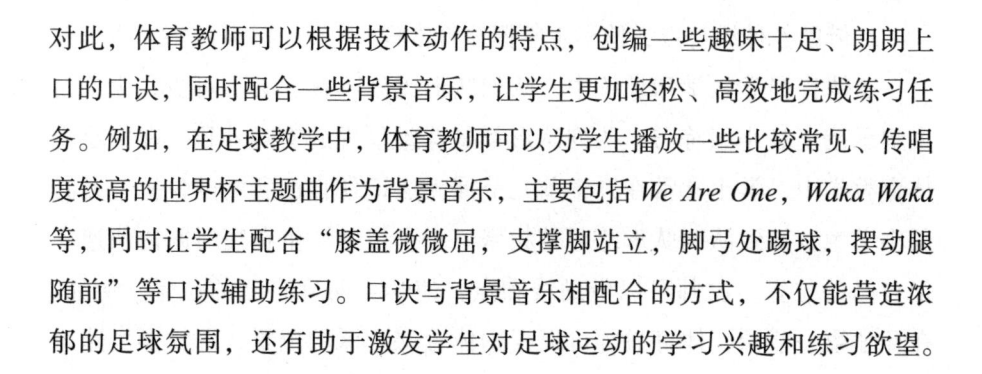

对此，体育教师可以根据技术动作的特点，创编一些趣味十足、朗朗上口的口诀，同时配合一些背景音乐，让学生更加轻松、高效地完成练习任务。例如，在足球教学中，体育教师可以为学生播放一些比较常见、传唱度较高的世界杯主题曲作为背景音乐，主要包括 *We Are One*，*Waka Waka* 等，同时让学生配合"膝盖微微屈，支撑脚站立，脚弓处踢球，摆动腿随前"等口诀辅助练习。口诀与背景音乐相配合的方式，不仅能营造浓郁的足球氛围，还有助于激发学生对足球运动的学习兴趣和练习欲望。

（二）体育与美术学科相融合

美术是一门具有可视形象以供欣赏的视觉艺术，美术学科能够使表现的内容更加直观、生动、形象。最近几年，体育学科与美术学科的融合变得越来越常见，主要体现在体育教学的课堂展示、队列队形、技术动作的辅助学习等方面。体育学科与美术学科融合，不仅有助于增强学生在体育课堂中的想象力和创造力，还能逐步提升体育教师的综合教学能力，为教学任务的顺利完成奠定基础。

1. 创编体育简笔画，帮助学生理解体育动作

所谓体育简笔画，指的是利用简单、形象的人物线条，对某项运动或技术动作进行描绘。体育简笔画具有主体鲜明、简洁明了、形态逼真等特点，能够清晰、直观地呈现出某项运动或技术动作。体育教师可以充分利用体育简笔画较强的表现力，直观地展示某项运动或技术动作的要点和特点，使学生注意力保持长时间的高度集中。同时，教师可以结合实际需要采取边讲边画的方法，以图示意，增强体育教学效果。

例如，在篮球三步上篮教学中，部分学生常常存在走步或托球手劲不够等问题，究其原因，主要是学生尚未有效掌握动作要领，导致做三步上篮动作时总是手脚不协调。对此，体育教师可以利用体育简笔画进行教学，通过边讲边画的方式，帮助学生更直观地了解与掌握三步上篮的技术动作。

2.借助各种线与点，使学生掌握体育常规

在体育课堂教学和训练中，队列队形无处不在、必不可少，无论是讲解示范还是小组练习，队列队形都是课堂呈现的宏观外显。在中小学体育教学中，学生常常在开学前几节课无法记住自己所站的位置，尤其是小学生，导致队列队形练习较频繁。为了帮助学生在短时间内快速牢记自己的位置，教师可以借助线和点，使学生明确自己的位置。例如，在开学第一节课，体育教师可以根据体育课上课的位置，寻找操场跑道的线、篮球场和足球场的边线等可利用的线，组织学生沿着线站队。在学生确定好各自位置的基础上，教师可以采取坐标法，用具体坐标定位每一个学生当下所处位置，如第一位坐标代表了学生处于第几排，第二位坐标代表了学生处于第几列，如第一排第一列学生的坐标为"1–1"，第二排第一列学生的坐标为"2–1"，第一排学生的坐标均为"1–x"，第二排学生的坐标均为"2–x"，第三排学生的坐标均为"3–x"……

与以往教学中让学生牢记"参照物"的方法相比，坐标法更容易让学生记住自己在队列中的位置，可以让学生更直观地找到自己的位置。因此，教师借助线和点，能够更高效地调整队列队形。

3.利用挂图、展示图，提高体育教学的生动性

近年来，课堂教学形式逐渐趋于多样化，体育公开课、观摩课的教学内容变得越发丰富。许多体育教师尝试用挂图、展示图协助教学活动的开展：在讲解某个体育技术动作时，先对体育技术动作进行分解，再通过图片的形式将整个技术动作呈现出来，让体育教学变得形象、生动。另外，在体育教学中，教师可以利用身体形态展示图，引导学生进行有步骤的训练，进一步规范学生的姿态。

（三）体育与信息技术学科相融合

在互联网高度发达的今天，各种先进的互联网技术被用于中小学教育领域。有机融合体育学科与信息技术学科，在丰富体育教学内容的同

时，还有助于提高学生在体育活动中的参与度，为教学效果的提升奠定基础。

1. 微课促进专项技术学练

最近几年，微课制作成为教师的必备教学技能之一。体育教师也应该紧跟时代发展的潮流，多在微课教学方面下功夫，借助现代数字技术编制高质量的教学资源。体育教师要积极探索自主研发富有特色的创新型教学资源，拓展微课在教学中的应用广度和深度，致力于体育教学质量的提升。在制作微课的过程中，体育教师要以教材内容为核心，积极、深入地思考制作方法，充分发挥信息技术的作用，不断提升自身的教学水平，让更多学生受益。例如，为了增强学生的力量素质，教师可以将小哑铃作为主要的训练器材，采取多种动作训练方式，制作相关微课视频，帮助学生理解与掌握力量素质锻炼的方法。值得注意的是，微课视频的制作需要以学生身体发育的特点为依据，遵循力量训练的客观规律，开发系列化微课，包含力量训练的所有内容，从而更好地推动学生力量素质专项的学与练。

2. 短视频促进体育文化推广

现如今，视频软件种类丰富，设计风格多种多样，大多数视频软件都会设置"体育"栏目，而且，"体育"栏目下会分设很多子栏目，如中超（中国超级联赛）、英超（英格兰超级联赛）、NBA（美国职业篮球联赛），由此可见体育类别的地位和重要性。这些热门短视频软件受到很多中小学生的欢迎，这些平台上还有很多体育博主，会定期推送体育大事记、体育人物事迹等内容。体育教师可以为学生推荐一些优秀的体育博主，帮助学生了解更多的体育文化。

3. AR 和投屏技术促进课堂增效

AR（增强现实）和投屏技术是最近几年信息技术领域中发展速度较快的两项技术。在中小学体育教学中，教师合理应用这两项技术，能够提升体育教学效果。

例如，在前滚翻教学中，学生在反复练习翻滚动作时，自己难以观察和体会动作标准与否。为了帮助学生更直观地观察和感受自己所做的动作，体育教师可以利用手机摄像功能拍摄记录学生所做的前滚翻动作，并将所拍摄的视频投放到教室互动大屏上，帮助学生分析和判断自己动作的标准程度。这不仅有助于动作标准的学生树立自信，还有助于动作不标准的学生快速找到自己的问题，并在接下来的练习中有针对性地进行修正。

再如，借助投屏技术，体育教师可以选择一些体感类游戏，并将游戏画面投放到教室互动大屏上，引导学生按游戏要求完成指定动作。如此一来，既能提高学生的身体素质，又能培养学生的锻炼兴趣，增强课堂教学效果。除此之外，手机软件和部分体育类的体感游戏也能与 AR 技术结合，教师可以充分利用这类体感游戏，依托 AR 技术进行游戏闯关或锻炼，让学生在玩中学、学中练，使学生身体各个部位得到充分锻炼。

第三章 中小学体育教学创新之模式革新

体育教学模式的创新有助于满足学生个性化需求，提高教学质量，适应社会发展变化，培养具备全面素质的学生。本章重点围绕中小学体育教学模式的创新展开论述，希望通过多样化的教学模式改善体育教学质量，培养健康、有活力的青少年。

第一节 "课课练"教学模式

一、"课课练"的概念

"课课练"这一名词并不属于体育专业术语名词，它引进于教育学科。从字面意思来看，"课课练"指的是每节课结束后进行针对性的练习。关于"课课练"的概念，《现代汉语词典》并未对其作出解释，中国知网的现有文章对该词语的解释并不多，而且大部分学者对其都有自己的独到见解，迄今为止很少有人为其下一个获得认可的概念。

随着"课课练"的发展，无论其内涵还是价值都发生了一定的改变。从体育学科领域来看，"课课练"在发展初期被看成每节体育课都预留出一定时间来进行身体素质练习。通过分析现有文献，笔者认为，"课课练"指的是在每节体育课正式教学之前或之后，针对学生身体素质安排合理的身体练习，并科学地实施这些练习，从而切实改善学生体质状况。

二、"课课练"教学模式的优势

如何让学生在体育课中享受快乐，并在享受快乐中得到有效锻炼？"课课练"教学模式为这一难点问题的解决提供了良好的思路。同时，"课课练"教学模式只要运用得当，就会产生锦上添花的效果。"课课练"教学模式的优势主要体现在以下几点，如图3-1所示。

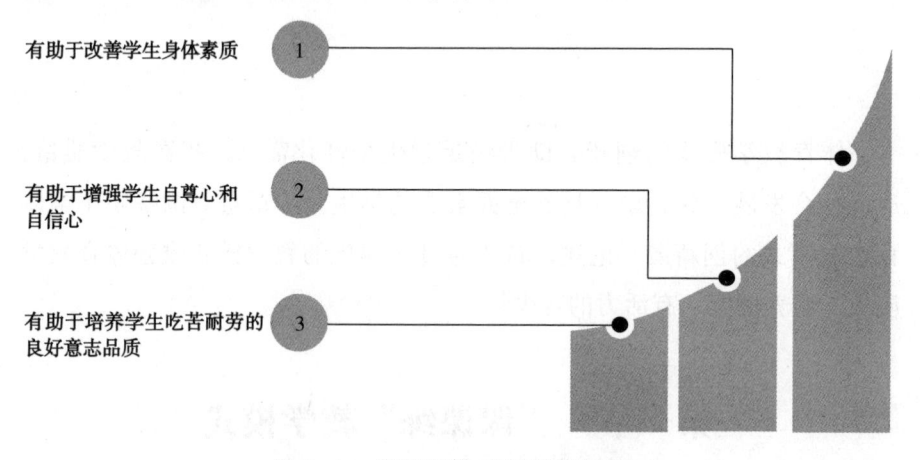

图3-1 "课课练"教学模式的优势

1. 有助于改善学生身体素质
2. 有助于增强学生自尊心和自信心
3. 有助于培养学生吃苦耐劳的良好意志品质

（一）有助于改善学生身体素质

在当今这个快速发展的信息时代，我国中小学生的体质健康水平呈现出持续下降的趋势，最典型的就是肥胖和近视，提高中小学生体质已然不仅仅是简单的口号了。在"课课练"教学模式中，学生通常需要在规定的3～5分钟的时间内完成身体素质的针对性练习。这不仅能提升学生锻炼的科学性，还能不断增强学生的锻炼效果。基于教师的正确指导，学生能够更好地投入体育锻炼中。经过长时间有规律的练习，可以显著提升学生的身体素质，大大改善学生的体质。这也是"课课练"教学模式可以在中小学体育课堂中立足的主要原因。

（二）有助于增强学生自尊心和自信心

长时间的学习容易引起学生疲劳，这就需要教师不定时地给学生的心情放个假，舒缓学生紧绷的思维，让学生进行休闲娱乐。娱乐是学生精神生活的重要组成内容，"课课练"在每堂课的一开始便起着娱乐身心、陶冶情操的作用。其具有优美的形体艺术、多样化的实施方法，使学生通过参加丰富多彩的竞技和比赛活动，获得精神层面的体验和情感层面的刺激。当学生参与到具有娱乐功能的体育运动中时，他们的内心是欢快愉悦的，在与同伴的合作中收获喜悦，在与对手的竞技中体验运动的乐趣，从心理和精神层面获得满足感，增强自尊心和自信心。

（三）有助于培养学生吃苦耐劳的良好意志品质

"课课练"主要是为了加强学生的身体素质练习，所以其练习内容主要包括五个方面，即速度、力量、耐力、灵敏、柔韧。这些素质练习通常是让学生在规定的几分钟内完成负荷量较大的跑、跳、力量练习。要想顺利完成这些素质练习，学生不仅需要具备坚强的毅力，更需要具备吃苦耐劳的传统美德。教师在课堂上有目的、有计划地引导学生进行各项素质练习，不断强化学生的品质教育，有助于培养学生良好的意志品质。

三、"课课练"教学模式实施的基本原则

"课课练"作为中小学体育教学中素质练习的重要形式之一，是对基本教材的补充与延伸。为了切实提升"课课练"教学的有效性，在教学实践中需要遵循以下原则。

（一）遵循"健康第一"的原则

体育课中设计"课课练"环节的主要目的之一在于增强学生体质，帮助学生弥补身体素质方面的不足，如肌肉软、小肌肉群发展差、前庭器官缺乏锻炼、反应迟钝、力量差、关节韧带硬、平衡性差，从而提升学生的身体健康水平。因此，"课课练"教学应当强调"健康第一"的指导思想。这就要求体育教师科学设计与组织"课课练"，安排适宜的时间、适量的运动负荷，抓住合适的时机。

通常情况下，"课课练"的具体安排需要以一节课主教材的运动负荷为依据来确定。倘若一节课的主教材运动负荷比较大，那么"课课练"时间以5～8分钟为宜，同时要适当减少运动负荷；倘若一节课主教材运动负荷比较小，那么"课课练"时间以8～10分钟为宜，同时运动负荷要适当增加。这样才能保证有效发挥"课课练"对于增强学生体质的作用。总之，"课课练"教学应该遵循"健康第一"的原则。

（二）遵循启发性原则

启发性原则是指，在"课课练"过程中，教师要加强对学生的指导，自觉地渗透体育意识，培养学生体育锻炼的好习惯，抓住一切机会鼓励与引导学生，全力呵护学生锻炼的积极性。同时，教师要极力鼓励学生全身心地投入素质练习活动中，为每个学生提供同等的锻炼机会，积极引导学生自主锻炼，习得相关锻炼技巧和方法，着重培养学生团队意识和合作精神，使学生获得成功的满足感、自豪感。

（三）遵循人体活动、技能形成规律的原则

为了让学生积极主动地参与到"课课练"的练习中，"课课练"教学必须遵循人体活动、技能形成的规律。在设计"课课练"的过程中，体育教师不仅要考虑学生的生理、心理特征，还要考虑学生的性别、年龄。

例如，在小学不同阶段，指向提升学生协调性的"课课练"的练习，如果体育教师组织低年级学生进行四肢着地的爬行练习，便会调动学生的兴趣，使学生认真、努力地完成运动目标；而倘若教师组织小学高年级的学生完成相同动作，就会使他们感到难为情，在动作完成质量方面也比不上低年级学生。究其原因，主要是小学低年级学生四肢相对较短，完成上述动作比较容易，而小学高年级学生四肢相对较长，完成上述动作比较困难。再加之受到心理作用的影响，以至于"课课练"效果事倍功半。

（四）遵循学生主体性原则

所谓主体性原则，指的是在"课课练"过程中要始终将学生摆到教育的主体位置。人类社会的发展得益于人类不断认识社会、改造社会，而其需要建立在人类自我意识觉醒的基础之上。唯有充分认可人类的主体性，不断发展人的主观能动性和创造性，才能避免人类社会的倒退。因此，"课课练"教学要遵循学生的主体性原则。

另外，从生理学角度来讲，只有让学生充分参加形式多样的"课课练"实践活动，从中得到直接的锻炼，承受运动负荷，才能真正促进学生体能的发展，提升学生的体质水平。因此，"课课练"教学必须遵循学生主体性原则，从而增强学生体质，促进学生身体发展。

四、"课课练"教学模式有效实施的策略

（一）注重趣味性，点燃学生锻炼热情

在"课课练"教学模式的构建中，体育教师要从学生年龄出发，设计教材和教法，通过器材练习、构建教学情境等手段，提高"课课练"的丰富性、趣味性，点燃学生的锻炼热情。教师要深入挖掘体育器材中的激趣元素，发挥体育器材的使用价值，为学生提供妙趣横生的"课课

练"，在放松学生心灵的同时，提高学生体育技能。

爱玩是每个中小学生与生俱来的天性，体育游戏在中小学生群体中的受欢迎程度极高，如果体育教师将"课课练"转变为游戏教学，以游戏的形式组织"课课练"练习，就能让学生在轻松愉快的氛围中进行有效锻炼。例如，在小学生队列队形的教学中，教师可以组织学生进行"小兔子跳跳"游戏来代替走、跑集合；在投掷教学中，教师可以挑选一些轻物代替垒球掷远，如乒乓球、羽毛球、沙包。

需要注意的是，"课课练"在追求趣味性的同时，不能忽视组织纪律性，良好的纪律是"课课练"的练习次数和练习质量的保障。

（二）坚持因材施教，挖掘学生潜能

不同学生的特性、身体素质存在显著差异，"课课练"的练习内容以身体素质练习居多，单纯地依靠教材中的教学内容无法达到理想的教学效果。因此，"课课练"的开展要具有较强的选择性、针对性，以满足各个层次学生体育学习的需求，让学生在能够承受的学习范围内学完所学内容。体育教师要努力减轻学生的思想负担，充分挖掘学生的潜能，为学生制定个性化的"课课练"练习方案。

虽然"课课练"占课堂时间通常不超过 10 分钟，但有一些发展耐力的项目要求学生承受一定的运动负荷，这对于平时不爱锻炼的学生来说无疑是一种负担。针对此，教师要根据学生所能承受的负荷范围，引导学生进行体育锻炼，使学生意识到体育锻炼就是要发扬不怕累、不怕苦的精神，这样才能增强体质。例如，针对六年级学生的 400 米测试训练，教师可以安排 5～10 分钟的"课课练"，组织学生进行追逐跑、结伴跑、障碍跑等。针对在日常生活中不爱锻炼、懒散的学生，教师可以运用随机分组练习的方式，降低对这类学生的训练要求，刚开始只要求他们跑完全程。经过一段时间的训练，教师可以将训练进度相当的学生安排在一组，当学生有所进步时就进行重新编组，以达到激励学生不

断进步的目的。在动力的驱使下，学生会再接再厉，400米测试成绩会越来越好。

（三）注重循序渐进，保证"课课练"效果

在体育课堂中，以"课课练"为手段提高学生身体素质和体育能力并不是一朝一夕就能完成的，这是一个循序渐进的过程。因此，对中小学生的体育技能训练切不可急于求成，无规律的训练或过重的运动负荷会令学生望而却步，甚至会损害学生的身体健康。因此，体育教师在组织"课课练"训练学生某一动作技能时，必须注重循序渐进性和节奏性，由易到难、由浅入深地进行练习，帮助学生逐渐适应运动强度和密度。

同时，体育教师在安排"课课练"时需要根据课程的训练内容，有目的、有步骤地进行练习。例如，在发展小学低年级跳跃素质的练习中，考虑到这一年龄段的学生不宜长久持续地进行单一的跳跃练习，体育教师可以按照一定的步骤和过程组织学生进行跳跃练习，如"单脚跳—跨跳—双脚跳—立定跳—助跑跳"，每堂课的"课课练"可以引导学生完成一种跳法，且时间不宜过长，从而不断增强学生的跳跃素质。

第二节 "SPARK"教学模式

一、"SPARK"课程的概念解读

（一）"SPARK"课程介绍

"SPARK"课程的全称为"The Sports Play and Active Recreation for Kids Programs"，汉语翻译为具有体育、游戏及娱乐活动的儿童节日。"SPARK"教学理念来源于美国，当时美国校园内的学生群体中存在普遍肥胖的现象，针对此，一个研究小组倡导以运动、玩耍、积极休息的方式进行体

育教学改革，着眼于提高学生身体健康水平的科学研究。这项改革顺应了新时期对体育教学的需要，革新了教育理念，创新了教学模式，使得"SPARK"理念快速盛行于美国，并得到全世界的普遍关注和认可。

（二）"SPARK"课程的目标

每一种教学模式都指向一定的教学目标，教学目标在教学模式的结构中占据核心位置，它不仅制约着教学模式中的其他因素，对教学模式的操作程序和师生关系起着决定性作用，同时还是教学评价的标准和依据。"SPARK"课程目标主要包括如下三点：第一，提高学生身体健康水平；第二，在集体性体育运动中教会学生与人相处；第三，运用各种各样的基本体育运动技巧，使学生通过体育运动收获愉悦的心情和成功的快感。

通过分析"SPARK"课程目标不难看出，"SPARK"在注重发展学生体能的同时，兼顾学生运动技能的发展，关注学生的情感体验，重视对学生合作能力的培养。

（三）"SPARK"课程的模块构成

"SPARK"课程主要包括三个模块：一是提升教师的教学质量。鼓励学生自主管理，提高教学效率，适当延长学生参与活动的时间，提高课堂的趣味性、开放性。二是学校的体育教学活动。"SPARK"是将学生在参加社团活动、体育课等各类体育活动中的状态由"温和"转变为"活跃"，使学生的体育活动时间占学校总教学时间的一半以上。三是提升学生校外体育活动能力，同时培养学生健康的饮食习惯。

二、"SPARK"教学模式的优越之处

（一）传统与现代体育教学项目的有机融合

长期面对单一枯燥的传统体育教学内容，如跑步、仰卧起坐、俯卧

撑，极易使学生产生厌倦感，而"SPARK"课程内容恰好以传统体育活动为基础作出了调整。它是突破传统体育教学模式的有益尝试，根据学生实际情况，结合社会发展状况，选择并设计合理的活动内容，将自行车、攀岩、跳绳、轮滑、掷飞盘等各种各样的新兴运动项目引入体育教学，使体育课程内容具有更强的丰富性、多样性。例如，在跳绳教学中，基于"SPARK"教学理念，教师可以从多个角度、多个层面拓展跳绳活动，积极开发各种复杂技能，如360度旋转跳、"X"跳、缠绕跳、摇铃跳、双摇跳、体侧叉腿跳。

（二）体育课与其他学科知识相融合

在"SPARK"课程中，体育教师不仅要向学生传授基本运动技能，锻炼学生的体能，还要在体育课堂中积极融入其他学科的相关知识，主要包括历史、科学、地理、社会、艺术等学科知识，以帮助学生在运动中获取丰富的其他学科的知识，从而拓宽学生的知识面，促进学生德、智、体、美、劳各方面均衡发展。

（三）依据个体差异设置不同的体育活动

"SPARK"课程不仅教学内容具有广博性、新颖性，还会依据学生个性差异，为不同群体开发针对性的运动项目。"SPARK"课程由不同类型、多层次的体育活动组成，学生可以根据自己的身体情况、兴趣爱好自主选择相应的运动。"SPARK"课程内容丰富、有趣、新颖、别致，除了常规的教学内容外，还有攀岩、背包运动、呼吸管游泳、潜水保龄球、绳索下降、独木舟等内容。让学生选择自己感兴趣的体育活动，不仅能使学生在体育活动中保持较高的积极性，还能提高学生参加体育运动的持久性，从而更好地锻炼学生的身体。

三、中小学体育应用"SPARK"教学模式的基本原则

（一）明确边界与规则

明确边界与规则，指的是明确学生在每节体育课中学习、练习的空间边界和行为规则。所谓边界，指的是体育活动区域的界限，如果场地上没有专门用于练习的线条，就可以利用标志桶划分活动场地。所谓规则，指的是针对学生做的每件事情设置具体、明确的规定，这种规则贯穿于每个环节，无论是领取体育器材，还是学生饮水，都有针对性的规则。以篮球教学为例，如果没有正好适合练习的线条，教师可以丈量一个20步×20步的场地，以此让学生在规定的空间内进行练习，避免乱跑现象的发生，从而提高学生的运动效率。

（二）始终信号明显

在"SPARK"课程教学过程中，在开始、结束时会有非常明显的提示信号，这种提示信号往往通过声音刺激或视觉刺激的方式，提醒学生以较快的速度作出相应的反应。在"SPARK"课程教学中，音乐是一种比较常见的提示信号，它不仅能营造欢快、动感的氛围，激发学生的练习兴趣，还能提高学生聆听信号的专注度，使学生专心致志地练习相关技术动作，从而提高课堂教学效率。

以小学低年级学生为例，他们的心智还处于不成熟状态，所以往往不能较好地欣赏当代流行音乐，这就要求体育教师在音乐的选择上下功夫，选择一些较为流行、旋律优美的儿童歌曲，利用音乐提醒学生开始、变换、结束练习。同时，教师要根据歌曲特点，发挥歌曲的教育作用，这也是"SPARK"的重要内容。

（三）全体参与

"SPARK"教学理念坚信课堂教学可以为班级中的每个成员提供练习的机会。无论班级学生数量是多是少、学生是男是女、学生能力是高是低，"SPARK"都不抛弃、不放弃任何一个学生，关心每一个学生的成长与进步。

在每一节"SPARK"课中都设置了拓展部分，专门为能够进一步发展运动能力的学生提供挑战机会，学生还能在这部分找到详细、具体的教学操作策略，从而提升挑战自我的能力。拓展部分是对某一教学内容的拓展与补充，教师可以从学生学习能力、进度水平出发，设置合适的教学内容供学生选择。同时，体育课堂教学应面对全体学生，让学生在有限的时间里获得更多的学习乐趣。

（四）即刻开始热身

ASAP（Active as Soon As Possible，尽快激活）是"SPARK"课程的重要组成部分，通常情况下 ASAP 活动的时间为 5～7 分钟。为了快速集中学生注意力，使其在短时间内迅速进入学习状态，"SPARK"课程要求学生在 ASAP 活动中即刻开始运动，即一旦到达场地就马上进行运动。

实际上，即刻开始热身部分与我们体育课中的准备活动有一定的相似性，且对准备活动的时间限制也基本一致。从字面意思来看，"SPARK"更注重时间的利用率，这就意味着在体育教学实践中要注重提高准备活动的质量，用教师的热情带动学生参与，避免出现各种无效、无用的人为事件。

（五）及时监控与反馈

跟随着教师的讲解与提示，学生逐渐进入运动状态，此时教师角色由之前的讲授者、提示者转变为监管者与反馈者。在学生练习过程中，教师要不停地进行观察与移动。在学生练习的全过程中，教师要对学生作出至少三次有针对性、及时的反馈，而非纠正性的声明。尤其是对小学低年级学生的评价，小学低年级学生还处于心理不成熟阶段，承受能力比较差，所以，如果教师没有对学生进行及时、恰当的引导与评价，很有可能对小学低年级学生心理的健康发展造成负面影响。

因此，体育教师可以让"SPARK"评价体系渗透到体育教学活动当中。"SPARK"评价方式有一个显著的特点，即它更倾向于对学生的鼓励，尽量规避对学生的批评。体育教师在与学生交流的过程中，要善于发现每个学生的闪光点，积极鼓励学生进步，一方面增进与学生之间的情感，另一方面培养学生的自信心。

在学生练习过程中，教师不仅扮演着"水管工"的角色，及时修补学生练习期间所暴露出来的漏洞，还扮演着检查员的角色，对学生练习的进度和水平作出及时的监督与反馈。在体育教学评价中，教师不宜过分强调对或错，而应发挥评价的反馈功能。

四、基于"SPARK"教学模式的中小学体育教学方法

（一）制定分层次、阶段性的训练目标

由于不同学生身体素质不尽相同，在有些学生眼里非常轻松的教学内容，对于有些学生而言可能学习起来比较吃力。因此，在安排教学进度的时候，教师要充分考虑学生之间的个体差异，从学生实际身体情况出发，将教学内容划分为若干个不同的等级，并针对这些等级设置具有挑战性、分层次、阶段性的目标，并采用多样化方式激励学生完成相应的目标任务。对于按时完成挑战的学生，教师要给予恰当的表扬，对于没有完成挑战的学生，教师也要给予适当的激励，营造良性竞争的教学氛围。

另外，对于体育基础良好的学生，教师要适当提高对他们的要求，

鼓励他们帮助其他学生完成训练。由此一来，不仅能巩固学生对运动技能的掌握，还能加强学生之间的交流与合作。

（二）合理搭配教学内容

"SPARK"课程要求一节课包含两个教学内容，但这两个教学内容的搭配并非随意。无论何种教学内容都是既有优点又有缺点的，所以在搭配教学内容的时候教师要针对教学内容的优缺点进行合理搭配，如此才能促进学生身体素质全面发展。

例如，在"SPARK"教学模式中，搭配篮球的传接球训练和跳绳训练，能够充分调动学生的全身机能，因为篮球的传接球训练能够有效锻炼学生的上肢肌肉。同时，不断快速地练习传球和接球动作，能够不断加强学生的反应能力；而跳绳训练能够很好地锻炼学生的下肢肌肉，融入花样跳绳还能使学生的协调性、平衡性得到增强。这样一来，教学内容搭配互补，可以使学生全身肌肉充分参与到体育锻炼中，从而全面提升学生的身体机能。

除此之外，教学内容的搭配还需要考虑的主要因素包括整节课导入、准备活动是否适应等，从而提高教学内容搭配的合理性。

（三）采用"娱乐性"教学方法

单一的教学方法已经无法满足现代教育的要求，不仅会令学生感到十分枯燥，也会使教师感到疲劳。在"SPARK"教学模式中，其特有的将运动训练与娱乐相融合的教学方法，受到广大学生群体的喜爱。在实际练习过程中，如果学生能够真切地感受到成功的快感，同时拥有愉悦的心情，有助于其体育学习兴趣的形成和自信心的树立。通常情况下，"SPARK"教学模式强调为每个学生提供多次挑战机会。例如，在跳绳教学中，教师可以设置如下挑战练习："你能用几种姿势跳""两分钟计数跳"等。在篮球教学中，教师可以设置如下挑战练习："一分钟内单手拍多少次篮球""30秒内多少次胸前传球""30秒内多少次头上传球"等。这些具有开放性的练习不仅有助于学生获得成功的快感、愉悦的心情，而且对于学生心理健康、社会适应能力的发展是非常有利的。因此，在"SPARK"教学模式中，教师要善于运用一些娱乐性的教学方法，设置一些开放性的练习，帮助学生收获更多的成就感、愉悦感，同时巩固学生对运动技能的掌握。

第三节 "运动处方"教学模式

一、"运动处方"简介

最近几年，我国学校体育教学改革开展得如火如荼，我国学生体质薄弱问题的受关注程度日益提升。越来越多的体育理论与实践工作者针对这一状况，投入有关"运动处方"的研究当中。运动负荷价值阈等理论的提出，再加上国外"运动处方"信息的不断涌入等，使得我国体育工作者对"运动处方"理论的认识更加深入。

（一）"运动处方"的概念

所谓"运动处方"，是指由康复医师、康复治疗师或体育教师、社会体育指导员以及私人健身教练等，以患者或体育健身者各方面的检测结果为依据，如年龄、性别、运动试验、一般医学检查、康复医学检查、身体素质，通过处方的形式制定满足其需求的运动内容、运动时间、运动强度、运动频率，并说明运动过程中的注意事项，从而达到有步骤、有计划、科学地进行康复治疗或健身的目的。相比一般的治疗方法和普通的体育锻炼，"运动处方"作为一种运动疗法具有更明确的目的性、更强的针对性、更多的选择性，其主要包括三种运动种类，即耐力性（有氧）运动、力量性运动及伸展运动和健身操。

（二）"运动处方"的由来和发展

"运动处方"作为一种新的体育工作思想，是从自然体育（体育即大肌肉运动）的两个多世纪的经验总结和现代科学发展的基础上得以产生和发展起来的。进入 20 世纪 50 年代之后，西方多个发达国家开始着手"运动处方"的研制与应用，美国于 20 世纪 60 年代初着手进行研究，日本于 20 世纪 70 年代开始关注研究及应用，中国于 20 世纪 70 年代末开始引进与"运动处方"相关的理论。任何国家对"运动处方"的研究应用都需要一段漫长的时间，总要经历从陌生到熟悉、从不重视到重视、从重点实验到日益普及的过程。

（三）教学"运动处方"的制定与实施

"运动处方"教学需要根据实验对象来确定运动强度、运动时间和运动频率。

1. 运动强度

所谓运动强度，指的是单位时间内所完成的运动量，即运动强度 = 运动量 ÷ 运动时间，运动量 = 运动时间 × 运动强度。运动强度是"运动处方"进行科学定量的核心问题，运动量是"运动处方"能否安全进行和取得效果的关键因素。运动强度和运动量的表示方法较为丰富，主要以需要为依据来选择。

运动强度的表示方法主要包括最大吸氧量、心率、自感用力度、代谢当量等，其中比较常见的是最大吸氧量。运动强度是影响体育锻炼者的最大因素，所以增强"运动处方"效果的关键就在于合理安排运动强度。

2. 运动时间

所谓运动时间，指的是每次运动持续的时间，具体来说，就是达到某一运动强度所持续的时间，它可以分为运动的总时间和运动各部分时间。具体的运动时间取决于个体身体的基本情况和运动频率，对"运动处方"的效果具有非常重要的影响。"运动处方"中对于运动时间的安排必须科学合理：倘若运动时间过短，则无法起到良好的锻炼作用；倘若运动时间过长，则会使人体产生疲劳，甚至有可能引发疾病。

3. 运动频率

运动频率，指的是每周锻炼的次数，运动间隔的周期过长或过短，都会对"运动处方"的效果造成不良影响。在"运动处方"中，具体的运动频率取决于运动时间和运动强度。普遍认为，每周进行 3～4 次体育运动为宜，尽量每周不要低于两次，否则无法产生理想的锻炼效果。

二、"运动处方"教学模式的解读

（一）"运动处方"教学模式的概念

"运动处方"教学模式，是指体育教师根据学生整体的实际情况，如身体健康状况、体质测定状况、运动经历，制定出适合学生的个性化"运动处方"，并按照"运动处方"内容来组织科学的体育教学活动。其主要目的在于提高学生体质健康水平，促进学生身心全面、健康发展。

（二）"运动处方"教学模式的产生背景

最近几年，素质教育推行力度不断加强，我国体育教育改革不断深入，学生综合素质的培养和提升备受关注，依托体育教学这一手段推动学生全面发展的重要性显而易见。在中小学体育教学活动中，如果教师不重视教学反馈环节和学生的兴趣爱好，不能充分考虑学生的身体素质，便难以取得理想的教学效果，甚至有可能激发学生的反感情绪。当前阶段，中小学体育教学活动更关注学生的身心健康，单纯依靠传统教学模式无法充分调动学生体育学习的积极性，对于学生掌握体育技能有一定的局限性。

"运动处方"教学模式在中小学体育教学中的应用，可以很好地弥补传统体育教学模式的不足之处。它以生理理论为基础，具有充分的科学依据，有助于提高学生的身体素质，对于学生综合素质的提升具有积极的影响，有助于进一步深化素质教育。除此之外，"运动处方"教学模式的应用，对中小学体育课堂教学产生了非常重要的影响，不仅开阔了中小学体育教育者的视野，还为中小学体育教学的现代化改革与创新指明了方向。

(三)"运动处方"教学模式的特点

1. 从根本上坚持学生为本的教学理念

"运动处方"教学模式着眼于学生的实际成长情况，在全面了解学生的个人爱好、身体和心理状况之间的差异之后，调整、修改并完善教学方案。从本质上来看，"运动处方"教学模式将身体运动作为基础，通过科学合理的调节与训练，来实现学生的全面发展。

2. 坚持学生健康至上的教学理念

"运动处方"的根本目的在于提高学生的身体健康水平，这也是体育教学改革的出发点和归宿。在中小学体育教学实施过程中，体育教师不能一味追求教学体系的完善，而忽视学生健康水平的提升，应当将学生健康成长作为衡量体育教学有效性的标尺。同时，将关注学生健康作为核心，有针对性地调整"运动处方"教学内容，安排合理的教学活动量。在当今体育教学改革浪潮中，终身体育教学理念作为体育教育的改革形式之一已然成为体育教学的共识。而"运动处方"教学模式在此时应运而生，它的出现无疑为体育教学改革提供了极大的助力。

三、"运动处方"教学模式应用于中小学体育教学中的意义

(一)有助于更新中小学体育教学的观念

在中小学体育教学中，体育教师不仅是体育知识和技能的传授者，

还是带领学生进行身体锻炼的教练者，不过其首要任务在于培养并提升学生自我身体锻炼的能力。

从某种意义上来看，学习语言如果不懂得正确运用就相当于白学，学习体育如果仅仅学习体育技能，而没有在此期间增强体质、发展人体，就称不上真正的体育。而"运动处方"教学模式就是要以学生身体特点为依据，制订科学、合理的锻炼计划。因此，在中小学体育教学中，教会学生学习和掌握"运动处方"的基本原理和方法，无异于教会学生锻炼身体的基本知识和方法，这对于中小学体育教学观念的更新和完善具有重要意义。

（二）有助于厘清人体运动与人体发展之间的辩证关系

体育教育的根本任务之一在于增强体质。增强体质有着多重含义，即促进人体生长发育，提高身体素质。一直以来，不少人认为运动等同于健身，只要进行运动就能产生增强体质的效果，不存在如何运动才可以增强体质的问题，更谈不上如何增强体质的问题。但实际上，大多数人都没有注意到体质的增强必须以生理学规律为依据，还要针对个人身体状况制订科学的运动方案，如此，才能从真正意义上通过体育锻炼达到增强体质的效果，促进人体的进一步发展与完善。

学会运动仅仅解决了健身手段的问题，是以运动为手段进行健身的开始，而运动处方所解决的方法问题则在于学会运动后如何进行科学健身，它为通过体育增强体质、发展人体这一根本任务的完成明确了思路。

（三）有助于丰富学生课堂和课余文化娱乐生活

从目前情况来看，相较于传统体育教学模式，"运动处方"教学模式所涉及的范围更广，主要有力量运动、有氧耐力运动、延伸运动以及健美操等，学生既能在体育课上练习这些体育项目，又能在课后回到家中进行锻炼，使体育课堂摆脱了空间的制约。

除此之外,"运动处方"教学模式注重体育运动的针对性、娱乐性及健身性,这有助于在日常体育锻炼中潜移默化地培养学生的终身体育锻炼意识,使"运动处方"锻炼贯穿学生终身体育锻炼的全过程,为学生终身体育锻炼奠定良好的基础。

(四)有助于营造和谐融洽的师生关系

"满堂灌"作为一种填鸭式的教学方法,存在一定的弊端,即教师始终处于统领课堂的地位,教师教到哪儿,学生学到哪儿,师生之间、生生之间缺乏双向、密切的互动。而"运动处方"教学模式则从根本上改变了这种教学形态,使学生的学习状态由"让我学"转变为"我要学"。在"运动处方"教学模式中,课堂目标变得更加具体、清晰,尤其是针对学生个人的目标更加具体明确,使每个学生都能真切地感受到被尊重与被重视,学生跟随教师制定的目标展开有目的、有计划的练习,加之家校联合的全方位督促指导,有效落实正确科学的练习方法,能够真正提高学生的个人能力。如此一来,大部分学生的体质都能得到一定的改善,学生主观能动性也能得到有效发挥,进而学生会更加信任教师,师生关系也会变得更加融洽。

四、"运动处方"教学模式在中小学体育教学中应用的策略

(一)构建"运动处方"教学模式的教学内容体系

"运动处方"教学模式要求学生不仅要掌握健身所需的保健知识,还要熟练应用专项运动技术,以更好地服务于健身。基于此,"运动处方"教学模式的主要教学内容包括以下四个方面,如图3-2所示。

```
                                    ┌── 自身生理功能认识
                    ┌─ 身体状况认知 ──┼── 自身身体结构认识
                    │                └── 自身身体素质认识
                    │
                    │                ┌── 生理状态监控
                    ├─ 身体状况监控 ──┤
                    │                └── 运动负荷监控
"运动处方"教学模式的 ─┤
    教学内容         │                ┌── 明确运动目的
                    │                ├── 明确运动类型与负荷
                    ├─ "运动处方"设计─┤
                    │                ├── 设置运动频度
                    │                └── 运动注意事项
                    │
                    │                ┌── 3d处方应用
                    └─ "运动处方"实施─┤
                                     └── 运动处方修正
```

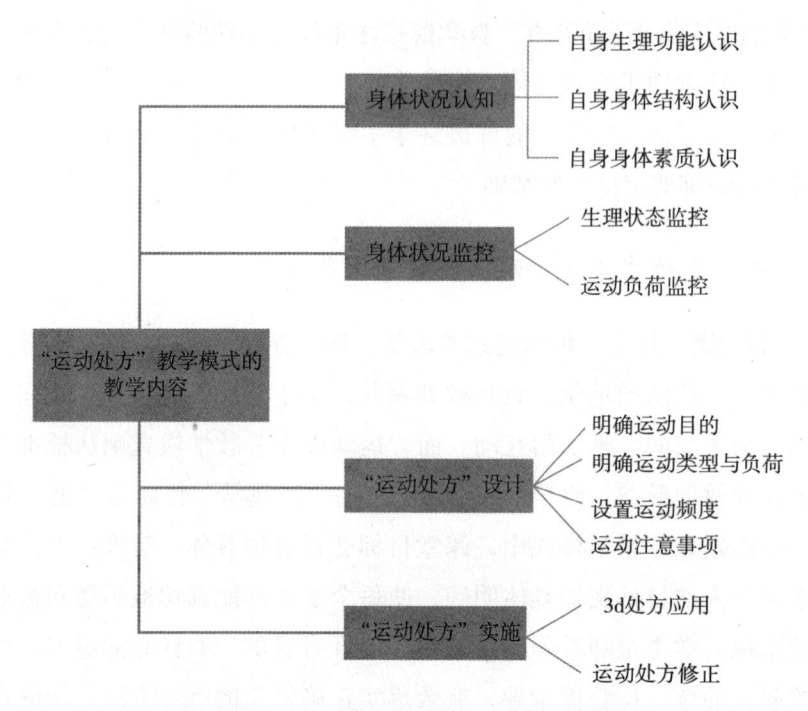

图 3-2　"运动处方"教学模式的教学内容

1. 身体状况认知

学生了解自身身体状态，能够意识到身体健康的重要性，加强对体育锻炼的重视。很多学生对自身生理功能、身体结构、身体素质的认知不够全面、深入，这不仅给学生了解自身身体状况优缺点带来了不良影响，也不利于学生制定锻炼目标、选择运动形式。因此，在"运动处方"教学模式中，首先要让学生对自身的生理功能、身体结构、身体素质有一个全方位的了解。其中，自身生理功能主要包括运动功能、疾病状况两个方面的内容，自身身体结构主要包括体型比例、肌肉骨骼形态两个方面的内容，自身身体素质认识主要包括力量、速度、耐力、柔韧、协调五个方面的内容。

学生了解自身身体状况的途径多种多样，主要包括入校身体检查、体育课中的运动体验、学校体质健康测试、课外体育锻炼体验等。

2. 身体状态监控

学生身体状态是影响体育锻炼效果、日常教学效率的重要因素，所以，让学生时刻监控自己的身体状态，对于体育锻炼计划的制订与调整具有指导意义，有助于避免过度训练给身体带来的危害。在"运动处方"教学模式中，教师可以让学生从生理状态监控、运动负荷监控两个方面入手，来监控自身的身体状态。

在体育锻炼过程中，生理状态监控的途径主要包括自我感觉、基础指标检查，能够帮助学生对自身躯体的功能、适应水平、兴奋程度有一个明确的了解，为"运动处方"的方案调整提供参考依据。运动负荷监控的途径主要包括心率监测、主观强度感受等，可以避免由过度训练导致的疲劳积累。

3. "运动处方"设计

"运动处方"设计主要包括四部分内容，即明确运动目的、运动类型与负荷、设置运动频度、运动注意事项，其是"运动处方"教学模式的重点内容。

明确运动目的是让学生进一步明确参与体育锻炼的主要目的，如改善身体功能、疾病防治等。明确运动类型与负荷主要包括专项运动技术和运动负荷两个方面，主要帮助学生了解运动技术的结构、频率、幅度等，以便使学生根据自身身体特征、锻炼目的、运动兴趣选择适合的运动技术，并设置适当的运动量和运动强度，从而更好地达成锻炼目的。设置运动频度主要包括两个方面的内容，即每周锻炼频率、锻炼时间，这不仅对学生养成持续、有规律的运动习惯具有促进作用，还有益于促进学生身体疲劳的快速恢复。运动注意事项主要包括三个方面的内容，即技术匹配、负荷匹配、运动环境，要求学生从自身实际情况、运动环境出发，分析和了解运动中可能面临的风险，以及动作与自身之间的匹配度。

需要注意的是，初中、高中的学生对体育运动已经具备一定的认知和体验，所以"运动处方"的设计要充分发挥他们的主观能动性，引导其自主设计"运动处方"。而小学生对体育运动的认识尚浅，所以体育教师要发挥辅助作用，帮助学生制订与自身特点相符的"运动处方"。

4."运动处方"实施

"运动处方"的实施其实就是让学生将所学的体育健身和保健知识有效应用于锻炼实践当中。在"运动处方"教学模式中，教师可以给学生规定 30 天左右的时间，使其执行制定好的"运动处方"方案，以检验方案的有效性、适宜性。在"运动处方"的实施中，教师可以根据学生的信息反馈，引导学生对"运动处方"进行有针对性的修正与完善，提高"运动处方"的适宜性、完善性。另外，"运动处方"的实施，有助于增强学生对体育锻炼效果的感受，调动学生参与体育锻炼的积极性。

（二）"运动处方"教学模式的实施

1."运动处方"教学模式的实施过程

美国教育学家布卢姆提出布卢姆学习分类法，将认知领域的教育目标分为六个，即记忆、理解、应用、分析、评价、创造。[①] 这一分类法强调人的认知具有等级性，揭示了人对知识和信息认知的本质，即从简单的表象向复杂、抽象逐渐过渡。对应布卢姆学习分类的六个层次，可以将"运动处方"教学模式的实施分为如下五个过程：运动技术与保健知识学习，编制"运动处方"，实施"运动处方"，运动效果反馈和"运动处方"调整，培养"运动处方"自主编制、执行、调整的能力。

2."运动处方"教学模式的实施手段

在"运动处方"教学模式中，体育教师需要向学生传授大量、系统的体育保健理论知识。随着"互联网+"时代的来临，线上线下混合式教学方式应运而生，为"运动处方"教学模式的开展提供了良好契机。线上线下混合式教学能够极大地拓展课堂教学时空，加强课内外的联系、

[①] 布卢姆.教育目标分类学：第一分册 认知领域[M].罗黎辉，丁证霖，石伟平，等译.上海：华东师范大学出版社，1986：42-46.

沟通与融合，提升保健知识与运动实践的结合效率。具体实施手段如图 3-3 所示。

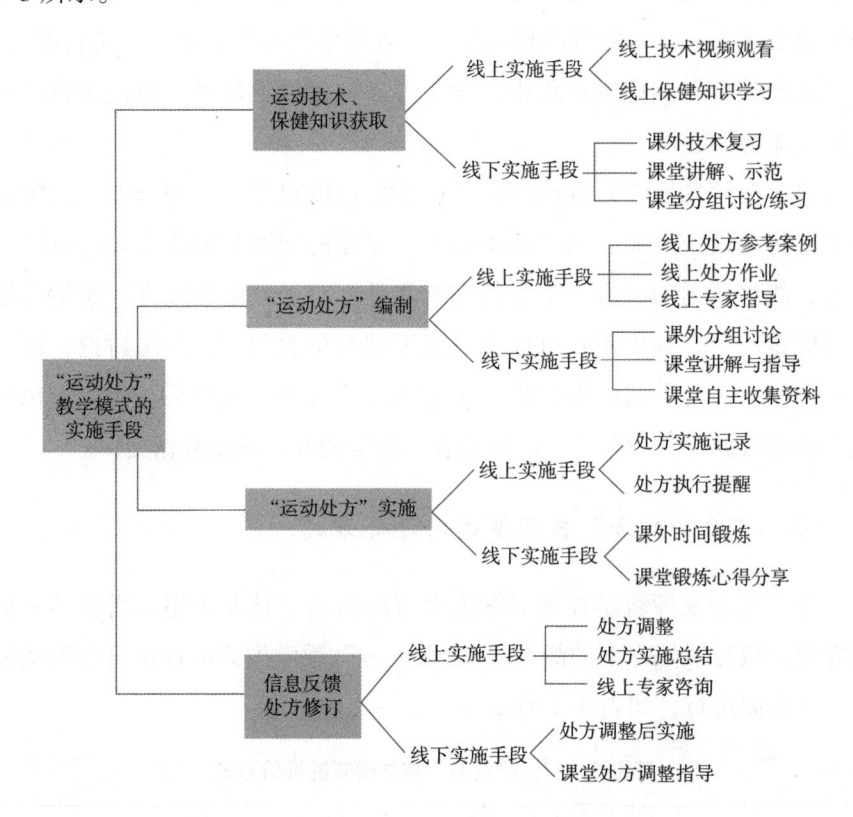

```
"运动处方"        ┌─ 运动技术、        ┌─ 线上实施手段 ┬─ 线上技术视频观看
教学模式的       │  保健知识获取      │               └─ 线上保健知识学习
实施手段         │                    └─ 线下实施手段 ┬─ 课外技术复习
                 │                                    ├─ 课堂讲解、示范
                 │                                    └─ 课堂分组讨论/练习
                 ├─ "运动处方"编制    ┌─ 线上实施手段 ┬─ 线上处方参考案例
                 │                    │               ├─ 线上处方作业
                 │                    │               └─ 线上专家指导
                 │                    └─ 线下实施手段 ┬─ 课外分组讨论
                 │                                    ├─ 课堂讲解与指导
                 │                                    └─ 课堂自主收集资料
                 ├─ "运动处方"实施    ┌─ 线上实施手段 ┬─ 处方实施记录
                 │                    │               └─ 处方执行提醒
                 │                    └─ 线下实施手段 ┬─ 课外时间锻炼
                 │                                    └─ 课堂锻炼心得分享
                 └─ 信息反馈          ┌─ 线上实施手段 ┬─ 处方调整
                    处方修订          │               ├─ 处方实施总结
                                      │               └─ 线上专家咨询
                                      └─ 线下实施手段 ┬─ 处方调整后实施
                                                      └─ 课堂处方调整指导
```

图 3-3　"运动处方"教学模式的实施手段

（1）在运动技术、保健知识的获取阶段，通过线上学习手段，学生可以以视频、图文等形象的方式直观地学习相关理论知识和运动技术，以更好地完成课前预习和课后复习任务，从而更好地了解与掌握理论知识内涵、运动技术细节，进而提升对理论知识和运动技术的认识层次。

（2）在"运动处方"编制阶段，通过教师课堂讲解、分组讨论，再结合专家线上讲座等方式，帮助学生全面、深刻地了解"运动处方"的概念、内涵、结构、功能等内容，以便科学地完成"运动处方"的编制。

（3）在"运动处方"实施阶段，教师可以通过一系列线上软件实现对学生"运动处方"实施情况的全方位监控。例如，借助线上软件定时向学生发送有关体育锻炼的提示信息，督促学生在规定时间段进行锻炼。在"运动处方"实施的过程中，学生可以利用线上软件实时记录自己的疑问、体会、心得。

（4）在信息反馈处方修订阶段，学生可以根据"运动处方"实施过程中上传的线上反思，对"运动处方"存在的问题和解决方案进行深入思考，找出"运动处方"中有待完善之处。对于"运动处方"实施过程中的疑难问题，学生不仅可以通过线下课堂请教教师、分组讨论，还可以通过线上实时咨询相关专家。"运动处方"调整完成之后，可以上传至线上资源数据库，为今后"运动处方"教学的开展提供数据支撑。

（三）"运动处方"教学模式的评价方式

为了充分发挥教学评价对学生学习的激励、导向作用，增强学生自主规划、执行锻炼方案的能力，"运动处方"教学模式的评价可以围绕以下三个方面进行，如表3-1所示。

表3-1 "运动处方"教学模式的评价方式

评价内容	评价指标	评价手段	评价目的
"运动处方"设计	1. 反映自身状况认知程度。 2. 自身状态监控手段适应程度。 3. 选择运动技术的适宜程度。 4. 运动负荷与运动频率的匹配程度。 5. "运动处方"内容的调整与总结。	1. 组内讨论中的学生互评。 2. 学生运动保健知识测试。 3. 学生运动技术水平与功能性知识测试。 4. 学生"运动处方"方案与调整过程评分。	对学生运动保健知识体系、运动技术及"运动处方"设计能力加以评价。

（续　表）

评价内容	评价指标	评价手段	评价目的
"运动处方"实施	1. 锻炼打卡频率。 2. 锻炼打卡时长。 3. 锻炼负荷安排。 4. 锻炼过程与"运动处方"的一致性。	1. 课下分组锻炼，组内同学间互相监督评分。 2. 处方执行日记记录情况评分。 3. 处方执行效果、体验报告评分。	对学生"运动处方"有效执行情况以及运动参与程度加以评价。
锻炼兴趣培养	1. 对运动促进人体健康的认识。 2. 对有计划地进行体育锻炼的认识。 3. 对"运动处方"执行效果的认识。 4. 对未来长期体育锻炼的期望。	1. 教师对学生"运动处方"知识认知发展的过程性评价。 2. 处方执行过程中的体会评分。 3. 处方执行效果调查问卷。 4. 学生处方执行的总结与分析报告。	通过"运动处方"的实施体验，培养学生体育锻炼的兴趣、习惯与能力。

与传统体育课的评价模式有所不同，"运动处方"教学模式需要对学生多方面、多层次进行评价，主要包括"运动处方"设计、"运动处方"实施、锻炼兴趣培养等，而单纯依靠某种评价手段是无法实现的，这就需要有机结合多种评价手段，从而提升教学评价的精确性、客观性。体育教师在兼顾过程性评价和终结性评价的同时，还要坚持定量评价与定性评价相结合，充分发挥各评价手段的优势，取长补短。具体来说，评价手段包括以下几种。

通过课上讨论、课下锻炼相互监督等方式，增进学生之间的相互了解，使课下锻炼评价有所依据；教师在分析学生在"运动处方"设计与实施过程中的心得体会的基础上，对学生进行过程性评价；通过调查问卷的方式了解学生"运动处方"执行效果，对学生课余体育锻炼情况作出评价，提高评价的量化程度，同时从中获得教学反馈，对教学过程作出调整；通过保健知识考卷测验、运动技术测试等方式，对学生掌握"运动处方"知识体系的程度进行检验，进而对教学效果作出总结性评价。

第四节 "游戏化"教学模式

一、"游戏化"教学模式相关概念界定

（一）游戏

对于所有哺乳类动物，特别是像人类这样的灵长类动物而言，游戏是其在世界上得以学习和正常生存的第一步。从本质上来看，游戏是人类从事的一种具有特殊性的社会实践活动，有着非同一般的地位，它从诞生以来就是人类社会发展的衍生品，并且游戏并非一成不变，而是随着人类社会的进步与发展产生相应变化的。因此，当人类逐步意识到游戏的特殊性、重要性之后，便开始着手对游戏加以探索与分析。

《辞海》对游戏的定义作出了如下概括："以直接获得快感为主要目的，且必须有主体参与互动的活动。"[1] 美国游戏设计师拉夫·科斯特在其著作《快乐之道 游戏设计的黄金法则》中提出，游戏是让孩子处于愉悦的环境下，怀着快乐的心情，习得各种知识和本领的活动。[2] 中国学者马凌在其著作《体育游戏》中认为，游戏是一种具有特殊性的社会实践活动，它是为了满足人类身心需要而出现的，是人类自由选择的以自身为对象，并不产生社会意义产物的娱乐、健身活动的总称。[3]

通过对上述有关游戏定义的整合思考，不难看出，有关游戏的概念具有多元性特征，同时笔者总结认为，游戏是一种人类发展所必需的、种类繁多、有益于参与者身心发展的社会实践活动。

---

[1] 夏征农，陈至立. 辞海 1[M].6 版.上海：上海辞书出版社，2009：2767.
[2] 科斯特. 快乐之道：游戏设计的黄金法则[M]. 姜文斌，等译. 上海：百家出版社，2005：36.
[3] 马凌. 体育游戏[M]. 北京：人民教育出版社，2007：2-3.

（二）体育游戏

体育游戏是在游戏发展进程中衍生出来的一个分支，是游戏的重要组成部分，而且它的内容与体育活动、健身锻炼存在着十分密切的关系。

对于"体育游戏"的概念，张宏、赵洪生从宏观角度作出了如下概括：是基于一定的规则限制，以各种肢体运动方式进行的各种各样的娱乐性锻炼活动。[①] 马凌在其著作《体育游戏》中认为，体育游戏是一种以增强体质、娱乐身心、陶冶性情为目的，以身体练习为基本手段的现代游戏方法。[②] 唐春雨在其文章《体育游戏在小学体育教学中的应用效果研究——以重庆市大足区实验小学为例》中对体育游戏作出如下定义：以娱乐青少年身心、激发体育学习兴趣、培养体育学习态度、增强身体素质为目的，以体育锻炼为基本形式而持续创新与发展的一种游戏方法。[③]

在分析与总结上述观点的基础上，笔者认为，体育游戏是体育教学的一种手段，其通过与学生学习内容有机结合，以一种新颖的教学模式的方式呈现于体育课堂之上，具有重要的教育意义。

（三）"游戏化"教学模式

作为一种新型的体育教学模式，"游戏化"教学模式对于体育课程改革的发展具有重要意义。查阅大量资料发现，有关游戏、体育游戏等概念的研究与简介比较多，而相比之下，对于"游戏化"教学模式概念的界定具有一定的局限性。

张五平在其文章《中学体育"游戏化"教学模式理论初探》中提出，"游戏化"教学模式作为体育教学模式的一种，其实就是在体育游戏理论

---

① 张宏，赵洪生.体育游戏在体育教学中的运用[J].才智，2011（30）：279.
② 马凌.体育游戏[M].北京：人民教育出版社，2007：3.
③ 唐春雨.体育游戏在小学体育教学中的应用效果研究：以重庆市大足区实验小学为例[D].上海：上海体育学院，2021.

的基础上，根据每节课的教学任务，按照教学大纲和教学进度的要求，对教学内容进行去竞技化处理，之后将简单易操作、趣味十足的体育游戏融合进来，营造愉悦的课堂氛围，使学生习得体育知识与技能。[1] 王丽琴在其文章《游戏化教学模式在中职体育篮球教学中的实施》中认为，"游戏化"教学模式就是在游戏中学习，将游戏作为一种教学工具，设计游戏机制，激励学生之间进行友好合作和良性竞争，促进学生积极思考、大胆创新。[2]

在分析相关文献的基础上，笔者认为，"游戏化"教学模式指的是以体育游戏理论为基础，将"学生为本""主动学习""快乐学习"作为指导思想，紧紧围绕体育教学目标，再结合体育教学内容，创编具有教育意义的体育游戏，吸引学生积极投身于体育课堂的一种稳定的、理论化、系统化的教学范式。

二、"游戏化"教学模式的特点

总的来说，"游戏化"教学模式的特点主要有以下几点，如图 3-4 所示。

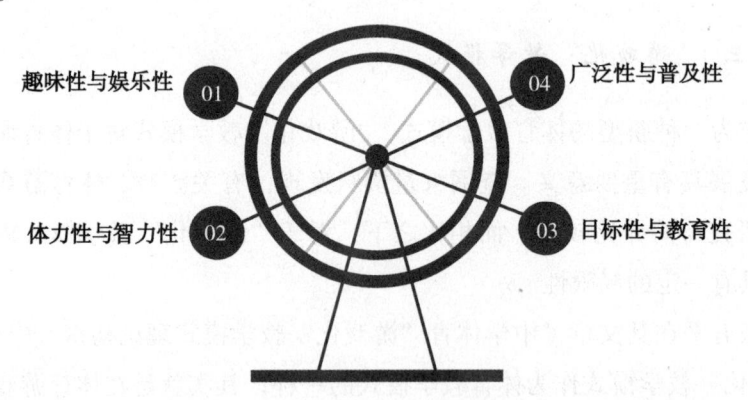

图 3-4 "游戏化"教学模式的特点

---

[1] 张五平. 中学体育 "游戏化" 教学模式理论初探 [J]. 才智, 2010 (36): 317.
[2] 王丽琴. 游戏化教学模式在中职体育篮球教学中的实施 [J]. 西部素质教育, 2022, 8 (17): 125-127.

（一）趣味性与娱乐性

体育游戏之所以深受广大中小学生的喜爱，是因为其具有较强的趣味性和娱乐性。体育游戏可以将智能、体能、技能融为一体，以游戏的形式直观地呈现出教材中的内容，使学生在自由、平等、轻松的氛围中进行体育锻炼，在游戏中充分展示自我，并真切地体验到集体的力量。这种不仅具有竞争性还比较轻松的体育教学模式，与中小学生的生理、心理特点有着较高的契合度，能够吸引学生自觉参与到体育学习中。

（二）体力性与智力性

体育游戏突出的特点之一在于体现了个人竞争和集体的对抗，通常是不同团队之间进行竞争，游戏最终结果会有胜负之分。在不同团队竞争的过程中，参与者的体质、技术水平、规则意识等都是影响游戏竞争结果的重要因素。这就要求参与者不仅具有良好的体能、技术，还要具有一定的灵活性。因此，体育游戏的竞争不仅是不同团队之间在体力、技能方面的竞争，还是智力方面的竞争。因此，"游戏化"教学模式不仅具有体力性，还具有智力性。

（三）目标性与教育性

在中小学体育教学中，为了达到掌握动作技术、增强体质、陶冶情操等目的，"游戏化"教学模式是一种可操作性、可行性较强的教学方式。例如，在体育课的准备环节，教师可以组织体育游戏来达到热身的目的，以游戏的方式调动学生各系统的机能，避免学生出现运动损伤；在体育课的课中环节，教师可以利用趣味性游戏来激发学生的学习兴趣，从而达到让学生掌握技术动作的目的；在体育课结束环节，教师可以通过游戏达到让学生缓解疲劳、放松身心的目的。无论是在体育课的哪一阶段，组织体育游戏都离不开每一位参与者的努力，而且，每位参与者都不愿意拖团队后腿，都会尽自己最大的努力以高效率完成集体任务和目标。因此，体育游戏具有增强学生责任意识、团队合作精神的作用，有一定的教育作用。

（四）广泛性与普及性

体育游戏受到广大中小学生的青睐，所以应用"游戏化"教学模式不仅能培养学生综合实践活动能力，还能帮助学生掌握和巩固运动技能、战术，是一种实用性强的教学模式。"游戏化"教学模式涉及内容十分广泛，体育游戏形式多样，可操作性较强，在实施过程中教师需要综合考虑各方面条件制定具有针对性的规则，包括教学内容、场地、教学对象、器材等，为体育游戏的顺利进行提供保障。在中小学体育教学中，"游戏化"教学模式被体育教师普遍采用，学生也乐于以游戏的形式参与到各项体育锻炼中。

三、中小学体育教学中引入体育游戏的意义

（一）培养学生良好的体育锻炼习惯

体育教学是中小学体育教育的重要组成部分，全方位提升学生身体素质和心理素质是中小学体育教育的重要目标之一。良好的身体素质是学生参加所有活动的基础，中小学教育必须重视体育课程的开展。在网络和手机盛行的信息化时代，很多中小学生沉迷于网络世界，对体育锻炼提不起兴趣。对此，为了有效调动学生体育锻炼的积极性，将体育游戏融入课堂中是非常必要的。在中小学体育教学中，以游戏的形式进行锻炼，可以显著提升学生对体育课的兴趣，提高学生在体育课堂中的参与度，这不仅能极大地提升体育教学效率，还有助于学生养成坚持体育锻炼的好习惯。

（二）推动学生思维活动发展

游戏是学生思维能力发展的"引擎"。体育教学游戏化，其实就是以游戏的方式呈现出教材内容，从而激发学生活泼好动的天性，提高学生思考、学习、锻炼的主动性、积极性。这种教学模式使教学结构和教学氛围不再单调枯燥，实现了使学生在乐中学、乐中健身、学中益智。游戏教学强调为学生提供一定的时间和空间，以便学生进行自主思考和独立创造。同时，在集体荣誉的驱使下，学生之间会互帮互学、边想边练。游戏结束之后，学生之间会进行自我评价、同伴评价以及小组评价，由此打破只练不想、只会不懂的尴尬局面。由此可见，体育游戏在中小学体育教学中的开展，不仅让学生习得了一定的知识和技能，还让学生明白了一定道理，对于学生思维能力的提升具有促进作用。

（三）促进学校体育的整体发展

游戏教学是一种效果显著的教学手段，它能够从多个角度、多个层次、多个视角，动态体现学生各方面的学习情况，如学习状态、学习态度、学习能力。它所提供的很多信息通常是常规教学手段所难以体现的，不仅能为体育教学策略的调整提供一定的参考，还能为体育教学决策的制定提供有力依据，有助于学校体育的整体发展。

四、"游戏化"教学模式在中小学体育教学中的应用策略

（一）在准备活动中应用"游戏化"教学模式，确保学生充分舒展肌肉和关节

准备活动是中小学体育教学中不可或缺的环节。充分到位的准备活动是有效缓解学生紧张情绪的重要法宝。在准备活动中，中小学体育教师常用的热身方法有定位操、原地踏步、慢跑等。不可否认的是，这些

热身运动方式确实能够发挥舒展肌肉、关节的作用，但长此以往，难以充分调动学生参与准备活动的积极性。对此，体育教师应当积极思考和探索更多的热身运动方式，有目的地设计与开发趣味十足的体育游戏，吸引学生参与准备活动，营造愉悦、欢快的学习氛围，从而更加充分地舒展学生的身体，为后续体育运动训练的正常、有序进行打好基础。

以小学体育足球教学为例，为了避免学生在训练中身体受到损伤，教师需要在课前准备活动中引导学生充分舒展身体。为此，教师可以有针对性地组织"丢沙包"游戏，组织全体学生参与到投、扔、助跑、跳跃等活动中，从而达到热身的目的。

总之，将体育游戏作为课前准备活动，不仅能充分调动学生参与热身运动的主动性、积极性，活跃课堂氛围，还能很好地调节学生身心，为后续教学项目的开展做好充分的准备。

（二）在课堂导入环节应用"游戏化"教学模式，增强课堂教学的趣味性

中小学生往往好奇心强，兴趣爱好比较广泛，教师只要能够进行恰当的引导，就能将学生的注意力吸引到课堂上。课堂导入环节的设计是否合理，直接关系到整节课的教学效果。在课堂导入环节，教师可以有针对性地设计趣味十足的体育游戏作为课堂导入活动，点燃学生学习的热情，为接下来教学活动的开展打下坚实基础。同时，教师应该紧紧围绕教学内容，结合学生年龄和心理特点，设置学生感兴趣的体育游戏，以达到调动学生参与体育活动积极性的目的。除此之外，体育教师在设计体育游戏时还应该追求实用性、有效性，保证在课程教学正式开始之前就成功吸引学生注意力，使学生全身心投入轻松愉快的课堂氛围中，以便教学活动有序开展。

以小学体育篮球教学为例，为了调动学生参与体育活动的积极性，教师在课前导入环节可以设计"胯下拍球闯关"游戏。具体来说，游戏

采取关卡制形式进行，第一关卡是 3 个胯下拍球，第二关卡是 6 个胯下拍球，第三个关卡是 9 个胯下拍球，以此类推，组织学生独立完成闯关游戏。在游戏开始之前，教师可以先向学生示范拍球的正确姿势、要领，然后向学生说明比赛规则，最后找出动作完成最标准、表现最出色的学生。

总之，将体育游戏作为课堂导入活动，不仅能提高学生参与体育活动的热情，还能增强课堂教学的趣味性，使学生在趣味游戏中掌握相应的运动技能。

（三）在体育训练中应用"游戏化"教学模式，助力学生掌握运动要领

体育训练是帮助学生掌握和巩固运动技能的有效手段。为了增强中小学体育训练的效果，体育教师可以结合训练项目的实际特点，设计与之有较高契合度的体育游戏，利用体育游戏的灵活性、娱乐性、竞争性激发学生参与体育训练的兴趣。在此过程中，体育教师应当从专业角度出发，对体育训练项目的特点作出全方位的剖析，并根据学生实际运动水平，组织难度适中的体育游戏。

以中学立定跳远教学为例，体育教师可以根据训练要点和学生实际运动水平，设计"火车赛跑"游戏。首先，教师画两条相互平行的线，将学生分为人数相同的若干个小组，并成纵队站至起点线处，小组之间相距 2 米。然后，教师发出"预备"的口令后，学生需要将自己的左手扶在前一人的肩上，右手托住后一人向前抬起的右脚踝，从而形成一列"火车"。最后，口哨声响起后，各队排头用走步的方式带领后面队员以单脚集体朝着前方跳进，最后一名队员最先抵达终点线的队伍为胜。

这种寓教于乐的教学模式，能够帮助学生有效掌握立定跳远的基本动作要领，循序渐进地提升学生的运动能力。

（四）在小组合作学习中应用"游戏化"教学模式，培养学生正确的体育观

竞争性是体育游戏的鲜明特征。在中小学体育教学中，教师可以有目的、有针对性地设计一些小组合作的团队式竞赛活动，组织学生以小组为单位完成竞赛。这种竞争性的竞赛一方面能够培养学生的竞争意识，提高学生的合作交流能力、实践能力、思维能力；另一方面能使学生从集体游戏中获得更多的乐趣，增强学生的凝聚力、向心力。与此同时，体育教师在划分小组时要从学生的实际体育水平出发，以确保不同小组学生的实际水平保持均衡。

以中学体育跑步教学为例，教师可以有针对性地组织"撕名牌"竞赛，以小组合作的形式进行竞赛。具体来说，教师可以从学生实际体能情况出发，均衡地分配各个小组成员，并为每个小组发放相应颜色的名牌，组织学生以小组为单位进行竞赛。"撕名牌"竞赛的开展，一方面可以有效锻炼学生的追逐、赛跑能力，另一方面可以使学生在互帮互助中形成竞争意识和团队协作能力。

另外，在小组合作学习中，教师要有意识地培养学生"友谊第一，比赛第二"的体育精神，培养学生良好的体育价值观。

第五节 "对分课堂"教学模式

一、"对分课堂"教学模式的内涵及理念解读

"对分课堂"的根本理念在于将课堂时间和师生权责"一分为二"。从课堂时间的角度来看，对分指的是将课堂时间划分为两部分：一部分用于教师讲授，另一部分用于学生小组合作与讨论交流，明确讲授和讨论环节之间的时间界限，以便为学生自主学习、消化吸收预留充分的时间。从师生权责的角度来看，对分指的是教师"简政

放权",将课堂学习中的权利和责任归还给学生,让学生在分享权利的同时,承担相应的责任,从而实现以教师为主导、以学生为主体的课堂地位。

作为一种结合了传统课堂与讨论式课堂优势的教学模式,"对分课堂"教学模式倡导先教后学,换言之,就是将讲授安排在学习之前,在师生互动的基础上,强调学生的自主学习和交互式学习。

按照教学过程的时间,可以将"对分课堂"划分为三个环节,分别为讲授、内化吸收、讨论。其中,在内化吸收和讨论环节,学生会在相互帮助、相互合作的过程中完成"亮考帮"作业,这是一个权责转换的关键环节,能够使学生带着责任感去学习,调动学生学习的积极性,增强学生积极的情感体验,促进学生全面发展。

"对分课堂"共包含"当堂对分""隔堂/隔周对分"两种形式。所谓"当堂对分",指的是利用一堂课的时间完成讲授、内化吸收、讨论三个过程。所谓"隔堂对分",指的是在课后安排学生的内化吸收环节,要求学生自主、独立完成学习任务和作业,并在下节课讨论上节课的内容,讨论结束后教师再讲授新的内容。

二、"对分课堂"教学模式的特征

(一)课堂讲授,精讲留白

在"对分课堂"教学模式下,教师讲授时间缩短至原来的一半,教师需要利用有限的时间完成对相关知识的引导性、框架式讲授,从宏观层面帮助学生明确学什么、为何学、如何学。同时,教师需要为学生预留思考、探索的空间,让学生在好奇心的驱使下不断探索,由"被动接受"变为"主动钻研"。例如,在传授体育技能的过程中,体育教师可以先给学生示范完整的组合动作,然后细致地讲解单个技术动作和动作变换路线,在此过程中,要求每一个学生积极观察、思考、回忆动作技等。讲授完整的动作组合后，教师可以给学生展示右边的完整动作，之后留出一定时间让学生思考并练习左边的完整动作。

（二）个性化内化吸收

经过教师的讲授，学生能够初步了解与掌握重要的学习内容，在课后到下一节体育课这一时间段内，学生可以从自身学习需求、兴趣爱好出发，选择合适的时间和方法，设置学习的深度和广度，对课上所学知识进行内化吸收。

在中小学体育教学中，教师前期所讲授的知识与技能，不仅需要学生积极主动地思考，还需要学生模仿、描述、练习讨论并展示。此外，学生还需要进行小组合作学习，结合自身实际情况梳理出相关理论知识，完成"亮考帮"作业（图3-5），并凝练出小组问题。

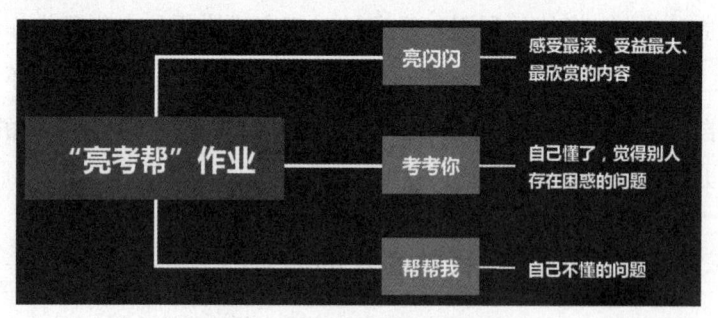

图3-5 对分课堂"亮考帮"作业

（三）课堂讨论，积极体验

"对分课堂"教学模式课堂讨论环节最突出的特点就在于学生在正式讨论前有充足的时间进行反思与练习，为课堂讨论的高效率开展做好充分准备，让学生的学习变得更有意义。通常情况下，"对分课堂"讨论阶段包含三个环节，即小组内讨论、全班交流、教师答疑。

1. 小组内讨论

这一环节主要是学生围绕"亮考帮"作业进行深入研讨。在课前阶段，学生通过自主内化吸收，将自己的疑问或问题总结梳理出来，并分享给小组其他成员来寻找问题的答案。小组内无法解决的问题需要再进行凝练，在全班交流环节解决。

2. 全班交流

在这一环节，每个小组派出一名代表，分享本组凝练的尚未解决或存疑的问题，寻求其他小组的帮助。

3. 教师答疑

全班交流讨论结束后，教师梳理、总结出全班无法解决或存疑的共性问题，答疑解惑。

三、"对分课堂"教学模式的理论基础

"对分课堂"教学模式的形成与发展建立在一定的理论基础上，如图3-6所示。

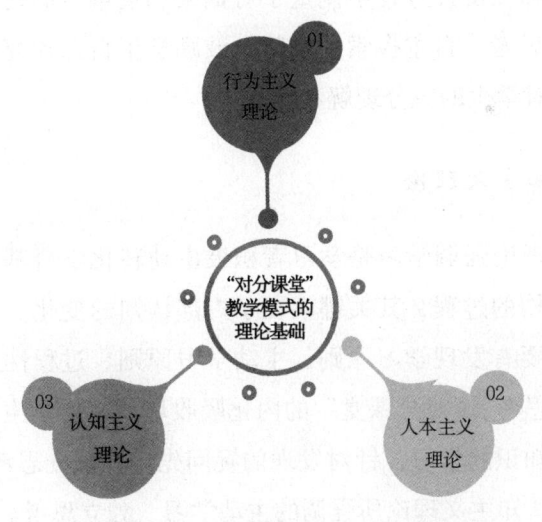

图3-6 "对分课堂"教学模式的理论基础

（一）行为主义理论

行为主义理论的核心理念是重视行为，即重视看得见、摸得着的现

象。行为主义理论强调学习的本质是在外界刺激和行为反应之间形成联结，依托教学这一手段，个体可以养成行为习惯并习得技能，以有效实现这种联结。要想改变个体行为，可以通过科学的奖励、惩罚机制来达到目的。而这与"对分课堂"中的课堂讨论环节不谋而合，学生在相互讨论、合作的过程中，往往会因为帮其他组员解决问题得到认可和赞美，进而唤醒自身的成就感、存在感、价值感，增强学习的内在动机。

（二）人本主义理论

人本主义理论强调每个人都有自己的意志，对于自己的行为具有自由选择权和决定权。人本主义理论对于教育界的发展具有十分深远的影响，极力倡导教师充分尊重学生，以学生的需求、意愿、兴趣等为依据实施教学，促进学生个性化发展。"对分课堂"的讲授环节就充分体现了这一原则：教师在讲授过程中侧重于对框架和重难点的精细化讲解，为学生留出积极思考、自主探索的空间，鼓励学生自己探究，帮助学生实现自我，做到对学生的充分理解和尊重。

（三）认知主义理论

认知主义理论强调学习是学习者积极主动转化学科基本结构，从而形成新认知结构的过程，其关键就在于内部认知的变化。认知主义理论体现的原则主要有发现学习原则、主动学习原则、过程性原则，主张学生自主、独立思考。"对分课堂"的内化吸收环节需要学生在课后自主完成对课上所学知识的学习，针对发现的疑问先进行独立思考、查找资料，这充分体现了认知主义理论所强调的主动学习、独立思考。

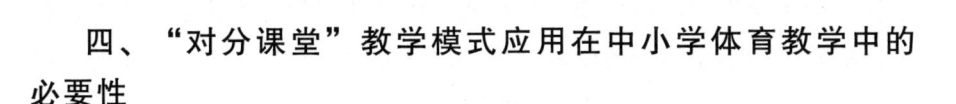

四、"对分课堂"教学模式应用在中小学体育教学中的必要性

（一）中小学生身心特点的内在需求

中小学生具有活泼好动、性格单纯、探索欲强、可塑性强、渴望得到教师关注等身心特点。这样的特点取决于学生的实际年龄和成长环境。中小学生通常在6～18岁，正值"三观"形成的重要人生阶段，离不开教师循循善诱地引导。而"对分课堂"教学模式在中小学体育教学中的应用恰恰有助于中小学生更好更快地发展。

首先，"对分课堂"强调尊重学生差异，发挥学生主观能动性，致力于学生的个性化发展，这与中小学生的身心特点相符。其次，"对分课堂"的内化吸收环节要求学生独立完成作业，并对课本以外的知识进行深层次的挖掘，这对于学生良好"三观"的形成具有重要意义。最后，"对分课堂"的讨论环节鼓励学生畅所欲言，允许不同观点同时存在，答案并不唯一，有助于增强学生的成就感、满足感，符合学生渴望受到关注这一身心特点。

（二）提升中小学体育教学效果的现实举措

体育课作为一门思想性、实践性都较强的综合性课程，承担着体育和德育的双重任务，在新课改实施后更关注素质教育，侧重于对学生体育精神、运动实践、健康促进三大核心素养的培养。中小学体育课程在教学中力争为国家培养适应社会发展需要的全面发展的人才。体育课程是一门具有趣味性的课程，要想让学生掌握体育课程的内涵、精髓，需要体育教师采取与体育课程相符的教学模式。

"对分课堂"教学模式由三个环节组成，这三个环节环环紧扣、相互促进，使学生的学习变成了有趣的思考过程，而非无趣的重复过程。这不仅有助于学生获取体育知识与技能，还有助于学生内化学科素养，极大地提升了中小学体育教学的效果。与此同时，在这种开放、平等、民主的教学环境中，学生的天性得到充分释放，个性得到全面发展。

（三）提高中小学体育教师教学能力的必然要求

"对分课堂"教学模式在中小学体育教学中的应用在教师层面引起了很大的变革。

一方面，"对分课堂"教学模式减轻了教师的工作负担。虽然"对分课堂"划分为三个环节，看上去比较烦琐，但实际上只要教师能够得心应手地应用，这便会是一件能够极大地提高教学实效的事。如果教师总是照本宣科地讲解、示范、总结教学内容，教学效果将大打折扣。而如果教师能够灵活熟练地应用"对分课堂"教学模式，将更多时间和精力投入对教学内容的深层次打磨中，凝练教学内容，追求"质"而非"量"，这将是一个提升教师教学能力的过程。

另一方面，"对分课堂"教学模式释放了学生活力，提高了教师的教学水平。"对分课堂"教学模式的应用，为学生发表自己的观点提供了机会与平台，同时他们能求助于同学或教师，营造了互帮互助的学习氛围，增进了师生关系、生生关系。对于教师来说，为了给学生更好地答疑解惑，他们需要不断提升自身的专业知识和其他业务能力，避免出现无法回答学生问题的情况。当专业水平和教学水平得到提升后，教师又能为学生提供更好的指引，帮助学生释放活力，这是一个良性的循环过程。

五、"对分课堂"教学模式在中小学体育教学中的应用策略

（一）明确教师和学生的角色定位

"对分课堂"教学模式改变了中小学传统体育教学中教师的权威地位。在讲授、内化吸收、讨论这三个不同环节，由于目标需求有所不同，

教师和学生的角色定位也不尽相同。

在讲授环节，体育教师主要扮演传授者的角色，这要求教师根据具体的教学内容有区别地对待讲授内容，以提纲的方式梳理与归纳出本节课需要掌握的技术动作要领，进一步把握精华部分。同时，教师要充分考虑学生在运动基础、理解能力方面的差距，为不同层次的学生提供不同标准的学习任务，确保全体学生都满怀信心地参与到体育学习中，为下一环节的有序进行奠定良好基础。

在讲授环节，学生主要扮演信息接收者的角色，需要准确、有效地把握本节课的重难点。例如，在三步上篮的技术教学中，教师在讲授环节可以先为学生细致地讲解三步上篮的动作组成、重难点，提出问题并让学生独立查找资料。如此不仅进一步明确了教学任务和目标，还兼顾到各个层次的学生，让学生围绕共性问题展开更深层次的研讨，有助于学生对技术动作的理解与掌握。

内化吸收环节更多是在课下开展的，学生主观能动性的发挥尤为重要。在这一环节，教师应转变为评判者的角色，即对学生的知识消化吸收程度、课下知识拓展水平作出判断与评价。学生的角色定位是知识的主动探索者，他们需要明确并把握教师布置的学习任务，积极主动地参与到个性化探索和拓展学习中。

讨论环节通常以小组讨论学习的形式展开，强调学生在学习中的主体地位，让学生在巩固和深化之前所学知识的同时，形成更加深刻的认识。在这一环节，教师扮演的角色是引导者、组织者，学生扮演的角色是质疑者、交流者。在讨论过程中，教师要加强引导与调控，帮助学生更好地认识问题、解决问题。学生也要积极思索、敢于质疑，碰撞出思想的火花，通过小组讨论达成初步共识，增强对运动技能的掌握，让学习变得更有意义、更具探索性。

（二）合理安排三个环节的时间，各环节融会贯通

在"对分课堂"教学模式中，教师要有区别地把握讲授、内化吸收、讨论这三个环节，核心要点在于从时间上将讲授和交互式学习分割开来，确保学生在这两个环节之间具备足够的时间按自己的意愿、节奏进行个性化的内化吸收。

同时，教师要转变教学观念，充分认识到教师的授课活动和学生的学习活动有着密不可分的关系，以及"对分课堂"的三大环节也并不是独立存在的，而是相辅相成、融会贯通的。"对分课堂"教学模式使体育教学由以往的"一心"转变为"两心并重"，即由"以教师为中心"转变为"以学生为中心"和"以学习为中心"。其中，"以学生为中心"是目的和落脚点。而要想实现这一目的和归属，要求"对分课堂"各个环节相辅相成。在讲授环节，教师要努力为学生内化吸收奠定良好的基础，力争使学生有质量地完成内化吸收环节，为课堂讨论的进行做好充分准备。学生在课堂讨论环节进行深入研讨并反馈给教师，形成良性的教学循环，推动"对分课堂"的有序开展。

（三）加强各环节的监督与反馈

"对分课堂"教学模式的突出特点之一在于发挥学生的主观能动性，倘若学生无法积极、全身心地投入"对分课堂"教学中，那么"对分课堂"也就失去了存在的意义。因此，教师要全方位地实时监督各环节的学习质量，对学生展开高质量的学习起到督促作用。在讲授环节，要求学生对课堂目标形成明确的认知，明确学习的重难点内容，对运动项目中技术、战术有自己的理解与思考，对动作结构有一定的掌握。在内化吸收环节，针对懒于思考、应付作业的学生，教师要对其日常作业部分进行严格扣分，以起到警示作用。在讨论环节，针对积极性差、自觉性差的学生，教师要加强引导，随机抽查小组成员进行发言，提高学生在

讨论环节的参与度，保证小组讨论学习的效果。

　　在完成某个技术动作的学习后，学生需要利用课余时间回顾与复习，以达到巩固学习的目的。由于体育课程的特殊性，学生需要积极参与其中，利用课余时间进行自主练习，达到运动的自动化阶段，充分彰显"对分课堂"的理念。

第四章　中小学体育教学创新之技术应用变革

21世纪，科技的快速发展对各行各业产生了深远影响，中小学体育教学亦然。新技术的应用可以提升教学效果、丰富教学方法、增强学生的学习兴趣、提高学生的自主学习能力，有助于更好地实现中小学体育教学目标。本章重点从技术应用角度探讨中小学体育教学的创新，力求让科技的力量赋能体育教学，为学生的全面发展提供强有力的技术支持。

第一节　大数据技术在中小学体育教学中的应用

一、大数据技术的概念

所谓大数据，是指不能使用传统计算技术进行处理的海量数据的集合，它并不是单一的技术或工具，而是涉及各种技术、工具和框架。所谓大数据技术，指的是一个能够提供更精准的分析手段、更科学的决策参考，从而提升运营效率、降低成本的技术。大数据技术的体系庞大且复杂，基础技术主要包括数据采集、数据预处理、分布式存储、数据仓库、机器学习、并行计算、可视化等。

当前阶段，各行各业的决策正在从业务驱动转变为数据驱动。例如，在商业领域，大数据的分析方法能够帮助零售商实时掌握市场动态，以便及时采取应对措施；能够为商家制定营销策略提供数据支撑，提高商家决策的针对性；能够向企业反馈信息，以便企业为消费者提供个性化服务。在医疗领域，大数据技术的应用有助于提高诊断的准确性。在教育领域，大数据技术的应用在教育精准性的提升、教育个性化的实现方面起着重要作用。

二、大数据技术应用于中小学体育教学的意义

作为一种发现新知识、创造新价值、提升新能力的信息技术和服务业态，大数据技术在学校体育领域的应用与深入加快了中小学"智慧体育"教学目标的实现。大数据技术在中小学体育教学中的应用意义主要包括以下几个方面，如图4-1所示。

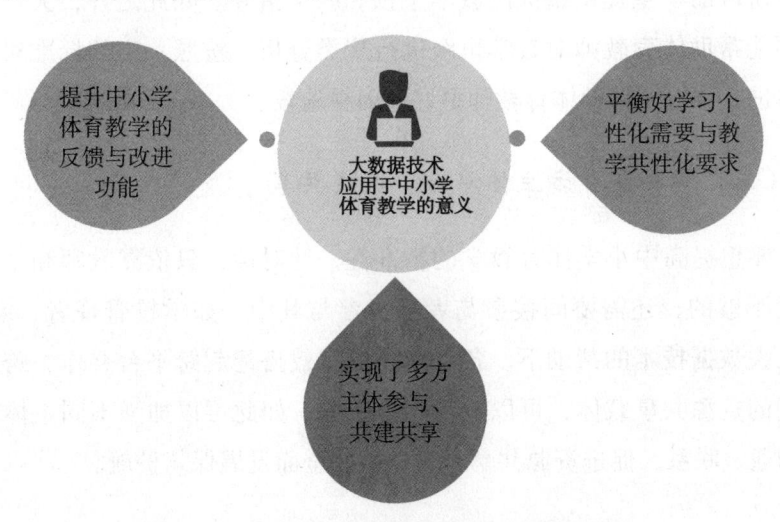

图4-1 大数据技术应用于中小学体育教学的意义

（一）提升中小学体育教学的反馈与改进功能

大数据技术在中小学体育教学中的应用，能够实现对教学过程中教

与学数据资源的有效记录，如学生的学习兴趣、学习状态、学习态度、学习偏好，同时将这些过程性信息转化为数字的形式，并通过对这些数据的精准分析与处理，实现对中小学体育教学全过程的有效监测和精准干预。如此一来，就能以一种全新的方式呈现体育教学结果，从而逐步提高中小学体育教学的反馈和改进功能。

（二）平衡好学习个性化需要与教学共性化要求

在中小学体育教学中，如何在满足教学共性化要求的同时，保证学生学习的个性化需要得到满足，是体育教师需要解决的关键性问题。而大数据技术的应用为这一问题的解决提供了有效路径。借助大数据技术，教师可以动态跟踪与掌握每个学生在不同学习阶段的行为状态，并根据数据分析结果为不同学习起点的学生量身定制个性化学习方案，为不同学习阶段的学生提供精准的教学干预和教学指导。除此之外，大数据技术还能帮助体育教师对教学班级进行聚类分析，按照一定的标准对学生群体进行分析，帮助体育教师更好地因材施教。

（三）实现了多方主体参与、共建共享

要想提高中小学体育教学的精准性、针对性，只依靠教师和学生是远远不够的，还需要间接参与者积极参与其中，如学校管理者、家长。而在大数据技术的帮助下，各主体能够有效搭建起跨平台合作、跨组织协同的资源共享载体，可以上传相关数据，如此可以加强不同主体之间的沟通、联系，促进资源共享，为学生的全面发展保驾护航。

三、大数据技术驱动下中小学体育教学的走向

传统教学模式已经无法适应时代的要求，大数据技术的出现为中小学体育教学的改革与创新提供了很好的思路。大数据技术驱动下中小学体育教学的走向主要体现在以下几个方面。

（一）从"经验模仿"范式向"数据驱动"范式转变

经验模仿教学诞生于古希腊"模仿—再现"教学，强调教学是一种知识与经验的传递过程。进入信息化时代之后，经验模仿范式的弊端和局限性越来越明显，人们对差异化、个性化、精准化教学的需求日益增加。

对于中小学体育教学而言，经验模仿教学是必不可少的，但这种教学模式的局限性也是不容忽视的。在经验模仿教学模式下，无论是教学目标的确立，还是教学方法的选取，抑或是教学结果的评价，都体现了"验证真理"的思想，强调将原始经验渗透至教学活动的各个环节、各个过程。由此，教育者非常容易因为个人经验的局限，对学生作出错误的引导。

经验模仿教学的产生通常是因为缺少足够的"教"与"学"的行为过程证据的支撑，而大数据技术的出现与应用正好可以作出相应的弥补。从技术层面来看，得益于大数据技术的帮助，中小学体育教学的数据不足问题迎刃而解：体育教学过程数据资料得以选择性记录，进而为体育教师提供可视化数据资源；从学习层面来看，学生的专心程度、行为习惯等过程性学情数据得以有效记录，进而帮助体育教师为学生提供个性化学习资源；从教学层面来看，借助大数据技术可以对体育教学过程进行全方位、全过程、全周期监控，为体育教师下一阶段体育教学的改进与优化提供参考，同时为体育教学决策提供重要依据。

（二）从"结果关系"思维向"过程关系"思维转变

长期以来，结果关系和过程关系都是教育领域讨论的热点问题，我们常说的思维转变是转移一种思维方式的重心，而非直接放弃前种思维方式。实际上，结果和过程是相辅相成的，过程是结果的前提条件，结果是过程的变化趋势，没有过程的结果、没有结果的过程都是不存在的。

在新课改和素质教育的双重背景下，单一的结果关系已经难以很好地满足中小学体育教学的需要，而大数据技术的应用，会将关注点由以往的因果关系转移至相关关系上，注重从所采集的数据中探寻相关性，而且侧重于探寻过程相关关系的规律，找到对学生学习过程有影响的因素及其之间存在的相互作用关系，从而更好地实现中小学体育教学的"个性"和"共性"的和谐统一。与此同时，对于结果关系还能起到一定的强化效果，为教学过程的"真"、结果的"效"提供强有力的保障。

（三）从"单向传递"方式向"协同共享"方式转变

总的来看，单向传递和协同共享之间存在着很大的区别，主要体现在如下几个方面。

（1）角色定位不同。在单向传递教学中，教师和学生的角色定位是相对固定的，而在协同共享教学中，两者的角色定位则是交互变化的。

（2）知识传播方式不同。在单向传递教学中，知识通常是由教师传递给学生，而在协同共享教学中，知识则是多向互通的。

（3）职责分配不同。在单向传递教学中，教师通常居于主导地位，掌握着教学的主动权，而在协同共享教学中，教学主动权的拥有者变成了教师和学生，这项权利可以进行灵活转移。

（4）学习目标确立方式不同。在单向传递教学中，学习目标的确立通常是教师个人完成的，而在协同共享教学中，学习目标的确立需要由教师和学生共同完成。

（5）学习内容确定方式不同。在单向传递教学中，学习内容的生成主要是基于体育教师的自我知识和认知基础，而在协同共享教学中，学习内容的生成则需要将各方智慧力量凝聚起来。

（6）评价方式不同。在单向传递教学中，教学评价通常是依据一定的考核标准开展的，而在协同共享教学中，教学评价需要以学生个体情况为依据，有重点、有针对性地开展。

对于中小学体育教学而言，增强学生体质健康是重要使命，也是中小学体育教学质量提升的重中之重。万事万物都有局限性，单向传递教学也不例外，而大数据技术支撑下的协同共享教学，通过采集学生全貌数据，如体质健康状况、运动期望、锻炼习惯、运动技能水平等，实现对学生体育行为偏好、潜在特征的深入挖掘，在此基础上自动生成科学合理的教学目标、内容、方法和评价等，从而促进中小学体育教学的协同与共享。由此，便能更有针对性地增强中小学生的体质健康，为中小学体育教学质量的提升奠定良好基础。

（四）从"静态评价"反馈向"适时动态"监测转变

静态评价反映的是学生在某一时间点相对位置的信息。该评价方法之所以能够在教育评价体系中长期得到推崇，主要是因为它具有易量化、逻辑严谨、设计精密、便于统计、易于标准化等优点。但静态评价自身也存在着难以改变的局限性，即停留于对现有状态的评价，忽视对未来可能性的预测。

动态评价与静态评价相反，一方面，它将评价视为一种实时的跨越多个时间节点的评估、反馈、改进的过程，主要目的在于分析和掌握学生的学习历程、能力变化特点、潜能等；另一方面，动态评价强调评价仅仅是在不同时段用来提取信息的手段，要充分发挥评价对教学的反馈作用，诊断学生的适时状态并采取必要的教学补救措施，同时，不断预测学生今后的发展走向，为学生提供适时适当的教育干预。

实时动态监测具有很强的可操作性和可行性，主要体现在以下几个方面：通过大样本的数据采集，全过程、全周期监测不同学习阶段的不同学生；通过实时的数据反馈，及时发现学生学习中存在的问题和有待改进之处；通过整合分析所采集的数据，进一步调整与优化体育教学要素。

四、大数据技术应用于中小学体育教学的策略

为了充分发挥大数据技术的优势与作用,中小学体育教学在应用这项技术时可以从以下几个方面入手(图4-2),从而提高中小学体育教学的精准性。

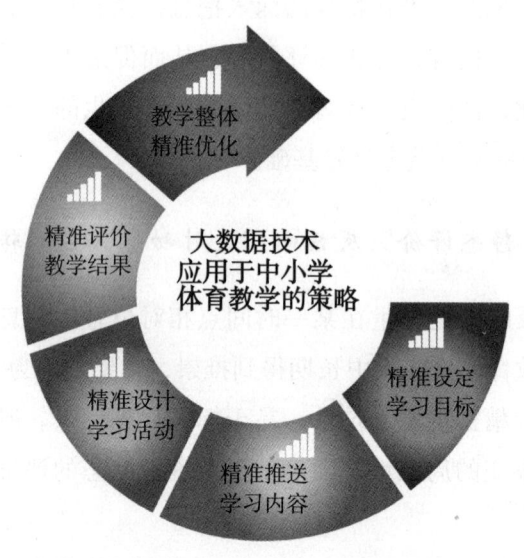

图 4-2　大数据技术应用于中小学体育教学的策略

(一)精准设定学习目标

从本质上来看,中小学体育教学目标的设定映射了学生个体特征和教育预期结果之间的关系。在大数据技术的支撑下,中小学体育教学目标的设定更加精准。大数据技术能够实现对学生原始状态数据的精细化分析,提取学生个体已有知识和技能基础的相关信息,以学生生活条件、生活环境、锻炼习惯为依据,再与学生的认知结构、情感态度、学习动机等相结合,为每个学生量身打造学习者模型。在此基础上,对具有相似性的学生进行分层和分类,对学生关键的目标实现特征进行深入分析,从而形成具体、细致、精确的学生个体特征和教学目标维度的映射。由

此一来，就能极大地提高中小学体育教学目标设立的差异化和个性化水平，有效保证中小学体育教学目标的加速实现。

（二）精准推送学习内容

单一的教学内容和学习资源无法满足每个学生体育学习的需求，难以有效调动学生的学习积极性。基于大数据技术的学习内容的推送是双向的，甚至是多向的。无论人与人之间，还是人与数据之间，抑或是数据与数据之间，都需要建立有效链接。建立有效链接的方式主要包括以下两种：一是大数据技术记录下学生线下生活轨迹，以数据的形式呈现出来，并通过分析处理，为体育教育工作者精确、及时地捕捉教学工作的重难点指明方向；二是体育教育工作者不断积累与整理文字、视频等学习资源，并有针对性地进行线上推送，为体育教学内容精准投放提供重要资源。

（三）精准设计学习活动

通常来说，大数据技术支撑下学习活动的精准设计需要按照以下步骤开展：第一，个体差异检测。通过大数据技术采集与分析学生个体数据，对学生的个性与共性元素进行全面辨析，为后续学习活动的精准化设计提供数据支撑。第二，群体动态分组。借助大数据技术分析全体学生的基础情况数据，根据各个阶段学习内容的要求、特点，完成对学生的同质化分组和异质化分组。第三，共性并列教学。根据学生个体的共性需求，设计具有整体功能的教学活动，从而满足每个学生的需求，使体育教学活动具备共性功能。第四，个性差异教学。在共性并列教学的基础之上，教师需要尊重学生的个性差异，设计满足学生个体需要的差异化教学活动，给予不同层次学生具有针对性、有效性的帮助与指导。

（四）精准评价教学结果

1. 过程性、结果性与增值性评价相结合

通过结果性评价方式，能够实现对学生知识、技能等学习结果的测评，但无法有效测评学生的情感态度、学习方法、锻炼习惯等。这些具体行为表现体现在学生参与学习活动的过程中，这就需要运用过程性评价，关注学生在学习活动过程中的表现。为了更好地激发学生的学习兴趣，提高学生学习效果评价的准确性、规范性，还需要采用增值性评价，利用大数据等技术，反映学生在学习和生活中的进步程度，从而对学生学习成果作出系统评估。

2. 教师、学生与专家等主体评价相结合

多主体共同参与教学评价，能够帮助体育教师更全面地了解每个学生。体育教师是中小学体育教学的组织者、管理者，通过不断反思、总结、改进，促进体育教学质量的提升。同行是中小学体育教学的直接感受者，他们在学科背景、教学经验等方面有着较强的相似性，所以同行评价对于教学过程的优化具有一定的参考意义。管理者是中小学体育教学资源的提供者，还是体育教学工作开展的协助者，其评价具有重要的督导功能，对于体育教师的提升、晋级、奖惩等意义重大。业内专家是中小学体育教学的指导者，他们有着过硬的学科能力，其评价通常更容易被中小学体育教师所接受，对于中小学体育教师的高质量成长具有重要的指导作用。学生作为中小学体育教学的参与者，其评价从多方面真实地反映了教学活动的开展情况。家长是中小学体育教学发展的推动力量，其评价有助于教师了解学生课外体育锻炼情况。

因此，中小学体育教学评价的主体应该是多元的，包括教师、同行、管理者、专家、学生、家长等。多来源、多方面、多层次的数据有助于提高教学结果评价的精准性。

3. 线上与线下、校内与校外评价相结合

通过搭建大数据智慧教学平台，可以组织学生参加在线测验，并根据测验结果对学生体育知识学习水平作出及时评价。同时，根据可穿戴设备的行为数据分析，还能获取有关学生学习情感态度、学习投入、锻炼习惯等方面的信息，再结合线下观察的方式，能够对学生掌握体育知识和技能的程度进行评价。当然，学生学习数据的来源不应该局限于校内，在条件允许的情况下，可以考虑借助大数据技术搜集学生在校外参加体育锻炼的情况。

（五）教学整体精准优化

在应用大数据技术的背景下，教学整体精准优化主要体现在以下几个方面：通过大数据技术的整体性发现功能，全方位采集与分析中小学体育教学活动的教学数据，可以发现并掌握中小学体育教学活动的趋势规律；通过大数据技术的整体性把握功能，迅速把握中小学体育教学活动的整体、相互关系和发展趋势，科学设计中小学体育教学活动的目标和内容；通过大数据技术的监测、诊断功能，能够根据已有数据，发现中小学体育教学的现存问题，或预测今后可能存在的问题；通过大数据技术的相互关联功能，发现学生感兴趣的事物，探索更多开展中小学体育教学活动的方法，提高中小学体育教学活动的有效性、吸引力。总之，大数据技术可以从整体发现、整体把握、整体调整等方面入手，对中小学体育教学整体活动进行精准优化。

五、大数据技术有效应用于中小学体育教学的保障

（一）提高教师的数据素养

中小学体育教师的数据素养水平是制约大数据技术与中小学体育教学融合深度的关键因素，为此，教育部门或学校应多措并举全方位提升

体育教师的数据素养。唯有体育教师具有高水平的数据素养，才能全方位、深层次地挖掘体育教学活动中数据的潜在信息和隐藏的教学价值。为了有效提高中小学体育教师的数据素养，首先，体育教师要加强学习，紧跟时代步伐，学习和掌握数据的概念，以及大数据技术对于体育教学的驱动效应。其次，学校可以针对体育教师构建专门的数据素养认证机制，在对其专业能力的测评中，增加数据素养这一标准。最后，学校应针对体育教师构建职前职后一体化培训机制，致力于体育教师综合数据能力的提升，包括数据认识能力、数据获取能力、数据解释能力、数据分析能力、数据表达能力和数据挖掘能力，以增强体育教师大数据技术与体育教学实践活动的融合能力，并使体育教师养成善于用数据思维解决教学难点的习惯。

（二）打造智慧的数据平台

大数据技术驱动下的中小学体育教学离不开智慧数据平台作为支撑，所以，学校有必要搭建线上、线下同步数据采集网络。通常情况下，中小学体育教学数据的采集渠道以线上平台为主，线下渠道常常由于体量不大、采集难度高、操作性差等被忽略。但要想实现中小学体育的精准化教学，线下采集必不可少，具有非常重要的实践意义。智慧数据平台不仅能丰富数据采集的方法，还能有效突破线下采集的瓶颈，促进线上采集和线下采集有机融合，从而更好地提升中小学体育教学的精准性。当然，智慧数据平台的搭建仅仅是智慧数据平台建设的第一步，还需要储存、集成、整合、分析及应用所收集的数据，着眼于培养目标，将技术突破作为着力点，加强对实践应用的反思与总结。对于大数据技术与中小学体育教学深度融合，基础条件是从复杂庞大的数据网络中找到有价值的数据，在关联性分析的基础上对数据进行进一步细化，使每个学生都能真切地享受到个性化教学服务，加快推进数据平台的建设、共享与应用。

（三）开展丰富的教学实践

大数据技术与中小学体育教学融合的不断深化有赖于中小学体育教学改革和实践的全面推进。

一方面，教育部或学校应当积极引导与鼓励体育教师发挥大数据技术的优势，为学生设计有针对性的体育教学活动，实时了解学生的学习情况和学习行为，营造师生良性互动的氛围，增强体育教学的个性化、精准化，促使数据驱动体育教学更趋于常态化。

另一方面，体育教师要积极转变教学评价思维，由注重结果关系转变为注重过程关系，不是停留于表面现象，单纯地关注学生技能水平的不足，而是探寻背后的原因及影响因素，并找到干预解决的办法。与此同时，教师还需要注重过程性评价和表现性评价，在关注学生对体育知识、技能掌握程度的同时，兼顾学生自我行为改变的程度。另外，教师可以将教学过程涉及的诸多要素纳入可量化评价的范围，全方位优化体育教学评价方式。只有不断探索与实践，才能不断深化大数据技术在中小学体育教学中的应用。

（四）传播先进的数据理念

数据驱动教学是我国未来教育改革发展的必然选择和大势所趋，需要全面整合政府、学校、家庭、社会多方力量，构建全国性的数据驱动中小学体育教学联盟，开展周期性的体育精准化、个性化教学大赛，支持与鼓励创建多模块、多层级社区，使与中小学体育教学相关的管理者、实践者、研究者及其他群体参与其中，凝聚集体智慧，共享、探索、优化精准化、个性化体育教学模式。鼓励体育教师分享精准化、个性化教学的成功经验，促进不同地区各级各类学校的体育教师的交流，创设和谐、积极的数据驱动教学氛围，传播和弘扬精准化、个性化体育教学文化，促进中小学体育精准化教学、个性化教学和谐业态的形成与发展。

（五）不断深入反思与改进

中小学体育教学与大数据技术的融合，从认识层面来看属于一种理念，从实践层面来看属于一种前进的方向，实践才是检验真理的唯一标准。基于大数据技术的支撑，中小学体育教学在实践中不仅需要了解大数据技术对于体育精准化、个性化教学的支撑，还需要不断反思教学主体的变化，以及数据伦理、数据安全等可能引发的一系列负面问题。并且，对于中小学体育教学与大数据技术的融合，应该在多方面进行进一步挖掘和改进，如基本理论、关键技术、运营保障、数据安全、组织策略、数据素养。相应地，体育教育管理部门应该给予适当的政策倾斜，保证相关研究的不断深入与持续完善。

第二节　人工智能技术在中小学体育教学中的应用

一、人工智能技术应用背景下中小学体育教学的内涵特征

近些年来，人工智能技术飞速发展，并迅速渗透到社会各领域，尤其是教育领域。人工智能作为一项高新科学技术，以信息科技为基础，以大数据的复杂算法为核心，以对人类智能的模拟、延伸和超越为目标，在教育领域的应用广度和应用深度不断扩展。人工智能技术应用背景下中小学体育教学的内涵特征如图 4-3 所示。

第四章　中小学体育教学创新之技术应用变革

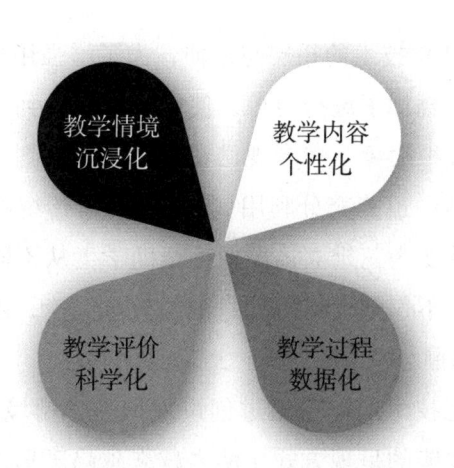

图4-3　人工智能技术应用背景下中小学体育教学的内涵特征

（一）教学情境沉浸化

人工智能技术具有工具属性，这一属性有助于构建新型体育教学情境。借助虚拟现实（VR）、混合现实（MR）、增强现实（AR）等大数据技术，可以让学生融入虚拟教学环境，获得一种"在场的错觉"，感受在现实生活中难以呈现的教学内容。人工智能技术所创设的这种教学情境具有想象性、沉浸性、交互性等鲜明特征，能带给学生一种身临其境的感觉。

中小学体育教学具有特殊性，对教学条件提出了较高要求，而且注重身体实践，部分教学内容受到天气、场地、安全性、器材等因素的影响难以进行有效呈现。人工智能技术的出现与应用为上述问题的解决提供了有效路径。例如，教师借助VR眼镜、Vive追踪器等设备，使学生置身于虚拟环境当中，以真实的身体动作与虚拟的足球之间进行互动，实现了足不出户就能参加足球运动。将人工智能技术与足球教学相融合，创设相应的虚拟环境，使学生享受到足球运动的沉浸式学习体验，同时，能在很大程度上减少天气、场地等客观因素对足球教学的影响，很好地避免了一些现实生活中可能发生的运动损伤。

AR 技术作为 VR 技术的拓展与延伸，为了增强用户的现实体验，在真实环境的基础上叠加了虚拟对象，使用户可以看到真实世界以及与真实世界相融合的虚拟对象，二者现已在体育领域得到了广泛应用。中小学体育教学在开展中也能充分利用 AR 技术，对传统的技术动作分解图进行处理，使之转变为三维立体图像，帮助学生从不同角度观察与掌握技术动作的细节，不仅创设出生动直观的教学情境，还能增强学生对技术动作的学习与掌握。

这类人工智能技术的运用通过创设虚拟教学情境，改变了抽象化、单一化的知识与技能的呈现方式，使之越来越趋于形象化、生动化。对于中小学生而言，置身于一种有别于现实生活且形象、生动、直观的教学情境当中，更容易产生好奇心与求知欲，进而获得深刻的学习沉浸感。在这种沉浸式学习体验的刺激下，学生对待知识的态度也会由"被动接受"转变为"主动探索"，他们跟随教师有步骤的引导，积极探索与了解未知领域。

（二）教学内容个性化

信息技术的日新月异，加上在线教育的迅速崛起，使中小学体育教学内容资源越来越丰富，越来越多有价值的教育资源不断涌现。学生也实现了随时随地学习。学生通过线下学习的方式能够初步了解与掌握技术动作，课后还能通过线上平台搜集并观看相关的技术讲解视频，对所学技术动作加以巩固。

在此基础上，人工智能技术的全方位加入使在线教育的发展趋于智能化。以往的在线教育平台主要目的在于扩大中小学体育教学资源的规模，从整体上提高教学资源的质量，虽然学生面对学习资源有较多的选择，但是难以体现学习需求的个体差异。而借助人工智能技术推进自适应学习的开展，可以针对学生个体的认知图谱、学习风格等，为每个学生提供有适切性、针对性的服务。自适应学习系统能够以学生实际情况为依据，如学习目标、学习基础、兴趣，为每个学生挑选合适度最高的教学资源，并结合学生的学习节奏和进度，科学合理地调整体育教学内容，以学生个体需求为中心，最终确立差异化体育教学内容。这种在应用人工智能技术基础上生成的个性化体育教学内容为学生学习需求大不相同、学习进度参差不齐等问题的解决提供了有效思路。

（三）教学过程数据化

目前，人工智能技术在中小学体育教学中的应用最为常见的是监测体育教学过程，即借助智能手环、智能手表等智能运动装备，实现对学生脉搏、心率等数据的采集，及时发现学生存在的体质与健康问题。例如，当学生佩戴运动心率臂带进行体育学习时，体育教师的平板电脑能够实时获取相关数据，当学生心率高于上限时电脑就会发出预警，提醒教师立即调整运动强度。随着人工智能技术的持续进步，对教学过程的监测已不再满足于对学生运动数据的采集，而是更倾向于更深层次的数据分析。当学生在体育课上使用可穿戴设备的时候，身体运动数据会自动传送到智慧体育教学系统中，体育教师利用系统进行数据分析，并为每个学生生成运动数据报告，提供专属的"运动处方"，从而逐步形成"数据收集—数据分析—数据反馈和评价"的智能体育教学体系。

人工智能技术在中小学体育教学中应用的不断深入为体育教学过程各个组成部分以数字化形式呈现提供了可能。由此，体育教师能够对教学过程有更精准的掌握，学生也能对自己的学习状态有更直观清晰的了解。

（四）教学评价科学化

在中小学体育教学实践中，教学评价始终是不容忽视、备受关注的问题。人工智能技术的应用不仅有助于全方位采集监测数据，设置科学的教学评价指标，还能构建可量化评估的评价模型，显著提升教学评价的精准性、科学性。体质健康测试领域尤为重视评价的精准性，所以人工智能技术在这一领域得到较早应用。例如，借助自助测试套件，体育教师可以利用其中的 AI 视觉分析技术，对学生参与跳绳、立定跳远等运动时的关键指标进行实时分析，透过表面的运动姿态、运动成绩等，深入探索学生存在的运动问题和运动潜力，使测试成绩的判定准确性更高。

目前，人工智能技术在中小学体育教学评价方面也有较强的应用优势，体育教学评价科学化的程度会日益提升，体育教师的主观因素对教学评价的影响程度会逐渐降低，促使体育教学评价趋于公平化。

二、人工智能技术应用背景下中小学体育教学面临的挑战

（一）体育教师角色定位转变

人工智能技术在教育领域中的应用给中小学体育教师群体带来了强大的冲击。不可否认的是，在大数据技术应用的背景下，中小学体育教学呈现出科学化、个性化、数据化等鲜明特征，减少了原本繁重的数据处理工作，体育教师教学压力得到了极大缓解。但换个角度来看，教学压力的缓解一定程度上使体育教师的价值受到了挑战。

人工智能技术可以提供丰富的体育学习资源，以学生学习需求为依据，再结合学生个体特征制订适切性强的学习方案，并以学生学习动态为准则实时调整。例如，学生通过智慧体育教学系统能够实时获取最新的、可视化的个人运动数据报告，这比体育教师提供的考试分数有更强的针对性；通过智能评价系统，学生能够快速找到自己技术动作方面的不足，提高自己技术动作的完成质量，这比体育教师的指导有更强的及时性；通过智能在线教学平台，学生可以反复观看多名优秀体育教师对统一技术动作的讲解视频，巩固自己对技术动作的学习与掌握，这比体育教师个人的动作示范有更强的全面性。如此种种，越来越多原本专属于体育教师的工作任务，正在逐渐被人工智能所承担。

顾小清、蔡慧英认为，人工智能对知识创造方式作出了重新定义，教师不再是知识的唯一来源，也不再是知识的权威。[1] 这一观点逐渐得到越来越多学者的认同，以至于人工智能时代教师的角色定位一度成为学界关注的热门话题。甚至有人质疑，随着人工智能教育系统的逐渐完善，教师这一角色在未来是否有被替代的可能。虽然这一观点存在一定的偏激性，但并不是毫无理据。随着人工智能时代的来临，传统体育教师角色逐渐弱化已是不可逆转的趋势。对于中小学体育教师而言，及时反思自身的不足，找出体育教师具备的"不可替代性"是他们面临的首要问题。

（二）学生自主学习能力弱化

人工智能技术在中小学体育教学中的应用势必会给学生带来与众不同、前所未有的学习体验，如沉浸式虚拟教学环境对于学生体育兴趣的培养、学习积极性的提升都有一定的帮助。但不容忽视的是，人工智能技术在提供给学生更深刻的学习体验的同时，也不可避免地给学生个体发展带来不利影响。

随着人工智能技术在中小学体育教学中的应用，很多学习内容不再需要学生自主搜集，而是转变为一种被动接收的结果。例如，在以往的体育学习中，如果学生在技术动作的练习中遇到困难，理应思考探究问题的成因，并制订解决问题的方案。而通过应用人工智能技术，解决方案不需要学生自己制订，而是会在问题出现的同时自动给出，学生不需要经过思考就能轻松获得具有针对性、精准化的方案。久而久之，这种自动获取知识的便利感极容易引发学生的惰性，对学生体育学习能力的提升造成不利影响。与此同时，当学生面对人工智能技术所推送的学习方案、学习资源已经习以为常时，他们也会逐渐不再思考和判断方案的

---

[1] 顾小清，蔡慧英. 预见人工智能的未来及其教育影响：以社会性科幻为载体的思想实验[J]. 教育研究，2021，42（5）：137-147.

科学性和资源的适切性，这极易对学生辨别能力的发展造成负面影响。

总之，中小学体育教学在享受人工智能技术带来便利的同时，也要警惕学生学习能力降低的问题，尽早谋划有针对性的解决策略，以促进学生自主筛选、探究、辨别等能力的提升。

（三）师生关系情感互动缺失

与中小学体育教师和中小学生个体面临的挑战相比，师生互动关系缺失的问题则显得更加直观。这一元素原本是传统中小学体育教学中必不可少的，但在人工智能技术不断深入中小学体育教学的当下就显现出一定的危机感。任何技术的发展都会给人类社会带来或多或少的负面效应，人工智能技术也是如此，它对中小学体育教学中情感互动关系的发展也具有十分深远的负面影响。

例如，在足球教学中，人工智能技术可以构建足球虚拟教学情境，学生置身其中非常容易获得沉浸式学习体验，但这其中的互动关系以学生和虚拟世界之间的互动为主，学生在此过程中难以深刻感受到现实生活中与体育教师互动的重要性；通过应用智能体育教学系统，人工智能会快速完成运动数据的统计分析工作，在提供给学生学习成绩的同时，还会推送具体化、全面化的数据分析报告，学生几乎可以通过报告找到所有疑虑的答案，由此，学生也难以发现自己与体育教师互动交流的重要性。

在人工智能技术的支持下，中小学体育教学被赋予了较强的自动化、数据化、精准化的基本特征，使得教学主体之间的交往活动看起来似乎不再重要，教师与学生之间、学生与学生之间的互动逐渐演变为人与机器之间、机器与机器之间的互动，人所独有的情感体验、情感互动也因此被架空。

（四）人工智能价值认识缺失

与上述三个挑战相比，中小学体育教学领域对人工智能价值认识不足属于一个更加隐蔽、更加深刻的挑战。当前阶段，人工智能技术在中小学体育教学中充当的角色始终都是辅助教学的工具，具有工具属性。

关于人工智能技术对教育的影响，曹培杰提出了三重境界，即赋能、创新与重塑。① 基于此，对于中小学体育教学来说，第一境界是指能够正确、全面地认识人工智能技术赋能中小学体育教学的具体内容；第二境界是指将人工智能纳入中小学体育教学发展进程，并进行多角度、全方位的审视，充分认识其特征及其与传统教学之间的差异；第三境界是指在第二境界的基础上，能够深层次认识人工智能技术在中小学体育教学变革中发挥的作用，明确"重塑"的意义所在。

随着人工智能技术在中小学体育教学中的应用，当教学内容、教学情境、教学过程、教学评价等形式都发生一定的改变时，更深层次的教学内容设计理念、教学评价理念也毋庸置疑会随之改变。而当理念层面发生变化时，势必会自然引发人们对中小学体育教学本质的思考：随着人工智能技术的不断应用，中小学体育教学的核心概念（目的、价值、意义）是否需要更深层次的阐释？在人工智能时代需要如何开展中小学体育教学？要想解答这些问题，除了要通过深化中小学体育教学实践来打下良好的研究基础，更重要的是要全方位、深层次地认识人工智能技术的价值内涵，以此作为研究的理论前提。因此，人工智能技术应用背景下的中小学体育教学必须充分认识人工智能技术的应用价值和重要性。

三、人工智能技术应用于中小学体育教学的策略

（一）提高中小学体育教师的智能信息素养

为了有效应对人工智能时代体育教师角色弱化的现实挑战，中小学体育教师需要对自身价值作出重新审视，全力以赴提高自身的专业能力，在人工智能技术应用背景下重新明确体育教师角色定位。要想充分发挥

---

① 曹培杰. 人工智能教育变革的三重境界[J]. 教育研究, 2020, 41 (2): 143-150.

人工智能技术在教学中的辅助作用，体育教师不仅要具有良好的应用人工智能技术的能力，还要积极应用人工智能技术解决教学问题。《教育信息化2.0行动计划》明确指出："全面提升师生信息素养，推动从技术应用向能力素质拓展，使之具备良好的信息思维，适应信息社会发展的要求，应用信息技术解决教学、学习、生活中问题的能力成为必备的基本素质。"因此，为了更好地适应人工智能时代，中小学体育教师也要积极全面地提高自身的智能信息素养。

首先，中小学体育教师要加强有关人工智能知识的学习，密切关注人工智能技术发展中的前沿问题，充分认识人工智能的价值内涵，打下良好的人工智能知识基础。

其次，中小学体育教师在积极学习人工智能知识的基础上，要在实践中积极尝试人工智能技术的应用，及时掌握人工智能教学应用的前沿动态，并利用人工智能技术解决体育教学中遇到的实际问题。

再次，中小学体育教师应该深刻意识到即便掌握了一定的知识和技术，也并不意味着具备了良好的智能信息素养，不能止步于掌握技术的应用方法，而是要始终对技术原理及应用问题保持强烈的探索欲和求知欲，在教学实践中积极尝试与探索，不断更新对技术的认识和理解，逐步对人工智能技术形成全面的认知和良好的应用能力。

最后，学校层面也要积极组织体育教师参加有关人工智能技术应用的培训，定期开展聚焦"人工智能技术与体育教学相融合"的教师交流活动，为体育教师相互学习与共享提供平台，从而从整体上提升中小学体育教师的智能信息素养。

（二）加强中小学生自主学习能力的培养

随着人工智能技术在中小学体育教学中的不断渗透，为了有效应对中小学生自主学习能力下降的现实挑战，应尽早对这一问题保持较高的警惕性，积极构建具有较高可行性、针对性的解决策略。其中，加强对中小学生自主学习能力的培养尤为重要。

在选择中小学体育教学内容时,教师应该着眼于学生体育学习兴趣的培养,引导学生明确自身的体育学习需求。智能教学平台可以提供给学生海量的学习资源,这就需要学生快速筛选出自己感兴趣的学习资源。为此,体育教师需要注重培养学生的比较分析和价值判断的能力,使学生可以通过快速比较与分析作出正确的判断,而不是盲目地遵从智能教学平台提供的资源筛选方案。

在中小学体育教学中,智能学习系统还会为学生自动生成体育学习方案。为此,体育教师需要注重培养学生的反思意识和批判意识,善于引导学生不盲目地接受和执行人工智能系统提供的学习方案,而是持有怀疑态度,积极反思和批判方案各项内容,并以自身学习体验为标准对学习方案的科学性、适切性作出客观评价,再加以调整与完善。

在中小学体育教学评价方面,智能教学系统可以为每个学生自动生成具体清晰的运动分析报告,对此,教师要有意识地引导学生立足自身学习体验,对运动分析报告的内容作出全面的总结分析,师生共同配合完成对报告中具体问题的探讨,使学生充分利用数据并思考改进策略的科学性,而不是一味地被动接受报告中的内容并执行。由此一来,学生就能在不断的学习中逐渐体会到自主选择的价值与意义,持续强化自身的自主学习能力。

(三)推动师生情感互动关系构建

人工智能所特有的数据化、自动化的技术特征使中小学体育教学中固有的互动交流过程逐渐丧失了存在的重要性和必要性,很多原本以互动交流为唯一传递方式的教学内容被自动化人工智能系统所取代。然而,有一个易被忽视的问题是,从本质上来看,中小学体育教学中的互动关系是个体之间进行人际交往活动所产生的动态发展结构,这种结构会随着人的情感体验的变化而发展。因此,人工智能系统可以取代的东西,其实仅仅是人与人的互动交往过程中的教学内容，包括运动项目的技术动作、比赛规则等。而体育教师在讲解、示范这些体育知识进而与学生之间形成动态、互动的整体时，这个客观存在的互动交流过程本身是具有不可替代性的。因此，基于人工智能技术的应用，充分体现情感体验与情感互动的必要性、特殊性，加强师生情感互动关系的建设具有十分重要的意义。

首先，体育教师要提高自身的认知水平，要深刻认识到中小学体育教学的目的不仅仅是传授体育知识和技能、强身健体等，更重要的是促进学生身心健康发展，培养学生终身体育意识和习惯，积极践行"健康第一"的教育理念。这种教育理念的实现依靠人工智能给出的教学资源和管理系统是万万不行的，而是需要通过师生之间的良性互动交流循序渐进地实现。因此，体育教师要加强与学生之间的互动交流，助力教学目的和教学理念的实现与落实。

其次，体育教师要抓住一切有利机会，在教学各个阶段、各个环节、各个过程加强与学生之间的情感交流互动，根据人工智能所提供的学习数据，与学生进行及时、有效、深入的交流，了解学生真实的学习体验和感悟，重点关注人工智能技术难以量化评价的问题，如学生意识品质、学习兴趣的形成，与学生之间建立起平等、民主、和谐的情感互动关系。

最后，在中小学体育教学过程中，教师也应当加强与学生之间的互动交流，通过多样化的方式，诸如虚拟体育竞赛、线上讨论等，充分发挥人工智能技术的优势，利用其提供的海量资源和虚拟教学情境，使学生即便置身于人工智能技术创设的教学空间中，也能进行真实、频繁的互动交流，深切地体会集体主义、团结协作等体育精神的内涵，使学生通过体育学习获得与众不同的情感体验。

（四）深化人工智能体育教学研究

中小学体育教学领域之所以对人工智能价值的认识有所不足，主要是因为对人工智能体育教学的研究有待进一步深入。实际上，体育教学实践和体育教学研究并不是毫不相关的，两者本应是相互制约、相得益彰的有机体。一方面，通过体育教学实践能够得出经验总结，这对于体育教学研究来说是非常可靠的依据和现实基础；另一方面，在体育教学研究中会探讨与分析很多学术动态和前沿问题，这些研究成果对于体育教学实践来说具有非常重要的启示和引领作用。

但是，从目前发展状况来看，虽然我国在中小学体育教学领域已经针对人工智能技术的应用作出了诸多尝试（比较常见的有智慧体育教学系统、智慧操场、运动技能评价系统等，并取得了卓有成效的教学成果），但是，针对这些实践成果及其带来的正面影响，能够以体育教学理念研究的形式进行呈现的人却少之又少。另外，人工智能技术在中小学体育教学实践中的应用有哪些成功经验？暴露出哪些现实问题？应该采取哪些应对措施？诸如此类的理论研究在国内体育学界并不多。

因此，体育学界应当加快推进人工智能技术与中小学体育教学的相关研究。一方面，体育学界应当适时梳理分析目前人工智能技术应用于中小学体育教学实践的成果，对实践经验及现实问题进行总结概括。另一方面，体育学界也应当积极了解国外相关研究的进展，探索国外体育教学与人工智能技术应用研究成果，总结其中的成功经验，并从中得到启示。同时，体育学界要秉持跨学科的研究视角，积极了解国内外其他学科对人工智能技术问题的相关研究成果，建立跨学科思维方式，尝试多种研究视角，全面拓展人工智能技术应用于中小学体育教学研究的广度和深度。

四、人工智能技术应用于中小学体育教学的保障

（一）加强虚拟仿真训练场建设

人工智能时代，中小学体育教学将朝着智能化、精确化、网络化方

向发展，为学生提供具有更强自主性的信息化教学方式。虚拟仿真技术又称虚拟现实技术，其由计算机技术、人工智能、传感技术、多媒体技术等技术结合成高度仿真的虚拟环境，具有视觉、听觉、触觉等多重感知。这项技术具有较强的互动性、娱乐性、逼真性，将其应用到教育领域会给中小学体育教学带来一场革命性的升级。

通过头盔显示器或数据手套等设备，虚拟仿真技术可以为学生提供一个虚拟的三维世界，使学生获得身临其境般的沉浸式直观体验，进而使学生对所学知识留下深刻印象。在综合运用计算机技术、人工智能技术、传感技术、多媒体技术等技术的基础上，学校可以建立各种各样的虚拟仿真训练场，如虚拟篮球训练场、虚拟足球训练场、虚拟乒乓球训练场、虚拟搏击训练场，如图4-4所示。以篮球虚拟仿真训练场为例，里面安装了各种先进的检测设备和传感设备，如摄像头、体温检测仪、血氧检测仪。当学生作出投篮动作时，系统就会自动采集这个动作并将数据传输到运动仿真系统，运动仿真系统会以力学等原理为依据，科学地分析学生投篮动作，并完成运动力学建模，对篮球运动路线进行仿真预测，将系统内正确的篮球运动路线作为标准进行评判，分析学生做的篮球动作的准确程度，并第一时间进行反馈与指导。

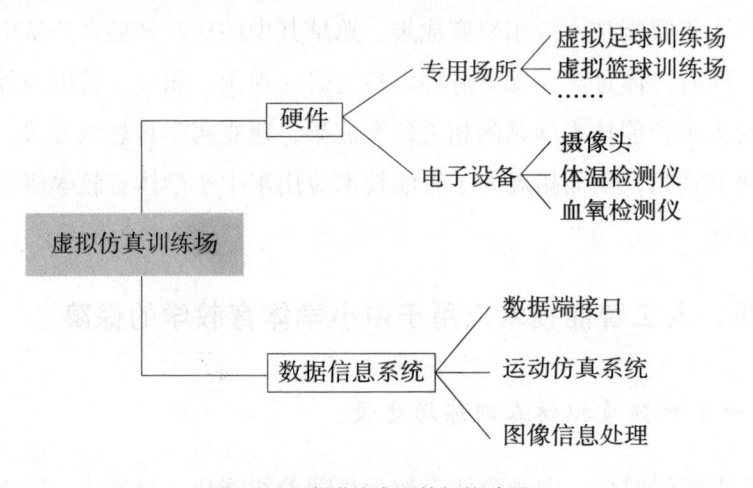

图4-4 虚拟仿真训练场构建图

（二）完善学校体育伦理规范

数据安全和隐私保护是人工智能技术在中小学体育教学应用中的敏感问题，而数据又是人工智能必不可少的"燃料"，是推动中小学体育教学智能化发展的核心要素。在处理数据、技术和人之间的关系时，需要遵循"有用""无害"伦理诉求，最大限度地体现数据和人工智能技术的作用和价值。

首先，学校要建立健全体育科学的伦理框架，进一步界定主体对数据的权利，对数据采集的具体效用作出具体描述，致力于科学技术与体育教学的相融相生。其次，学校要建立规范化、精细化的数据采集制度，为数据使用的合法性提供制度保障，禁止通过后台或其他渠道搜集和获取用户相关信息，从而全面保护用户的隐私。

（三）加强多主体协同发展

中小学体育教学是一项复杂的系统工程，学校、社区、家庭体育协同是未来中小学体育教学生态化发展的目标。学生对体育的认知和理解始于家庭，家庭体育在整个学校体育体系中占据着十分重要的地位，是中小学体育教学有效实施的基础；学校是整个体育教学的关键环节，学生对体育认知的升级以及对运动知识和技能的学习与掌握几乎都是在学校完成的；社区是学校体育教学的拓展和延伸，是学校体育教学的依托，对学生体育锻炼、运动习惯的养成与延续起着十分重要的作用。因此，人工智能技术在中小学体育教学中的应用要以学校为龙头、以社区为依托、以家庭为基础，搭建多主体协同的体育教学网络平台，通过互联网，实现物物互联互通，促使"学校—社区—家庭"体育有机联动，创建一个更加生态化、智能化、网络化的学校体育教学体系。

第三节　其他新兴技术在中小学体育教学中的应用

一、多媒体技术在中小学体育教学中的应用

多媒体技术又称计算机多媒体技术，指的是通过计算机对多种媒体信息（文字、图像、声音、动画、数据）进行综合处理和管理，使用户能够利用多重感官实现与计算机之间的实时信息交互的技术。多媒体技术的出现与应用，不仅改变了各行各业的生产现状，也改变了人们的生活方式和阅读方式。将多媒体技术应用于中小学体育教学，不仅能改善教学环境，还能提高学生学习的积极性，为课堂教学质量的提升提供技术支持。

（一）多媒体技术应用于中小学体育教学的重要性

在中小学体育教学中，多媒体技术的应用促进了新型教学模式的探索，其重要性主要体现在以下几个方面，如图4-5所示。

有助于提高体育教师多媒体教学能力

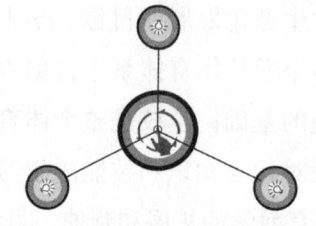

有助于强化学生技术动作的规范性　　有助于激发学生爱国情怀

图4-5　多媒体技术应用于中小学体育教学的重要性

1. 有助于提高体育教师多媒体教学能力

为了更好地发挥多媒体技术的作用和优势，学校往往会围绕多媒体教学设备的应用开展有针对性的培训工作。同时，学校内部需要定期调整与更新现有的多媒体教学系统，保证相关教学系统的便捷性、有效性。

对于中小学体育教师来说，通过参加多媒体教学设备的培训，再通

过与专门组织机构进行交流，能够进一步明确自身的教学职责和教学现状，抓住一切机会跟上多媒体教学建设的步伐。与此同时，体育教师能深刻意识到转变教学观念、提高多媒体教学能力是大势所趋，也是当前时代所必备的技能，对于自身专业化成长与发展具有积极的影响，对中小学教学的发展具有时代性意义。

2. 有助于激发学生爱国情怀

中小学体育教学不仅需要帮助学生锻炼身体，还承担着培养学生良好精神品质的任务。借助多媒体技术，教师可以充分发挥体育明星的示范带头作用，有意识地引导学生学习这些体育明星身上体现出来的体育精神。现如今，很多中小学生缺乏对体育明星的了解，甚至有学生一无所知，不了解这些体育明星取得的优异成绩及其为祖国体育事业的发展作出的贡献。而借助多媒体技术，体育教师可以组织学生观看一些体育比赛及体育明星背后的故事，一方面填补了学生的认知空白，另一方面激发了学生的爱国情怀。

3. 有助于强化学生技术动作的规范性

在体育教师示范技术动作时，中小学生往往能快速进入状态对教师的行为和动作进行模仿，但由于中小学生群体普遍存在动作理解错误、动作不规范等问题，尤其是小学生，教师一个人面对整个班级的数十名学生甚至是多个班级的学生，很难为学生一对一纠错。为了及时纠正学生动作不规范的问题，教师可以利用多媒体技术，从不同角度拍摄自己的技术动作，让学生对照视频画面回忆自己的动作，更快速地领悟动作标准要求。技术操作水平比较高的体育教师，还可以搭建3D模型，将自己的技术动作以360度的旋转模式呈现在学生面前，帮助学生观察和了解不同视角下的具体动作，进一步明确手、脚摆放的正确位置。在多媒体技术的支持下，体育教师可以为学生详细、具体、形象地介绍技术动作的细节，提高学生完成技术动作的规范性、标准性，帮助学生树立运动的信心。

（二）多媒体技术应用于中小学体育教学的策略

1. 充分利用多媒体技术，强化课前预习

对于中小学生而言，体育项目和体育运动是他们相对感兴趣的学习内容，但在现实生活中仍然有部分学生无法找到体育运动的兴趣，自主学习能力比较薄弱。针对此，教师可以借助多媒体技术，让学生利用课余时间观看微课视频，为接下来体育课程的学习做好充分的预习准备，同时让学生初步了解即将学习的体育项目，拉近学生与所学知识的距离，调动学生进行体育学习的积极性。

体育教师可以引用当下关注度较高的问题，与观看微课视频的学生展开互动，在视频播放期间出示一些问题，让学生点击屏幕进行选择。例如，在学生观看羽毛球比赛视频的过程中，教师可以抛出一些相关问题，如你对羽毛球运动有哪些了解？你多久进行一次羽毛球运动？你对羽毛球运动是否感兴趣？通过学生对这些问题的回答，教师可以提前了解学生对即将学习的课程的掌握情况，以便开展有针对性的教学和训练。如此，不仅有助于激发学生对体育运动的好奇心和探索欲，还有助于增强课前预习效果。

2. 合理运用教学视频，增强教学效果

大部分中小学体育课程需要在室外进行，由于室外场地面积要远远大于教室，再加上场地比较开阔，体育教师在讲解动作要领的时候，部分距离远的学生可能存在听不清的情况，加上部分学生注意力可能会被其他无关紧要的事情所吸引，就会出现"漏听"现象。针对这一问题，一方面，体育教师要适当调整相关教学工作，在室外开阔场地讲解动作要领时，尽可能与所有学生保持比较近的距离，或引导学生围成一个圈，教师站到圈中心的位置进行讲解，确保每一个学生都能清晰地听到教师的讲解内容，减少后期出现错误的概率，从而提高学生体育知识的学习质量。另一方面，教师可以借助多媒体技术开展微课教学，引导学生清晰地观看动作示范和肢体动作等，对于学生不理解、没看清的体育动作要领，教师可以通过回放、减速、暂停等功能，帮助学生重复多次观看，为学生提供更多模仿和练习的机会，为体育教学效果的提升奠定基础。例如，在波比跳动作教学中，教师可以借助多媒体技术播放相关视频，为学生清晰地展示完整的动作，通过播放、暂停、回放等功能，不遗漏任何一个细节和动作，帮助学生更准确地掌握波比跳的动作技巧。

3.利用碎片化时间，提高练习效率

中小学体育课程的课堂教学时间是有限的，单纯依靠有限的课堂时间来培养学生对体育运动的热爱之情，培养学生健康的生活习惯以及良好的身体素养是远远不够的，这就需要学生充分利用课余时间加强体育学习和身体锻炼。体育教师可以利用多媒体技术制作微课视频，并发给每个学生，鼓励学生将课余等碎片化时间综合利用起来，多多观看微课视频，不断探寻自己感兴趣的体育项目和体育运动，从而达到提高学生练习效率的目的。

另外，教师还可以让学生利用微课视频完成一些低难度运动项目的学习，如跳绳、跳远、仰卧起坐、体前屈。

4.通过实战训练和学习观摩，培养学生战术意识

在多媒体技术与中小学体育教学融合的基础上，体育教师还能引入一些体育实战的教学或模拟场景，在帮助学生借力实战经验的同时，培养学生的实战意识。与此同时，体育教师可以定期组织实战训练教学，增强学生对战术的感悟，提高学生的战术能力。在实战训练中，教师要注重培养学生的心理素质和实战能力，逐步引导学生以稳定、淡定的心态面对真实赛场，善于分析和把控局势，灵活自如地运用战术意识、对战技巧和项目技能。

另外，体育教师可以利用多媒体设备组织学生观看高水平体育比赛，引导学生全方位思考，感受体育战术意识，培养学生在体育运动中勤于动脑的习惯，而不是单纯地依靠肢体动作进行漫无目的的练习。

（三）多媒体技术应用于中小学体育教学应注意的问题

1. 多媒体内容应紧贴教材

多媒体内容相当丰富，广博宏大，包罗万象，如果盲目地为了增强课堂的趣味性，增加很多新颖有趣但脱离教材的知识内容，可能导致教学内容超脱学生的年龄限制，存在拔苗助长的倾向，对学生的自然成长造成负面影响。体育教材内容是以学生年龄为依据而搭建的知识结构，具有一定的科学性。因此，体育教师要围绕教材内容选取与之相关的图片、动画、视频等多媒体素材，以教材内容为中心适当进行拓展与延伸，以保证多媒体知识与教材内容有较强的关联性。

2. 多媒体技术仅是作为辅助教学工具

多媒体技术在中小学体育教学中的应用并不是只有优势，这主要取决于体育教师能否进行合理的应用，不恰当地应用多媒体技术往往会适得其反。因此，体育教师必须意识到多媒体仅仅是辅助技术，体育教学的开展场所主要是室外体育场，如果直接用多媒体视频取代实操活动，那么学生身体将无法得到有效锻炼，长此以往还容易引发学生对体育学习的抵触情绪。总之，体育教师需要平衡好多媒体技术与实操活动。

二、移动交互式白板在中小学体育教学中的应用

（一）移动交互式白板的概念

截至目前，学术界对于移动交互式白板的定义尚未达成一致。通过对大量文献的整理，再结合多年的教学实践经验，笔者对移动交互式白板作出如下定义：移动交互式白板指的是在无线网络环境下，借助移动终端实现固定式电子白板功能的软硬件系统。通俗地讲，移动交互式白板就是以无线网络为依托，借助移动终端对教学信息进行交互操控，实现多功能的综合系统，如无线控制计算机、即时书写、多屏互动。这种

综合系统是一个庞大的体系，由移动终端（平板电脑、手机、无线书写板）、计算机、相关软件（移动白板软件、远程桌面控制软件、屏幕镜像软件）、显示设备（大屏幕电视机、投影仪）等组成。在课堂教学过程中，教师可以手持安装相关软件的移动终端，依托无线网络与原有多媒体教室的教师机进行互联，将移动交互式白板有效应用于课堂教学当中。换言之，就是通过移动交互式白板实现课堂移动教学。

（二）移动交互式白板应用于中小学体育教学的优势

与多媒体教室系统相比，移动交互式白板有着十分明显的教学优势，如图4-6所示。

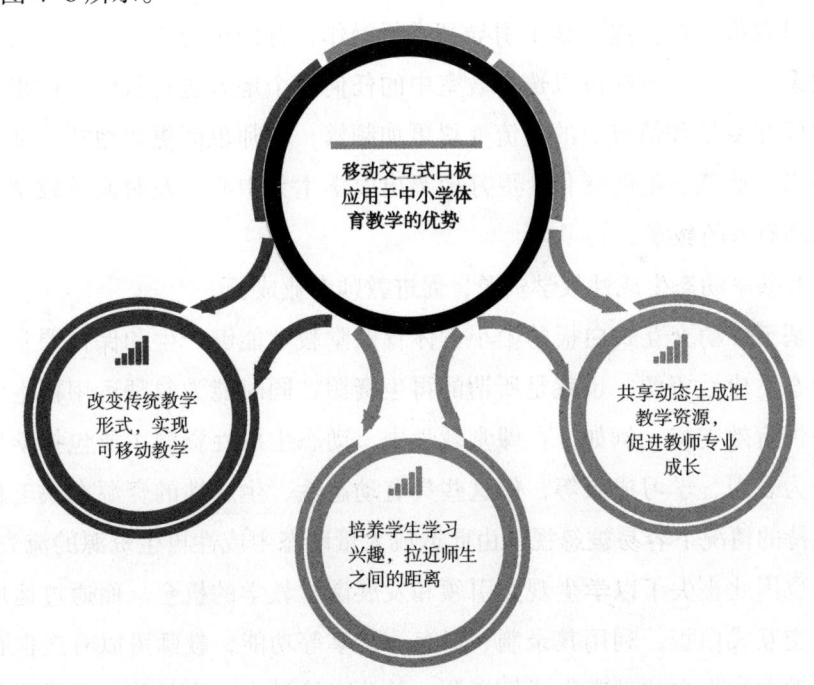

图4-6　移动交互式白板应用于中小学体育教学的优势

1. 改变传统教学形式，实现可移动教学

在应用移动交互式白板的课堂中，体育教师的授课位置不再受到限制。教师可以手持移动设备在教室任何角落进行教学，而不是局限于计算机或电子白板前。与此同时，教师还能与学生进行更加密切的互动，一改传统多媒体教学的上课方式，教师因此获得了更多的活动空间，真正实现了可移动的课堂教学。在移动交互式白板支撑下的体育课堂，在适当保留传统多媒体课堂优势的同时，还新增了移动教学理念，充分发挥了新技术在体育课堂中的优势和作用，扭转了传统课堂的教学局面，丰富了课堂教学模式。

2. 培养学生学习兴趣，拉近师生之间的距离

将移动交互式白板应用于中小学体育教学有以下优点：首先，教学方式发生变化，点燃了学生的好奇心，有助于激发学生的学习兴趣。其次，可移动的教学方式为教师与学生之间的近距离交流提供了更多机会，教师可以将平板传递给学生引导其进行操作，有助于建立亲密友好的师生关系。最后，教师可以选择教室中的任何一个地方进行教学，使得师生之间在眼神和情感上的交流变得更加频繁，教师也能更快地捕捉到学生需求、情感态度的变化，更好地突出以学生为中心，及时调整教学方式实施有效的教学。

3. 共享动态生成性教学资源，促进教师专业成长

基于移动交互式白板的中小学体育课堂教学能够产生和保存课堂中的动态生成性资源，也就是所谓的再生资源，同时能为教师运用再生资源提供有效支持。例如，在课堂教学中，动态生成性资源主要包括学生的行为表现、学习成果等，但这些具有动态性、生成性的资源在缺乏技术支持的情况下容易被忽视，由此造成大量动态生成性再生资源的流失，教师也因此丧失了以学生观点引领和发展课堂教学的机会。而通过运用移动交互式白板，利用其录制、保存、共享等功能，教师可以有效保存课堂教学过程中的动态生成性资源，并分享给学生、家长等，获得课堂教学方法的改进意见，同时进行课后反思，获得专业化成长。

（三）移动交互式白板在中小学体育教学中的应用策略

任何一种现代教学设备都无法自动提升教学效果、提高教学效率，移动交互式白板也不例外。因此，体育教师应该合理应用移动交互式白板，充分利用移动交互式白板的特点和优势，使其更好地服务于教学活动的开展。具体应用策略如图4-7所示。

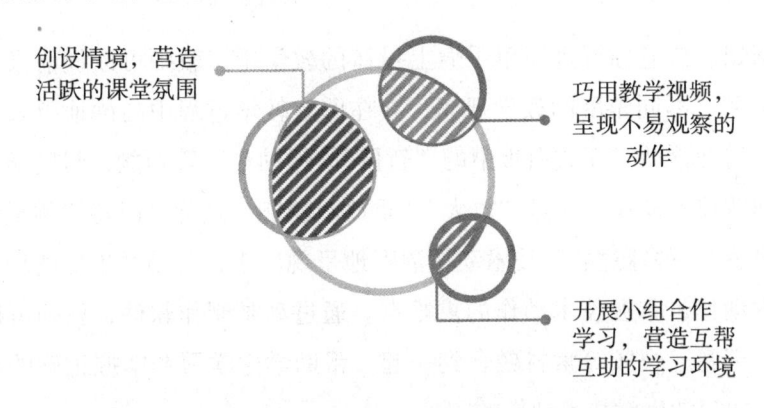

图4-7　移动交互式白板在中小学体育教学中的应用策略

1. 创设情境，营造活跃的课堂氛围

教学情境是教师以教学目标为出发点，紧紧围绕教学内容，有计划、有目的地引入、创设、组合教学内容的场景和设备。在中小学体育课堂教学中，教师借助移动交互式白板，可以在恰当的时间通过导入图片、播放音乐、插入视频等方式，为学生构建特定的教学情境，营造活跃的课堂氛围。

例如，在篮球教学中，教师可以利用移动交互式白板，设计篮球分组知识竞赛课堂活动，充分调动学生对篮球技术学习的积极性，在完成竞赛的同时掌握篮球知识和技术；教师可以利用音乐软件为学生播放一些关于篮球或篮球比赛的主题音乐，营造愉快、放松的课堂氛围，从而激发学生的学习兴趣；教师可以为学生展示著名篮球运动员的图片，刺激学生视觉感官，使学生快速融入篮球情境当中。

2. 巧用教学视频，呈现不易观察的动作

中小学体育教学需要传授大量的技术性动作，如果教师单纯地采取讲解示范的教学方法，学生往往不能清晰、具体地观察技术动作，这不利于教学效果的增强。针对此，教师可以事先将技术动作拍摄下来，再利用移动交互式白板中的视频播放功能，在课堂教学过程中适时引入教学视频。同时，教师可以利用移动交互式白板中的"书写"等操控功能，将学生不易观察的技术动作圈画出来，方便学生更清晰地观察技术动作要领。

例如，在篮球行进间单手肩上投篮的教学中，教师可以提前录制好不同类型、不同角度的教学视频，并在课堂教学过程中巧妙地引入教学视频，借助移动交互式白板中的"暂停""慢动作"等功能，帮助学生更好地理解技术动作。通过"放大""重放"功能，教师可以将"跳至最高点球出手""举球过肩"技术动作清晰地呈现出来，帮助学生更清晰地观察技术动作，掌握技术动作的重难点。通过动画制作软件，教师可以将文字、声音、视频等素材融合到一起，帮助学生学习和掌握正确的动作要领，加深学生对技术动作的印象。

3. 开展小组合作学习，营造互帮互助的学习环境

作为新型的现代教育技术手段，移动交互式白板最显著的特点就是互动功能强大。教师可以在平板电脑上下发教学任务，学生可以使用平板电脑与其他同学展开合作交流，还可以利用平板电脑的同屏功能，实时传输练习视频，营造良好的互助氛围。

例如，在足球教学中，教师可以依托移动交互式白板组织学生进行小组合作学习，利用平板电脑观看教学视频，让学生以小组为单位完成对足球技术动作的探索与研究。在技术动作练习中，教师可以鼓励学生利用平板电脑将组员的练习视频拍摄下来，之后围绕视频进行交流讨论，找到不规范、不正确的技术动作并及时改正，营造互助、乐学的学习氛围。在小组合作学习中，教师要加强巡视，并随时用手机拍摄学生练习状态，再使用移动交互式白板的实时传屏功能，为学生提供有针对性的、及时的指导，提高学生技术动作的规范性，增强学生的获得感、成就感。

第五章　中小学体育教学创新之评价完善

中小学体育教学评价的创新有助于提高评价的公正性和有效性，促进学生的全面发展，激发学生的积极性和主动性。同时，创新教学评价能促进教师教学方法的改进，提升教学质量。本章重点围绕如何改善中小学体育教学评价展开叙述，以推动中小学体育教学的持续发展与进步。

第一节　中小学体育教学评价的理念

一、中小学体育教学评价理念的先导意义

理念是对事物本质、规律、功能的观念反映，也是发展着力点、发展趋势的主要体现，具有管根本、管全局的重要作用。教学评价的理念指的是贯穿教学评价全过程的总的指导思想。教学评价理念直接影响教学评价主体的选择、教学评价方法的采用。教学评价理念具有重要的先导意义。全面推进中小学体育教学评价理念的研究，是提高教学评价自觉性、科学性的前提条件。

（一）评价理念是健全教学评价体系的思想前提

中小学体育教学评价活动的开展，依赖于完善的教学评价体系，而教学评价体系的建立与健全，需要以科学的评价理念作为引领，否则将无法找到正确的方向，难以达到预期目的。

从评价方法选择的角度来看，教学评价体系主要由两个层次组成：一是指向教师的教和学生的学的评价；二是指向教学整体的评价，如教学运行系统、教学管理系统、教学支持系统。唯有以科学的评价理念作为引领，才可以聚焦培养目标、纵览教学全局、汇聚多元主体、整合各类要素，提高教学评价方法选择的合理性、严谨性。

从检验教学效果的角度来看，教学效果是教学取得的成效，是教学目的的最终体现，也是学生身心健康全面发展的集中反映。体育教学效果可以通过测试师生外显知识和技能进行基本判定，但体育是一门具有思想性的课程，其教学效果的评价更关注师生内隐的思想品德和意志品质。科学的评价理念对体育教学显性效果和隐性效果的检验具有全面指导作用，能够充分彰显体育的课程特色。

（二）评价理念是保证教学评价合乎规律发展的价值引领

评价理念对教学评价的过程、方式、方向具有积极的范导作用，同时能引导师生对教学本质和规律的内在联系进行正确认识与处理，特别是理论知识传授与道德、意志品质培养之间的关系，以及理论教学与实践教学之间的关系。

（1）从理论知识传授与道德、意志品质培养之间的关系上来看，科学的评价理念能够提高"灌输"的自觉性。"灌输"原本是马克思主义理论教育的重要原则之一，但很多人将其看成马克思主义理论教育的方式方法，甚至将其作为单调乏味的"满堂灌"的理论根据。以科学的评价理念作为引领，能够提高"灌输"的自觉性，更好地区分原则与方法、目的与手段、形式与内容等，有效纠正将"灌输"错误地归为教学方法的做法，引导教育者将教学与学生实际生活紧密结合，提高学生思想道德素质。

（2）从课堂教学与实践教学之间的关系上来看，科学的评价理念能够有效避免发生顾此失彼的情况。课堂教学和实践教学并不是彼此孤立存在的，而是相互依存、相互作用的。体育是一门实践性很强的课程，忽视课外实践教学与人才成长规律不相符合，但忽视课堂教学同样与人才成长规律不相符合。实际上，课堂教学和实践教学均具备立德树人的重要功能。教学评价不仅要重视实践教学，鼓励学生在实践中运用理论知识并解决实际问题，也要用好课堂教学的主渠道——课堂教学，因为无论信息技术怎样瞬息万变，教学手段如何先进，课堂教学自始至终都是传播科学真理的主阵地。

基于科学评价理念的指导，能够帮助教师正确处理与把握课堂教学和实践教学的关系，避免陷入在推进实践教学的同时忽视课堂教学的误区，警惕课堂教学的形式化倾向。

（三）评价理念是促进教材体系向教学体系转化的精神动力

教材体系向教学体系的转化是中小学体育教学实效性提升的关键，但这是一项较为复杂的工作，主要包括教学内容的更新、教学手段的信息化以及话语方式的易理解等，而这些都需要评价理念发挥导向作用来实现。

1. 评价理念有利于揭示教材体系共性和教学体系个性之间的关系

体育教材体系和教学体系的出发点并不完全一致，体育教材体系注重从学生实际的"一般"出发，所以是教学体系所必须遵循的；而教学体系注重从学生实际的"特殊"出发，因而不可以直接照搬教材。科学的评价理念可以正确引导教师对共性与个性之间的关系作出正确处理，使教学与学生实际有更高的贴合度，促进教材体系向教学体系合理转化。

2. 评价理念有利于把握教材内容稳定性与教学实际动态性的关系

教学实际的各个方面都不是固定不变的，而是动态变化发展的。相比之下，教材内容具有一定的稳定性。变化发展着的实际和理论难以在教材中得到即时反映，而且教材作为教学的直接依据和基本遵循，也不应该朝令夕改。以科学的评价理念作为引领，能够为教师正确把握教材内容和教学实际之间的关系提供价值遵循，在维护教材体系权威性的同时，聚焦学科发展前沿，在合适的时间引入新的理论成果。

3. 评价理念有利于促进教学适应科技发展引起的学习方式革命性变化

在信息技术日新月异的背景下，包括学生在内的社会大众以互联网为主要渠道来获取信息、认识世界。教材体系转变为教学体系，不仅是应对互联网时代发展的必要举措，还是迎合学习方式革命性变化的必然选择。评价理念的功能之一就在于正确把握观念，使教学始终围绕学生这一中心，发挥教师的主导作用，正确引导稳定性的教材体系向动态性的教学体系转变。

二、中小学体育教学评价理念的基本内涵

中小学体育教学评价理念与党和国家的根本指导思想及其关于教育的理论、原则、方针等有着较强的契合性。总的来说，中小学体育教学评价的基本理念主要包括以下几大元素，如图 5-1 所示。

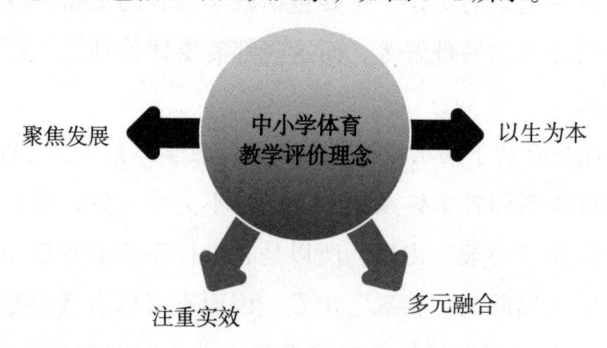

图 5-1 中小学体育教学评价理念的基本内涵

（一）以生为本

以生为本即以学生为中心，是中国共产党以人为本执政理念的具体体现，是以人民为中心的发展思想在学校教育中的主要体现。中小学体育教学的主要目的在于育人，必须围绕学生、关照学生、服务学生。因此，以生为本是中小学体育教学及其评价的根本理念。

以生为本其实就是坚持育人为本，德育为先，其实质在于立德树人。2018年9月，习近平总书记在全国教育大会上发表重要讲话，用六个"下功夫"深刻揭示了新时代青年人才培养工作的重要内容，突出强调了立德树人根本任务，丰富了教育方针的思想内涵，为中小学体育教学评价提供了正确的思想引领。

中小学体育教学的对象是中小学生，"满足中小学生成长发展需要和期待"是以生为本的出发点和归宿。从某种意义上来讲，人的本质属性是需要，人的需要结构中的最高层次指向发展性需要。无论是中小学体育教学还是中小学体育教学评价，都必须将关注点更多地集中于学生的发展需要。体育教师要用联系发展的观点对学生成长中的各种影响因素进行综合性考查，将满足学生需求与提高学生素养相结合、将教育学生与服务学生相结合、将传授学生知识和技能与提高学生实际的问题解决能力相结合，并以此作为中小学教学评价的重要指标。

以生为本的教学理念很好地回答了"教学中心是什么"这一问题。"以教师为中心"是一种传统理念，"以学生为中心"是一种现代理念，这两种教学理念是截然不同的，前者的弊端在于一切与教学相关的内容都以教师为转移，包括教学内容的设计、教学方法的选取、教学质量的评价等，这不适用于课程的教学，尤其是以增强学生体质为主的体育课。"以学生为中心"必将取代"以教师为中心"，而以生为本的理念是"以学生为中心"的集中体现，理应在中小学体育教学评价中得到推崇和落实，成为中小学体育教学评价的根本价值遵循。

（二）多元融合

多元融合涉及人与物等多个方面。首先是主体的融合。按照不同标准，评价主体可以划分为多种不同类型。按照空间关系的不同，评价主体可以划分为两大类，分别为校内评价主体、校外评价主体；按照主体成分的不同，评价主体可以划分为三大类，分别为管理主体、教育主体、学习主体；按照层级结构的不同，评价主体可以划分为两大类，分别为领导主体、群众主体；按照评价指向的不同，评价主体可以划分为两大类，分别为自评主体、互评主体。多元融合是构建中小学体育教学评价主体结构的必然要求，唯有各个主体共同参与、各司其职、各尽其责，才能在评价的个性把握中反映中小学体育教学的共性特征，加快中小学体育教学评价预期目标的实现。

不同的评价主体有着不同的使命，但他们有着相同的总体目标。在中小学体育教学评价中，管理主体具有管理权、监督权，对教育主体、学习主体、用人主体的评价活动具有重要的组织、指导、协调作用。教育主体在中小学体育教学中占据着主导地位，对教育活动的方向和成效起着决定性作用，所以他们是教学评价中必不可少的重要力量。学习主体是教学活动的积极参与者和直接体验者，对中小学体育教学效果的评价最有发言权，他们的建议对于教学策略的改进、教学效果的提升具有重要的参考价值。不同主体从不同角度、不同层面对教学效果作出评价，对于中小学体育教学的改进具有整体效应。

多元融合不仅需要不同主体齐抓共管，还需要综合运用教学资源、教学环境、教学方法、教学手段等教学客体。传统教学手段和信息化教学手段各有千秋，两种教学手段可以相互补充。教学评价既要检验中小学体育教学中两者是否做到了有机结合，又要在发挥其传统优势的基础上，借助信息技术及平台对教学的整个过程进行全方位的检验，充分发挥信息技术在搜集数据、储存数据、跟踪数据、分析数据等方面的优势，形成优化中小学体育教学评价的内生动力。

（三）注重实效

教学实效是静态和动态的集合。静态的实效是对教学预期是否实现及实现程度的集中反映，主要包括教学目的的实现与要求是否相符、教学要素的取舍是否恰到好处、学生发展需求是否得到满足。动态的实效是对教学应变能力和发展水平的集中反映，如教育内容和教育手段等的变化。注重实效的教学评价，需要真实、准确地反映中小学体育教学目的与效果之间的契合程度，并以教学过程和师生实际情况为依据作出价值判断。换句话说，注重实效的教学评价在关注教学目的的同时也关注教学手段，在关注教学内容的同时也关注教学形式，在关注理论传播效果的同时也关注能力和素质的养成情况。

注重实效是中小学体育教学评价的根本取向。教学效果是教学实效性的主要表现形式，中小学体育教学评价主要包括两个方面，即知识传授效果的评价和能力培养效果的评价。从本质上讲，中小学体育教学评价要注重学生的获得感，要注重学生体质健康和综合素质的发展状况，这不仅是教学评价的重要指标，也是教学评价的重要依据。

基于注重实效的理念，中小学体育教学评价要将学生学习效果作为基本线索来设置评价指标，同时对学生学习效果的影响要素进行全面的考查，积极探索提升学生学习质量的有效方法。这种教学评价发挥着重要的"指挥棒"作用，对于教学目标和教学手段之间关系的处理起着重要的导向作用。教学实效具有集合性的基本特征，而学生学习效果的评价充分体现了教学实效，这正是注重实效评价理念重要性的生动体现。

（四）聚焦发展

聚焦发展的主要意图在于推动评价对象和评价自身的共同进步与发展。中小学体育教学评价不只要善于用发展的理念全方位考量教师的教和学生的学，还要将革新和发展的精神贯穿教学评价的全过程。聚焦发展要求，对于教师的"教"的评价，要将重心由"奖惩"转变为"发展"，致力于促进教师的专业化成长与发展；对于学生的"学"的评价，要将重心由"选拔"转变为"发展"，致力于促进学生的全面发展。聚焦发展的教学评价关注评价在促进教师与学生发展方面的功能；注重多样化主体参与，强调发挥评价对象特别是师生的能动性；主张以开放的视野对评价对象有发展可能性的潜能进行评价。

聚焦发展具有良好的现实基础和重要的实践意义。中小学体育教学是一个复杂的过程，不仅包括教师的教学过程和发展过程，还包括学生的学习过程与发展过程。教师与学生的发展虽然存在着十分显著的区别，但从本质上来看具有一致性，并在学生全面发展、成长成才的基础上和谐统一。唯有以聚焦发展的理念来引领教学评价，注重全方位考查教学过程的各个要素，注重发挥教师的主导作用、学生的主体作用，才能从真正意义上促进教师和学生全面发展、共同进步。聚焦发展理念保证了"以学生为中心"的现代理念的落实落细，虽然摒弃了"以教师为中心"的传统理念，但更加关注教师自身的成长与发展，这必定能对教学评价产生深刻的影响。具体表现在以下几个方面：在评价目的方面更加关注个体发展的实际需要，在评价功能方面更加关注激励发展的动能，在评价向度方面更加关注多样化主体的共同参与。因此，对于教与学的评价，都应该坚持聚焦发展理念的指导，为教与学两个方面的进一步发展提供精神动能。

中小学体育教学评价理念是一个有机整体，以生为本代表着教学评价的现实出发点，多元融合彰显了教学评价的重要着力点，注重实效揭示了教学评价的质量取向，聚焦发展体现了教学评价的终极追求。虽然不同教学评价理念的要求和规定具有独立性，但它们相互影响、相互促进，凝聚成推动中小学体育教学评价发展的强大合力。

第二节　中小学体育教学评价的内容和方法

一、中小学体育教学评价的内容

按照教学评价主体，中小学体育教学评价的内容可以划分为两部分，即中小学体育教师教学评价、中小学生学习评价，如图5-2所示。

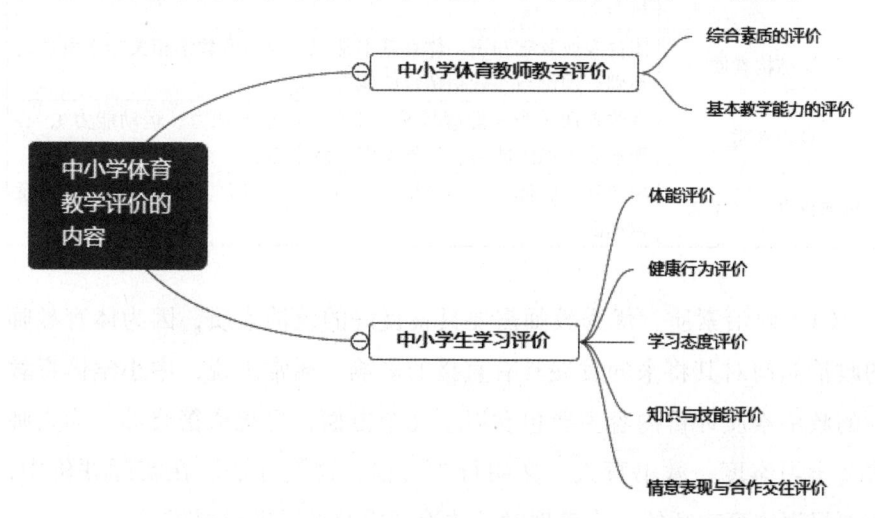

图5-2　中小学体育教学评价的内容

（一）中小学体育教师教学评价

1.中小学体育教师综合素质的评价

中小学体育教学活动的开展离不开体育教师的参与，体育教师在整个教学活动中发挥着重要的组织、指导作用，在中小学体育教学评价活动中也同样如此。体育教师的综合素质直接影响着教学评价活动的组织和开展情况，所以体育教师在日常生活中有必要不断提升自己的综合素质。中小学体育教师综合素质评价内容主要包括以下几个方面，如表5-1所示。

表5-1　中小学体育教师综合素质评价内容

综合素质	具体评价内容
政治素质	思想道德修养、为人师表、学习态度、教书育人、文明行为习惯、遵纪守法
能力结构素质	体育教学工作能力、管理学生的能力、组织与管理教学活动的能力、语言表达能力、教学资源的开发和应用能力、教学创新意识与能力
知识结构素质	体育专业基础知识、体育基本常识、与体育教学相关的学科理论基础、理论与实践相结合的能力
身心素质	身体素质（身体健康状况、体育运动技术能力、运动能力）、心理素质（思维能力、教学态度、观察力）
教师自身发展素质	理解和接受体育运动理论的能力、学习能力、发展潜能、创新意识和能力

（1）政治素质。优秀教师需要具备良好的政治素质，因为体育教师的政治倾向对其将来的发展具有直接的影响。通常来说，中小学体育教师的政治素质评价内容主要包含以下几个方面：思想道德修养、为人师表、学习态度、教书育人、文明行为习惯、遵纪守法。在实际评价中，需要根据体育教师的行为表现对其政治素质的高低进行判断。

（2）能力结构素质。体育教师要想在各种教育活动中如鱼得水，具备良好的能力结构素质是前提条件。在对中小学体育教师能力结构素质进行评价时，主要从以下几个方面入手：体育教学工作能力、管理学生的能力、组织与管理教学活动的能力、语言表达能力、教学资源的开发和应用能力、教学创新意识与能力。

（3）知识结构素质。在中小学体育教学中，体育教师承担着组织和管理体育教学全过程的重要任务，为了出色地完成这项任务，需要具备完善的知识结构体系。对中小学体育教师知识结构素质的评价主要从以下几个方面入手：体育专业基础知识、体育基本常识、与体育教学相关的学科理论基础、理论与实践相结合的能力。

（4）身心素质。中小学体育教师不仅肩负着传授体育知识和技能的重要使命，还承担着育人的重要任务。常言道，"育人先育己"，教师的身心素质对学生的思想、情感、意志、情趣等的影响是深刻且巨大的，正所谓"随风潜入夜，润物细无声"。因此，中小学体育教师必须具备良好的身心素质。对中小学体育教师身心素质的评价主要从身体素质、心理素质两个方面入手。其中，身体素质的评价内容主要包括身体健康状况、体育运动技术能力、运动能力等，心理素质的评价内容主要包括思维能力、教学态度、观察力等。

（5）教师自身发展素质。中小学体育教学是一个具有动态性、发展性的变化过程，体育教师要想做好教学工作，必须适应教学各方面的变化，这就需要体育教师具备良好的自身发展素质。对中小学体育教师自身发展素质的评价主要从以下几个方面入手：理解和接受体育运动理论的能力、学习能力、发展潜能、创新意识和能力。

2. 中小学体育教师基本教学能力的评价

通俗地讲，教师的基本教学能力指的是教师从事教育工作应该具备的专业能力。基本教学能力是中小学体育教师完成教学任务的基础，是一项不可或缺的能力。大量教学实践证明，体育教师基本教学能力的高低对体育教学质量和效果具有决定性作用。因此，对中小学体育教师的基本教学能力进行评价是非常有必要的，如此才能快速发展体育教师在教学中的有待改进之处，并有针对性、有依据地进行优化与发展。

通常来说，对于中小学体育教师基本教学能力的评价可以从以下几个方面入手。

（1）教法的评价。对中小学体育教师教法的评价可以从以下几个方面入手。

①教法与教材的规定是否相符。

②教法与学生个性和身心发展特点是否相符。

③教法是否与教学环境相符。

④教法对于教学活动的组织和开展是否具有促进作用。

（2）组织能力的评价。对中小学体育教师组织能力的评价主要包括以下内容。

①教材内容的组织与教学规律是否相符。

②不同教学组织形式之间匹配度的高低。

③教学媒体运用是否合理，对教学效果是否具有促进作用。

④教学结构是否科学，对学生学习是否具有指导作用。

（3）体育教师课堂教学活动的评价。一个完整的体育课堂教学主要包括三个部分，即准备阶段、基本阶段、结束阶段。这三个部分相互联系、相互制约，缺一不可。因此，对体育教师课堂教学活动的评价需要从这三个方面入手。

①准备阶段的评价。中小学体育课堂教学的准备阶段的主要目的在于指导学生快速进入学习状态、说明教学目的、构建学习情境、激发学生学习兴趣等。准备阶段的评价主要包括以下内容。

a. 队伍集合与教学要求是否相符。

b. 是否安排了合适的热身活动。

c. 是否激发了学生的学习兴趣。

d. 学生是否快速进入学习状态。

②基本阶段的评价。中小学体育课堂教学基本阶段的主要任务是传授理论知识和技能。这一阶段的评价主要包括以下内容。

a. 教学场地是否安全，体育器材的安排是否合理。

b. 教材安排是否符合教学顺序。

c. 教师是否采取了多种教学手段。

d. 教师是否关注学生知识、能力、品德、体质等的共同发展。

③结束阶段的评价。中小学体育课堂教学结束阶段的主要任务包括放松活动、总结反思、布置作业、收拾器材等。这一阶段的评价主要包括以下内容。

a. 放松活动的组织安排是否合理。

b. "以生为本"理念是否体现在教学全过程中。

c. 学生是否养成了课后自觉收拾运动器材的习惯。

（二）中小学生学习评价

1. 体能评价

体能是学生参加运动锻炼及其他一切活动的基础。体能评价是一项十分重要的评价内容，不仅能为体育教师了解学生身体状况提供重要参考，还能为教学活动的组织与安排提供重要的依据。中小学生体能评价主要包括肌肉力量、耐力、心肺功能、柔韧性等体能素质。

2. 健康行为评价

健康行为是学生增进身心健康和积极适应外部环境的综合表现。在中小学体育教学中，教师要尽可能在学生掌握各项运动技能的基础上，开设有针对性的健康专题教育，帮助学生养成良好的健康行为。中小学生健康行为评价主要包括以下内容。

（1）日常生活和学习中是否注意个人卫生。

（2）能否做到自觉维护公共卫生。

（3）是否养成了健康的生活习惯。

（4）是否严格遵守作息制度。

（5）能否安全地进行运动锻炼。

3. 学习态度评价

学习态度是指学生对学习具有的持久性的肯定或否定的行为倾向。从认知的角度来看，学习态度就是学生对学习对象的价值判断。学习态度评价是中小学生学习评价的重要内容，主要评价指标包括学生的学习欲望是否强烈、学生的学习热情是否高涨、学生在学习中是否足够专注、学生是否养成了主动学习的习惯等。

4. 知识与运动技能评价

（1）知识评价。对学生的体育知识评价主要包括五个方面的内容，即人体科学知识评价、体育理论知识评价、社会学与美学评价、心理学知识评价及知识认知评价，具体评价内容如表 5-2 所示。

表5-2　对学生的体育知识评价的内容

知识评价类型	评价内容
人体科学知识评价	1. 人体生理变化的规律 2. 体育锻炼对人体的影响 3. 运动卫生与自我保健 4. 运动适应性与"运动处方"
体育理论知识评价	1. 世界体育史 2. 体育基础理论与运动技能 3. 体育比赛欣赏能力
社会学与美学评价	1. 体育对人体发展的影响 2. 体育的社会价值与魅力
心理学知识评价	1. 体育对人的心理健康的影响 2. 心理障碍的调节方法
知识认知评价	体育知识对未来生活的重要意义

（2）运动技能评价。运动技能是学生在运动情境中有效完成某项技术动作的能力，是学生完成学习任务和体育锻炼的重要载体。这方面的评价能够帮助学生形成良好的体育锻炼习惯，调动学生体育学习的积极性，提高学生运动技能水平。对于中小学生运动技能评价的主要评价指标包括学生对运动技能的掌握程度、学生的技术动作是否规范与标准等。

5.情意表现与合作交往评价

（1）情意表现评价。情意表现评价的主要目的在于培养学生积极向上的态度，以及乐学、好学的习惯。这一评价的内容主要包括学生的情绪调控能力、自信心和意志表现。其中，情绪调控能力主要包括：了解自己的情绪，驾驭自己的情绪，识别、接纳他人的情绪，调控他人的情绪。自信心主要表现为：相信自己能够完成一项教学任务，并勇于接受任务，积极参与课堂教学活动。意志表现主要包括：坚持不懈的精神，在比赛中坚强不屈、勇于奋斗。

（2）合作交往评价。在日常学习和生活中，学生要具备相互帮助、团结协作的良好精神，这是学生将来更好地立足于社会的前提条件。这就涉及学生合作与交往的能力，所以这方面的评价也是不可或缺的。合作交往评价的主要目的是教会学生妥善地处理竞争和合作的关系，帮助学生消除人际矛盾和冲突，培养学生的社会责任感，以便学生毕业后能够快速适应社会。

二、中小学体育教学评价的方法

评价方法指的是以某种工具和方法对评价对象的状态和水平进行考查的方法。在中小学体育教学评价中，可选择和采用的评价方法较为丰富，其中以观察法、访谈法、问卷法、测验法、记录法最为常见，如图5-3所示。这些评价方法普遍具有鲜明的特点和适用范围，体育教师可以根据评价目的、评价对象等具体情况，合理地选择和应用评价方法。另外，无论何种评价方法都是既有优点又有缺点的，体育教师可以将多种方法结合起来运用，从而获得理想的评价结果。

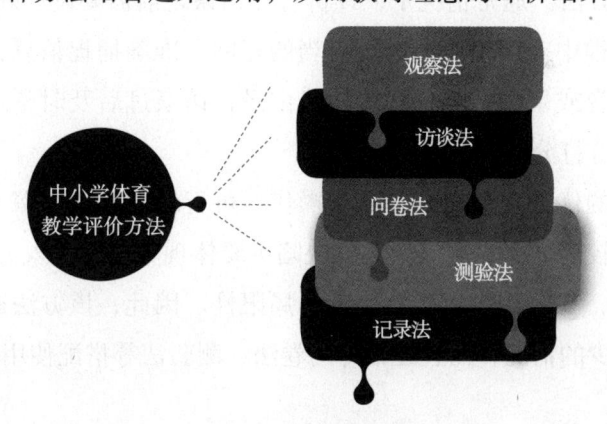

图5-3 中小学体育教学评价方法

（一）观察法

所谓观察法，指的是评价者基于一定的评价目的，全方位、深层次、系统化地观察评价对象的活动，从而收集评价资料的一种方法。通过有效应用观察法，可以获得与中小学体育教学评价相关的第一手资料和信息，在此基础上就能进行具体的统计和分析。例如，在中小学体育教学评价中，体育教师要想更加真实、更加清楚地了解教学情况，必须深入课堂，实地观察，为教学评价工作的开展提供可靠性、真实性、客观性的依据。

在中小学体育教学评价方法体系中，观察法发挥着十分重要的作用，是一种使用频率较高的评价方法。这一评价方法的作用集中体现在以下两个方面：一方面，观察法是获取信息的有效方法；另一方面，观察法是采集师生信息的重要手段。观察法可以通过观察直接获取资料，不需要其他中间环节，所以获取的资料较为真实，这是其他评价方法不可比拟的优势，也因此受到体育教师的高度重视。

（二）访谈法

访谈法指的是评价者通过与评价对象的交谈来了解评价对象心理和行为的评价方法。通常情况下，评价者在访谈之前需要设计好访谈提纲，并在访谈过程中对评价对象进行恰当的提问，准确捕捉信息，适当作出回应，以录音或录像的方式做好访谈记录，访谈过后及时整理和记录资料，进行评价打分。

访谈法的优势主要体现为易于操作、可行性高，通过深入交谈能够获取可靠性较高的资料。该方法的缺陷主要体现为需要投入大量的人力、物力和时间，在应用方面具有一定的局限性。因此，该方法通常适用于评价对象较少的情况，而且经常与问卷法、测验法等搭配使用。

（三）问卷法

所谓问卷法，指的是评价者以书面形式向评价对象提供精心设计过的问题，请评价对象按照实际情况回答问题，以从中获取评价信息的一种调查方法。

问卷法的优势主要体现在以下三个方面：一是可以有效突破时空限

制，节省大量的人力、时间；二是所获取的资料有助于进行定量处理和分析；三是能够避免主观偏见，减少人为误差。其短板主要体现在以下两个方面：一是缺乏弹性，难以进行深层次的定性调查；二是调查质量往往无法得到保证。

另外，参与问卷调查的人员具有一定的隐蔽性，所以从中能够获得的资料和信息具有一定的客观性、真实性。对于中小学体育教师来说，必须学会正确编制问卷和实施调查，学会使用问卷法获取一些真实有效的其他评价方法难以获得的重要信息。

（四）测验法

测验法是指通过考试、技评、达标等方式，采集学生的体育学习行为、学习反应等信息的手段。该方法是获取体育教学信息的重要途径和工具，该方法的使用率比观察法和问卷法要低。

通常来说，中小学体育教学评价的测验主要包括四个方面的内容，即体育理论知识测验、身体素质测验、运动技术测验、情感行为测验。每一方面的测验都是必不可少的，切不可遗漏任何一方面的测验。

1. 体育理论知识测验

体育理论知识测验是中小学体育教学评价的重要内容，主要包括体育文化知识、生理卫生保健知识、运动技术、体育情感行为等。体育理论知识测试所采取的方法要灵活，一般以问话的方式进行。

2. 身体素质测验

身体素质测验是清楚地了解学生身体素质情况的重要手段和途径，测验内容主要包括力量素质、耐力素质、速度素质、灵敏素质、柔韧素质等。在了解学生身体素质的基础上，教师能够更加科学、合理地安排教学活动，以便更好地促进学生的发展。

3. 运动技术测验

每一项运动项目都具备一定的专项技术，学生在学习一项体育运动时必须灵活、熟练地掌握相关技术，如此才能充分展现自身的运动水平和技能水平。运动技术测验指的是根据具体的技术动作规格，客观地测评学生学习技术动作的情况。运动技术测评主要涉及两个方面的内容，分别为达标测验和技术质量评定。

4. 情感行为测验

一个人的情感行为涉及多方面内容，主要包括态度、价值观、兴趣、动机、情趣、个性等。长期坚持参加体育活动，会对人的情感行为产生潜移默化的影响。因此，体育情感行为测验也是中小学体育教学评价的一种重要方法，体育教师一定要引起重视。

（五）记录法

记录法指的是评价者在一段时间内持续不断地、尽可能记录评价对象行为动作表现的一种方法。任何一种评价方法的应用都需要配合记录法，如及时记录教师教学准备情况、教学过程、教学效果等，为教学评价分析、评价反馈提供重要的依据。

第三节 改进与完善中小学体育教学评价体系的建设

一、改进与完善中小学体育教学评价体系的必要性

教学评价体系指的是用以对教学目标、教学内容、教学过程、教学方法、学生学习效果、教师教学效果等各个环节进行评价所采用的方法或技术手段的集合。健全、完善的中小学体育教学评价体系对于中小学体育教学活动的开展具有引导、规范、监督作用。为适应教学改革需要和新时代发展要求，改进与完善中小学体育教学评价体系是非常有必要的（见图5-4）。

01 中小学体育教学可持续发展的内在要求

02 中小学体育教学规范化管理的必然选择

03 提高体育教师教学能力和学生运动技能的现实举措

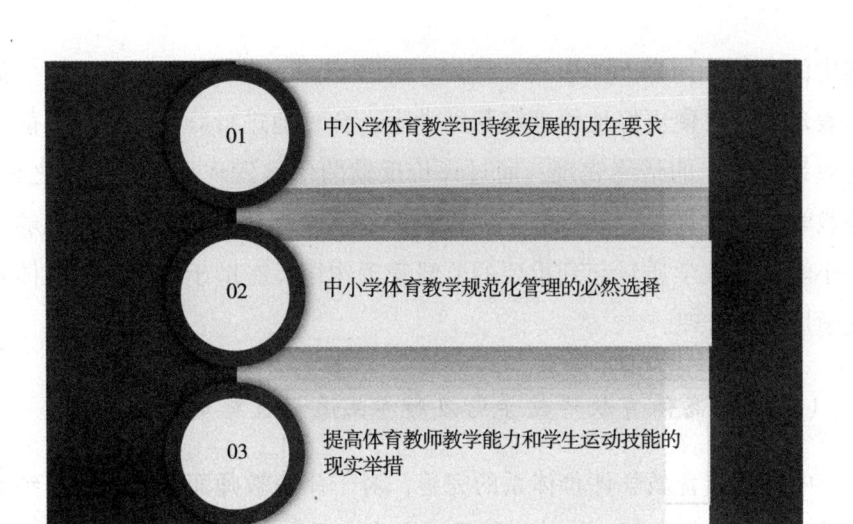

图 5-4　改进与完善中小学体育教学评价体系的必要性

（一）中小学体育教学可持续发展的内在要求

中小学体育教学的发展应该与时代要求相契合，契合程度的高低是影响中小学体育教学整体效果和实用价值的关键性因素。随着教学改革的深入和时代的发展，中小学体育教学需要进行有针对性的优化和调整，不断完善中小学体育教学评价体系，用以对教学目标、教学方法、教学效果等进行科学合理的评价，从而真实有效地反映中小学体育教学开展的实际状况，清晰地呈现教学效果和社会发展形势之间的差距，揭示现存问题，使中小学体育教学适应性的提升有据可循。这对于中小学体育教学整体效果的增强具有重要作用，是中小学体育教学可持续发展的内在要求。

（二）中小学体育教学规范化管理的必然选择

中小学体育教学评价的主要目的在于监督和管理中小学体育教学，只有具备完善、健全的体育教学评价体系，才可以充分发挥教学评价的监督和管理功能。合理地进行过程性评价，能够有效评价学生在学习过程中的参与等因素，如思维、行为、情感等，了解学生的兴趣爱好、能力表现等，以便更好地管理和帮助学生；合理地进行终结性评价，能够有效评价学生的最终表现，通过评价反馈的信息发现学生的不足之处，为教学的优化提供客观依据。完善的中小学体育教学评价体系，能够对中小学体育教学质量起到重要的监督管理作用，有助于促进中小学体育教学规范化管理。

（三）提高体育教师教学能力和学生运动技能的现实举措

中小学体育教学评价体系的完善，对于体育教师而言，能够起到重要的检查和督促作用，使其能够通过评价发现自身教学能力的薄弱之处，为其教学能力的提升指明方向，有助于其教学素养的发展；对于中小学生而言，有助于其体育运动技能的提升与发展，在此过程中，其身体素质也会得到持续增强，对于其生活起着积极的正向推动作用。总之，科学、健全的中小学体育教学评价体系，对教师教学能力和学生体育运动技能的提升具有重要的促进作用。

二、改进与完善中小学体育教学评价体系的理论依据

（一）泰勒评价原理

美国教育学家、评价理论专家拉尔夫·泰勒堪称"课程评价之父"，他曾发表的《课程与教学的基本原理》是现代教育的经典著作。[1] 泰勒还提出了以教学目标为中心的评价原理，即紧紧围绕教学目标这一中心进行评价，将总体目标作为教育评价的主要基础。[2] 由

---

[1] 泰勒.课程与教学的基本原理（英汉对照版）[M].罗康,张阅,译.北京：中国轻工业出版社，2008：12.

[2] 泰勒.课程与教学的基本原理（英汉对照版）[M].罗康,张阅,译.北京：中国轻工业出版社，2008：113-117.

泰勒对教学成果的评价可知，通过教学评价能够清楚地了解教学目标的达成效果，进一步明确教学过程中达到和未达到预期教学效果的分别有哪些方面。评价工具的建立应该遵循三个基本标准：一是评价指标要客观，二是评价工具要稳定，三是评价工具要发挥其评价功效。基于泰勒"以目标为中心"的评价原理，在建立健全中小学体育教学评价体系的过程中，应该以目标为导向，将促进学生全面发展等教学目标渗透于评价的全过程。

（二）替代性评价

20世纪90年代，美国对于学生学习的评价主要采取的是纸笔或标准化的测验形式，这种评价形式的考查重点在于学生的知识获取能力，缺乏对学生应用能力的考查，在此背景下，替代性评价应运而生。简单来说，替代性评价就是基于学生的行为表现，通过真实生活或模拟评价练习来引发其最初反应，并由高水平的评价者根据一定评价标准进行直接观察和评判。

随着教育实践的发展和理论研究的深入，人们越来越意识到培养学生实践操作的能力和解决问题的能力尤为重要。自替代性评价出现并发展起来之后，其逐渐成为评价学生实践操作、解决问题等能力的重要方式。通过综合运用多种替代性评价，能够提高评价体系的全面性、系统性。

（三）有效教学理论

有效教学理论指的是教师在遵循教学活动客观规律的基础上，投入尽可能少的时间、精力、物力，以尽快实现教学目标并促进学生个性且全面地发展，从而取得更加理想的教学效果。有效教学行为主要包括以下几个方面：有效的班级管理，良好的课堂氛围，清晰透彻的授课，多样化教学，任务导向，引导学生投入学习过程，保证学生成功的体验。

无效教学行为主要包括以下几个方面：教学目标虚化、笼统；课堂导入不自然，缺少新旧知识的链接；课堂提问不具有代表性；教师不精心设计作业；课件和板书脱节；等等。

有效教学理论表明，课堂教学行为有可取和不可取之分，为教师评价教学行为的有效和无效提供了全新的角度。

三、改进与完善中小学体育教学评价体系的原则

中小学体育教学评价体系改进与完善的原则是指中小学体育教学评价体系的完善必须遵循的基本要求，主要包括以下几点，如图5-5所示。

图5-5 改进与完善中小学体育教学评价体系的原则

（一）导向性原则

中小学体育教学评价体系的构建，为中小学体育课堂教学的开展提供了一把"标尺"。牢固树立"健康第一"的教育教学导向，坚持"以评价促发展"的教学新理念，以评价活动为抓手引导和督促教师不断优化体育教学，可以促进中小学体育教学质量和教学效果的提升。

(二)科学性原则

评价体系的构建与完善必须以科学思想为指导,评价体系的每个环节都应当以教育规律为最终准绳和最高遵循,形成科学的评价活动。在评价体系的完善过程中,要从始至终根据科学的构建程序进行操作,以保障中小学体育教学评价体系的科学性。

(三)系统性原则

中小学体育教学评价体系是一个由若干因素构成的大系统,如何协调并处理好评价体系中各要素之间的关系,使之相互促进、相辅相成,促进整个评价体系平衡化、完整化发展,是评价体系完善过程中所面临的一个比较复杂的问题。

在评价体系完善的过程中,要厘清不同层次之间存在的逻辑关系,对评价体系各个部分紧紧围绕中小学体育教学评价这一中心进行设计,充分考虑课堂活动中的每个因素,不仅要评价教师的教学效果,还要评价学生的学习效果和教学环境。这些因素相互联系,同处于一个完整的课堂教学系统当中,但不同因素的重要程度又有所不同,所以要合理分配,既不能一视同仁,又不能忽视任何一方,以确保中小学体育教学评价体系的联系性、整体性。

(四)过程性原则

评价作为促进学生个性培养和全面发展的工具,应当贯穿学生学习活动的始终。过程性原则的核心在于突出评价促进发展的功能。过程性原则倡导进行评价时要充分保护学生的自尊心和自信心,关注每个学生的现实处境和需要,关注学生变化和发展的过程。在评价过程中,要及时反馈学生学习成功或失败的信息,鼓励学生学习的成功之处,充分彰显学生学习中有待改进的学习错误,通过教师的教和学生的学之间的沟通和协商，促进教师和学生的全面发展。

四、改进与完善中小学体育教学评价体系的对策

中小学体育教学评价体系的改进与完善并非易事，在改进与完善过程中需要对各方面要素进行全方位考虑，如图5-6所示。在改进与完善中小学体育教学评价体系时，要树立科学的教学理念，以此为基础引领组织一系列相关活动，由此保证中小学体育教学评价活动有条不紊地开展。

图5-6 改进与完善中小学体育教学评价体系的对策

（一）明确中小学体育教学评价的目的

中小学体育教学评价的主要目的在于以评价为手段清楚地了解体育课堂的实际教学情况和教学成效，致力于促进中小学体育教学质量和教学效果的持续提升。一方面，评价者可以通过评价活动获取教学信息，从中找出教师教学中存在的问题，并通过教师评价向教师及时提供反馈信息，给予教师改正建议，以促进中小学体育教学质量和教学效果的提升，促进学生全面发展；另一方面，体育教师可以以评价体系标准为依据进行不断的自我评价和反思，从而不断提升自身的专业素质，实现体育课堂教学有效性的提升。总之，中小学体育教学评价体系的改进与完善，最根本目的在于提高中小学体育教学质量，促进中小学生的全面发展。

（二）不断健全中小学体育教学评价指标

评价指标是以评价目标为依据确立的，是对评价对象某一特征因素的具体反映。评价指标体系是一个能够反映评价对象情况且相互联系的一群指标形成的有机整体，在中小学体育教学评价中发挥着至关重要的作用。每个指标都可以反映评价对象某方面的实际情况，将这些指标组合在一起所形成的评价指标体系便可以反映评价对象的整体情况。因此，构建科学合理的教学评价指标体系，是高效率推进中小学体育教学评价的关键。

基于泰勒评价原理、替代性评价、有效教学理论以及我国关于中小学体育教育的相关政策文件、体育新课程标准，在结合已有研究的基础上，笔者将中小学体育教学评价的一级指标设置为三个维度，分别为教学准备、教学过程、教学效果，通过进一步细化分解一级指标，初步形成了中小学体育教学评价的三级指标体系，如表5-3所示。

表5-3　中小学体育教学评价指标体系

一级指标	二级指标	三级指标
教学准备	教学目标设计	1. 教学目标设计有针对性 2. 教学目标设计有趣味性 3. 教学目标设计全面
教学准备	教学对象特征分析	1. 身体素质水平 2. 技术技能水平 3. 锻炼情绪水平
教学准备	学习资源设计	1. 场地安排布局合理 2. 器材数量、种类满足教学要求
教学准备	教学策略设计	教学策略的效度
教学准备	教学评价设计	教学目标的达成度
教学过程	教师与学生互动	1. 教师对学生综合能力的培养 2. 课堂氛围与学生情绪表现 3. 发挥教师主导作用和学生主体作用 4. 及时反馈学生学习情况 5. 重视群体及个体差异
教学过程	教师与环境互动	1. 教学资源的合理使用 2. 采用现代化直观教学手段 3. 收集分析学生学习信息和课堂反馈
教学过程	学生与环境互动	对教学方法的适应情况
教学过程	课堂教学管理	1. 课堂管理时间 2. 课堂管理次数
教学效果	学生体育技术与知识	1. 完整表述项目基本知识或表现技术动作 2. 掌握常用体育游戏 3. 运用竞赛规则与方法进行竞赛 4. 基本运动能力得到发展
教学效果	学生锻炼习惯	1. 能自觉参与体育课活动 2. 能与他人共同参与运动 3. 有自我锻炼的兴趣
教学效果	学生健康水平	1. 身体素质提高 2. 自尊自信 3. 运动安全与安全教育

（三）制定科学的中小学体育教学评价标准

教学评价必须有一个价值判断的标准，这就是所谓的评价标准。就中小学体育教学评价而言，评价标准就是对中小学体育教学准备、教学过程、教学效果等进行判断的标准。中小学体育教学效果是合格、良好还是优秀，直接取决于教学评价标准。因此，评价标准的规范性和科学性是影响中小学体育教学评价水平的直接因素。

根据课堂实际情况，笔者将评价划分为优、良、中、差四个等级。在具体评价过程中，评价者可以根据每个指标对应的评价标准进行等级评定，等级程度的具体划分为：差为60分以下，中为60～79分，良为80～89分，优为90～100分。具体评价标准如表5-4所示。评价结束后，一级指标的最终分值是各项三级指标的平均数。最后评语部分可通过口头传达、文字记录等形式及时反馈给评价对象。

表5-4 中小学体育教学评价标准

三级指标	评价标准	评价等级 优	评价等级 良	评价等级 中	评价等级 差	备注
教学目标设计有针对性	教学目标设计针对教学内容、教学主体等					
教学目标设计有趣味性	教学目标设计充分体现了中小学体育课堂最鲜明的特征"趣味"					
教学目标设计全面	教学目标设计涉及体育课堂教学活动的各个方面、各个主体，如知识、技能、身体发展、情感					
身体素质水平	当下学生的速度、力量、耐力、柔韧、灵敏和协调等素质所达到的实际水平					
技术技能水平	当下学生的各运动项目所达到的实际水平					
锻炼情绪水平	学生对体育课的心理准备状态					
场地安排布局合理	用于上课的场地适合进行体育教学活动，并具有安全性					

（续 表）

三级指标	评价标准	评价等级 优	评价等级 良	评价等级 中	评价等级 差	备注
器材数量、种类满足教学要求	用于体育课堂教学的器材数量、种类可以满足实际教学需要					
教学策略的效度	采取的教学策略、教学方法等对课堂教学所产生的有效性					
教学目标的达成度	课堂教学结束后对教学前预设目标的完成情况					
教师对学生综合能力的培养	课堂教学对学生德、智、体、美、劳等各项能力发展所起到的促进作用					
课堂氛围与学生情绪表现	课堂教学中整体的气氛，以及学生对教学所表现出来的积极或消极的情绪					
发挥教师主导作用和学生主体作用	体育课堂教学中教师的主导作用得到充分发挥，与此同时，要明确学生是一切教学活动的主体，每一种教学活动形式都是服务于学生这一主体的					
及时反馈学生学习情况	课堂中时刻密切关注每个学生的实际情况并及时给出反馈					
重视群体及个体差异	教学活动不仅要重视群体的整体表现，还要关注个体的情况					
教学资源的合理使用	教师在开展课堂教学的时候，根据实际情况选择合适的资源实施教学					
采用现代化直观教学手段	利用现代化的工具（多媒体、平板电脑及智能化设备、摄像机等）或现场示范等直观手段开展课堂教学					
收集分析学生学习信息和课堂反馈	收集学生学习过程中的各方面信息，并进行分析，给予学生及时反馈					
对教学方法的适应情况	学生对教师采用的教学方法所表现出的适应情况					
课堂管理时间	与教学活动无关的课堂事务管理时间					

（续　表）

三级指标	评价标准	评价等级 优	评价等级 良	评价等级 中	评价等级 差	备注
课堂管理次数	与教学活动无关的课堂事务管理次数					
完整表述项目基本知识或表现技术动作	教学结束后可以完整阐述所学项目的基本理论知识或正确展示所学项目技术动作					
掌握常用体育游戏	掌握不少于三种常用的体育游戏					
运用竞赛规则与方法进行竞赛	在项目竞赛规则或简化规则的要求下进行竞赛					
基本运动能力得到发展	学生的走、跑、跳、投等运动能力在原有基础上得到有效发展					
能自觉参与体育课活动	积极主动地参与到课内、课外的体育活动中					
能与他人共同参与运动	对两人或多人的运动项目表现出积极性					
有自我锻炼的兴趣	对自我锻炼有欲望、有热情					
身体素质提高	力量、速度、耐力、柔韧、灵敏和协调等素质得到提升					
自尊自信	学生在课堂中获得成就感，自信心增强					
安全运动与安全教育	了解运动中的安全隐患；安全知识得到广泛普及，安全意识得到明显增强					

需要注意的是，就中小学体育教学评价标准而言，并不是固定不变的，体育教师需要根据实际教学情况随时对其进行调整与更新，从而使其更好地满足现代学校教育的要求。

（四）促进评价主体的多元化

评价主体指的是在教学评价活动中组织和实施评价的人，肩负着公平公正地评价评价对象的重要责任。因此，为了保证评价结果的客观性、准确性，在评价主体的选择上要遵循务实、全面的多角色参与原则。就中小学体育教学评价而言，评价主体主要包括教学管理者、教师自己、学生、同行教师、家长、专家。

教学管理者评价：教学管理者主要有学校领导、负责学科教学的领导等人员。教学管理者评价属于一种自上而下的评价方式，是学校管理的有效手段。从管理角度来看，教学管理者的评价可以更加客观地反映评价对象的实际情况。

教师自我评价：这种评价方法可以充分调动教师参与评价的主动性，再结合他人评价进行深刻的自我反思，以便教师清楚地了解自身教学的特点、优势及不足，从而在下一阶段的课堂教学中充分发挥自身优势，弥补自身的缺陷，扬长避短，实现自我的提升。

学生评价：学生评价不仅可以帮助教师了解学生在体育运动方面的兴趣和能力，还能促进学生自我认识，激发学生对体育活动的热情。通过对学生在体育课上的表现进行评价，教师可以调整教学方法和内容，以更好地满足学生的需求。

同行教师评价：同行教师作为一线教师，是与体育教师在相同教学环境下朝夕相处的同事，不仅与被评价教师之间互相了解，还非常熟悉课堂教学流程。有效的同行教师评价，可以对教师教学情况作出准确、客观的评价，提出具有建设性的发展意见。同时，评价反馈这一途径，为同行教师相互分享工作经验、相互请教提供了有效平台，有助于从整体上促进体育教师教学水平的提升。

家长评价：家长评价可以为学生提供一种及时反馈，点燃学生的学习欲望，培养学生的自信心，让学生在学习和体育锻炼中更加努力，对学生的健康成长具有直接的影响。家长评价必须有依据，且真实、准确，具有一定的艺术性。因为不客观、不正确的评价容易误导学生，使学生产生消极的情绪。另外，家长要切忌贬低性评价，即禁止从总体上对学生进行否定性评价，这样的评价不利于学生的自我认识，会对学生心理健康成长造成十分不利的影响。

专家评价：专家往往具备专业的教育知识，邀请专家对中小学体育课堂综合情况进行评价，提出专业化的建议，对于一线体育教师来说具有重要的参考价值。另外，由于专家具有更强的权威性，他们提出的建议更容易被体育教师接受和采纳，进而使体育教师对体育教学作出积极的优化与改进。

（五）及时分析与处理教学评价结果

中小学体育教学评价活动的最后一个阶段便是教学评价结果的分析与处理，这一环节在评价活动中发挥着十分关键的作用。总的来说，这一环节主要分为三个步骤：第一步，收集与整理教学评价产生的各种零碎信息，形成一个总的评价结论，常用的方法主要有系统分析法、逻辑分析法等；第二步，检验体育教师课堂教学评价结果，这样做的主要目的在于保证评价结果的真实性、准确性，常用的检验方法主要有一致性检验法、多人判定法等；第三步，反馈并使用评价结果，这一步骤是整个评价活动的最后一步，关系到整个评价活动的效果、成绩，是实现评价目的的关键所在。

对于教学评价的反馈和利用，需要注意以下两点：一是注意反馈时间。完成对评价信息的分析检验之后，必须将评价结果第一时间反馈给体育教师，一方面帮助体育教师及时了解自己教学的优势和不足，并采取措施弥补自身的不足；另一方面对被评教师具有重要的激励作用，激发被评教师日后参与评价活动的积极性。二是注意评价反馈的内容。评价反馈内容要对教师教学实际情况进行全面、客观的反映，将被评教师在教学中展示出的优势、不足和改进建议等具体、清晰地反馈给被评教师，为被评教师解决问题提供有针对性的帮助，以促进被评教师教学水平的提升，提升中小学体育教学效果和教学质量。

第六章 中小学体育教学创新之文化建设

加强中小学体育教学中的文化建设，有助于丰富体育教学内涵，提高学生的文化素养，培养学生的审美情趣和人文素质。同时，强化文化建设还能传承和弘扬传统文化，使学生更好地了解和尊重民族文化，增强民族自豪感和文化自信。本章重点论述中小学体育教学创新之文化建设，以促进体育文化的传承与发展。

第一节 中小学体育教学的文化内涵与发展路径

一、中小学体育教学文化内涵

体育蕴含着丰富的文化内涵，具有十分重要的文化教育功能。随着人类社会的发展，体育变得越来越重要，加之体育社会化程度不断加深，我国中小学体育教学理所应当承担着体育文化传承与创新等一系列文化建设的重要使命。众所周知，现代教育的本质在于传承文化、创造知识、培养人才。因此，当前我国现代教育尤其是中小学体育教学应该加快自身的教学改革，积极转变传统体育教学观念，从体育训练和技能教学转向体育文化建构。中小学体育教学文化内涵主要包括以下几个方面，如图 6-1 所示。

图 6-1　中小学体育教学文化内涵

（一）中小学体育教学应强化体育文化的传承

众所周知，学校教育最基本的三个要素分别为教育者、教育对象、教育资料。如果将教育者看成文化的"活化"，是一种经过人格化的文化，那么教育资料便是若干经过符号化的人类文化，是一种经过固化的文化，教育对象就相当于人类文化的接纳者、保鲜者，从而使人类文化长盛不衰、生生不息。从这三者之间的关系可以发现，教育自始至终都承担着文化传承的重要任务，是人类文化的社会遗传和再生机制。

通常来说，学校教育传承文化主要有两种形式：一是以教育为载体将文化信息成功迁移至下一代，将下一代塑造成有知识、有文化的人，使其扮演文化的载体和储存者的角色；二是以教育为载体将文化传承的方法和手段传授给下一代，从而确保人类文化能够源远流长。中小学的体育教育作为一种专业化的教育，不仅承担着传授体育技能等基础性的教学任务，还需要站在体育文化的高度开展系统化、整体化教学，深层次挖掘体育文化资源，实现对优秀体育文化的传承与弘扬。

（二）中小学体育教学应促进体育文化的再生产

文化本身具有复杂性，所以文化学习也是一个复杂的过程。从某种意义上来看，每一代人在面对本民族文化的时候都会经历一个重新发现和理解的过程。每一代人都既要学习本民族文化，又要重新建构本民族文化。随着全民健身上升为国家战略，"体育热"持续升温，体育逐渐演变成一种备受关注、耐人寻味的社会文化现象。最近几年，社会经济不断发展，生活水平逐步提升，体育文化的内涵也不断更新与完善，除了传统体育文化，很多前所未有的新体育文化现象也层出不穷。世界杯、奥运会等大型体育赛事成为新的体育文化现象，水立方、鸟巢等体育场馆孕育着新的体育文化资源。这些新的体育文化的产生与发展需要中小学体育教育充分发挥自身功能，促进体育文化的再生产，帮助学生从学理层面对这些新体育文化现象进行认识和建构。

（三）中小学体育教学应积极引导体育文化的发展

如今，我国已经进入消费主导经济转型新时代，消费已经成为拉动内需的主要动力。实际上，这种消费经济是一种以个体审美体验为基础的大众经济，是一种紧紧围绕消费者这一中心，以产品为道具，依托服务这一舞台，吸引消费者参与其中的消费活动。消费是现代社会必不可少的重要环节，已经与学习、工作并列成为主要的社会活动，它不仅能推动生产，促进就业，拉动经济增长，还能满足人们的物质需求和精神需求，使人们更好地享受生活。总之，消费在现代社会中发挥着不可替代的重要作用。随着我国消费主导型经济的来临，体育消费在消费市场中的重要性愈发凸显。

处于全面商业化的社会环境中，体育文化也转变为一种重要的经济资源，体育文化产业也逐渐成为国民经济发展体系的重要组成部分，成为一种比较流行的文化创意产业。当前阶段，我国体育文化创意产业涉及面越来越广，主要包括体育用品业、体育竞赛转播产业、体育博彩业、体育广告业等。但是大部分体育文化产业尚处于成长初期，市场还有待进一步完善，所以中小学体育教学应该加强其理论前沿特性，积极引导体育文化朝着正确的方向发展。

（四）中小学体育教学应积极开展体育文化批判

随着大众传播技术的不断进步，加之信息技术的飞速发展，大众文化对学生的影响力与日俱增。然而，大众文化是一把双刃剑，它宣传的内容参差不齐，甚至有部分内容给中小学生的身心健康发展带来了负面影响。在这个问题上，体育文化领域的现存问题也日益凸显，如体育明星崇拜的消费现象越来越突出，尤其是经过与大众文化相伴而生的大众传媒与媒介产品渲染，体育明星作为一种特殊体育产品供大众消费的趋势愈演愈烈，由此产生了一种畸形的体育明星的文化消费现象。

在此背景下，中小学应该充分发挥文化批判功能，不被不良社会文化所引导，培养中小学生的文化批判精神。否则，如果中小学过度融合校园文化与大众文化，将会形成形形色色的校园亚文化，使中小学生难以独立、深入、全面地分析、辨析、评价和反思文化，还会使学校与社会文化的主客体角色发生颠倒。因此，中小学体育作为中小学教育体系的一部分，必须打破一味地迎合社会需求的局面，有意识地选择、批判融入校园中的社会文化，充分发挥教育的主体价值判断作用，有目的、有计划地进行体育文化批判，对其优势和不足进行文化剥离。在此基础上，中小学体育教学还要积极渗透审美文化教育，促进中小学生的健康成长。

二、中小学体育教学文化内涵的发展途径

现如今，体育文化教育逐渐受到越来越多教师的关注与重视，为了确保体育文化教育在中小学体育教学实践中的有效实施，下面介绍几条中小学体育教学文化内涵的发展途径，如图6-2所示。

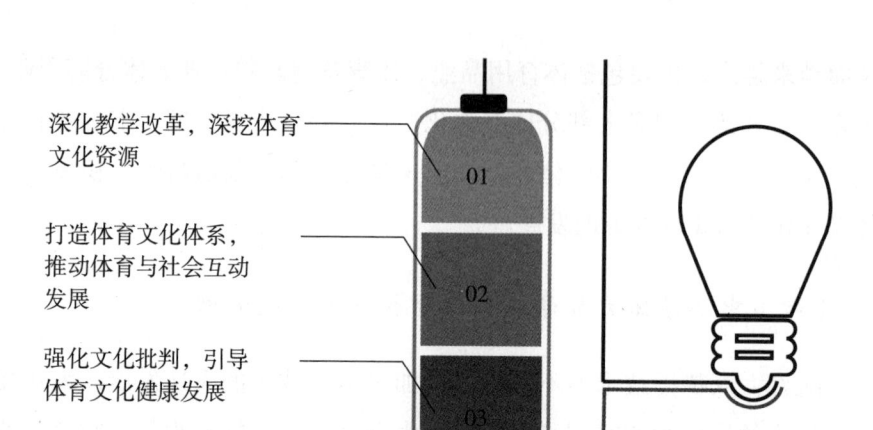

图 6-2　中小学体育教学文化内涵的发展途径

（一）深化教学改革，深挖体育文化资源

体育课程是中小学体育教学的核心，它充分展示了体育教学目标，呈现了体育教学的内容，决定了师资培训的规格，肩负着全面发展学生的身体、培养学生各种基本能力、帮助学生打好基础的重任。目前，中小学体育教学的发展已经不满足于现有教材内容，对体育文化资源的挖掘还有很大的拓展空间，所以中小学体育教材内容的改革是大势所趋。

除此之外，中小学要将体育课程视为一种文化实践。体育课程现代化发展，应该立足于课程文化、教材文化以及课堂教学文化的重建，从多个方面、多个角度作出调整与优化，主要包括体育课程目标、教材内容、课程内容以及教学行为方式等。这样做能够很好地激发体育教育理论界对体育课程现代化发展和改革进行更深层次的思考，而这种思考又将为体育课程理论与实践的进步与发展创造更多的可能性。

总之，当前阶段中小学体育教学的改革应该站到文化的角度对体育课程、体育教材、体育教法进行审视，着眼于体育课程文化自觉意识的不断增强，拓展与丰富体育教材的文化内涵，循序渐进地提升体育课堂教学的文化品位，培育拥有过硬体育素质、良好文化素养的创新人才，打造出具有民族性、开放性的彰显时代特征的体育课程。

（二）打造体育文化体系，推动体育与社会互动发展

体育文化建设是一项具有复杂性、系统性的工程，也是一个随着社会经济进步自身内涵不断丰富和发展的文化范畴，在中小学体育教学中体育文化的传播难免显得烦琐而不得要领。针对此，当前阶段的中小学体育教学有必要对体育文化资源展开全方位、系统化的调查和挖掘，构建特色鲜明的体育文化体系。

需要注意的是，体育文化体系的构建包含两个层面的内容：其一是内容层面，即体育文化体系涵盖的内容；其二是策略层面，即如何实现体育文化的合理发展。具体来说，体育文化体系的内容丰富，主要包括传统体育的文化价值、体育人物的形象建构、运动员的文化教育、体育赛事的文化品牌、休闲体育的文化建构、大众体育活动的文化内涵、城市体育文化以及体育场馆的文化内涵等。除此之外，体育文化体系还应该包括以下内容：体育文化的制度化生成、体育文化的传播策略、体育文化的营销策略、体育文化的创新策略等。

总之，当前中小学体育教学唯有建构出一套系统、完善、特色鲜明的体育文化体系，将体育文化渗透至社会文化建设过程中，全力推动体育与社会互动发展，才能充分发挥体育教育对于社会的积极推动作用，不断丰富与充实体育文化内涵。

（三）强化文化批判，引导体育文化健康发展

体育文化产业能够充分满足广大人民群众的精神文化需求，是培育国民经济新增长点的有效措施；体育文化产业是延续中华民族五千多年精神命脉的重要阵地，是培养和增强文化自信的重要场所，体育文化产业的发展是建设文化强国、体育强国的时代要求。体育文化产

业对社会发展的推动作用现已被越来越多的人所认识。然而，在全力加快发展体育文化产业的同时，我们同样要看到并正视体育文化的产业形态本身可能带来的一些消极影响。毕竟，相比传统体育文化创造，体育文化的产业化发展不同之处在于要严格遵守经济规律，充分考虑投入产出、利润等问题。从某种意义上来看，它与体育文化创造的使命相背离，会对体育文化的可持续发展产生一定的消极影响。因此，如何一方面充分发挥体育文化产业化发展对于体育文化蓬勃发展的促进作用，另一方面尽可能减少体育文化产业化发展可能带来的消极影响，是体育文化产业发展过程中应重视的一大问题。而中小学体育教学对此发挥着十分重要的作用。中小学体育教学应该承担起时代使命，理性分析和批判体育文化产业，在思维阈限和价值取向范畴内为体育文化产业发展提供方向指引。

总而言之，正是因为体育蕴含着极其丰富的文化内涵，且随着社会发展不断充实与完善，作为肩负着传承体育文化重任的中小学体育教学，更应该切实加强自身在实践教学中的文化功能，不断提升体育教学的文化内涵，加大力度传承和弘扬体育文化，促进体育文化的再生产，积极引导体育文化朝着健康的方向发展，加强对体育文化的分析与批判。中小学体育教学应通过加快教学改革步伐，深层次挖掘体育文化资源，构建富有特色的体育文化体系，促进体育与社会的互动发展，加强对现有体育文化的批判，引导体育文化健康发展等有效途径，充分发挥体育文化的辐射功能，不断提升体育教学的文化引导力。

第二节 中小学体育教学与传统文化教育的融合

传统文化是中华文明的智慧结晶和精华，中小学教育是现代教育的重要载体，中小学有责任和义务通过各种各样的教学活动传承和弘扬传统文化。同时，深受西方教育的影响，我国中小学尝试在教育教学理念中融合传统文化,实现了中西方文化在中小学教育中的有机融合,促进了我国中小学教育的高质量发展。近些年来,社会对国民身体素质关注程度日益提升,中小学体育承担的教育使命更加艰巨,以体育教学为手段促进当代中小学生身体综合素质的提升,成为时代赋予中小学体育教学的重要使命。将传统文化渗透到中小学体育教学中,不仅能增强学生对现代体育教学的认识,还能加深学生对传统文化的理解,是一件一举两得的事。对中小学体育教学与传统文化教育融合发展途径进行探索,对于中小学综合教学目标的实现意义重大。

一、传统文化教育的主题内容和载体形式

中华优秀文化是中国人民在长期历史发展过程中创造的文化瑰宝,保留了中华民族形态相对稳定的中国文化。它是中国五千年历史发展中所积淀的物质财富和精神财富的总和,有着丰富的内容、多样化的形式,主要包括思想观念、生活方式、思维方式、礼仪制度、文学艺术、价值取向、教育科技、宗教信仰等。

传统文化教育是新时代中小学教育必不可少的重要组成部分。2021年,教育部颁布了《中华优秀传统文化进中小学课程教材指南》,对传统文化教育内容作出了明确规定——主要由核心思想理念、中华人文精神以及中华传统美德三大主题组成,如表6-1所示,共包含六种载体形式,分别为经典篇目、人文典故、基本常识、科技成就、艺术与特色技能、其他文化遗产,如表6-2所示。

表6-1 传统文化教育的三大主题内容

维度	内容
核心思想理念	革故鼎新、与时俱进的思想,脚踏实地、实事求是的思想,惠民利民、安民富民的思想,道法自然、天人合一的思想。讲仁爱、重民本、守诚信、崇正义、尚和合、求大同等核心思想理念
中华人文精神	求同存异、和而不同的处世方法,文以载道、以文化人的教化思想,形神兼备、情景交融的美学追求,俭约自守、中和泰和的生活理念等

（续　表）

维度	内容
中华传统美德	天下兴亡、匹夫有责的担当意识，精忠报国、振兴中华的爱国情怀，崇德向善、见贤思齐的社会风尚，孝悌忠信、礼义廉耻的荣辱观念等。自强不息、敬业乐群、扶危济困、见义勇为、孝老爱亲等中华传统美德

表6-2　传统文化教育的六种载体形式

载体形式	主要内容
经典篇目	文学、历史名著名篇，科学典籍，作为欣赏对象的经典艺术作品等
人文典故	历史人物和故事，神话、传说、寓言、名言名句等
基本常识	时令节气、称谓礼仪、传统节日、风俗习惯等
科技成就	四大发明、都江堰工程、传统医药等
艺术与特色技能	以满足精神生活需要为主的技能、技艺，如书法、音乐、舞蹈、戏曲等；以手工劳动为主的技能、技巧，如烹饪、刺绣、剪纸、雕刻等；以身体运动能力为主的技能、技巧，如传统体育、武术、杂技、游艺等
其他文化遗产	古文化遗址、古墓葬、古建筑、石窟寺、石刻、壁画等不可移动文物和艺术品，文献、手稿、服饰等可移动文物

对于体育课堂传承中华优秀传统文化的主要载体形式，《中华优秀传统文化进中小学课程教材指南》也作出了明确规定，如表6-3所示。

表6-3　体育课堂传承中华优秀传统文化的主要载体形式

主要载体形式	具体项目
民族民间传统体育活动	抽陀螺、跳房子、踢毽子、滚铁环、抖空竹、舞龙、舞狮、荡秋千、踩高跷、竹竿舞等
武术	长拳、短拳、南拳、太极、八卦掌、防身术等
传统健身功法	五禽戏、八段锦、易筋经等
传统体育文化知识	运动项目的起源、发展与历史故事、人物故事等

二、中小学体育教学与传统文化教育融合的价值意蕴

中小学体育教学与传统文化教育相融合，是强化中华优秀传统文化铸魂育人功能，也是有效落实以中华优秀传统文化涵养社会主义核心价

值观的重要手段，还是实现中华优秀传统文化传承发展制度化、长效化、系统化的现实举措。两者融合的价值意蕴主要体现在以下几个方面，如图6-3所示。

中小学体育教学与传统文化教育融合的价值意蕴

01 深化中小学生对中华优秀传统文化的认知

02 塑造中小学生优秀的道德行为

03 促进中华优秀传统文化发扬光大

04 增强民族凝聚力和自豪感

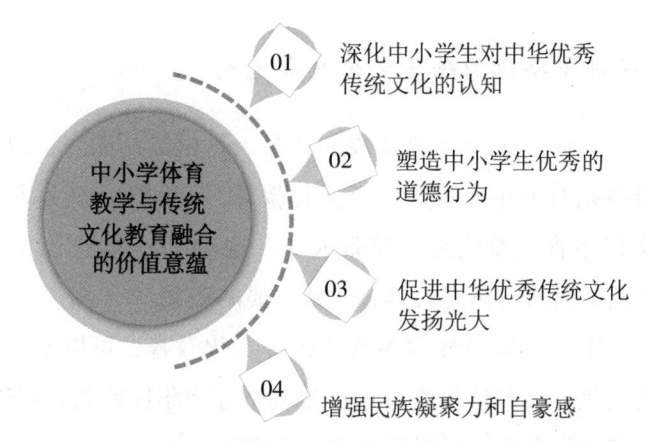

图6-3　中小学体育教学与传统文化教育融合的价值意蕴

（一）深化中小学生对中华优秀传统文化的认知

传统文化教育在中小学体育教学中的有效渗透，能够不断增强中小学生对中华优秀传统文化的认识。在中小学体育教学中，通过引导学生学习民族民间传统体育文化和体育项目，可以帮助学生全方位了解中华优秀传统文化。这与语文等学科内容有很大的区别，会涉及民族民间的现实生活。不仅能使学生深刻感受到中华优秀传统文化的枝繁叶茂，还能使学生深刻意识到传统文化真真切切地存在于自己身边。

（二）塑造中小学生优秀的道德行为

在日新月异的互联网时代，信息获取方式和渠道越来越多元化，信息接触面也越来越广，网络在为中小学生认识世界提供极大便利的同时，其中的负面信息也使中小学生身心健康发展面临着极大挑战，不良思想倾向和不良道德行为不利于中小学生的健康成长。而通过在中小学体育教学中有效落实传统文化教育，利用中华优秀美德和中华人文精神熏陶和感染中小学生，不断规范中小学生的自身行为，有助于使中小学生自觉抵制不良思想和道德行为的侵害，塑造中小学生良好的道德行为。

（三）促进中华优秀传统文化发扬光大

少年儿童犹如一朵朵含苞待放的花朵，是祖国的未来，也是民族的希望。不断强化对少年儿童的传统文化教育，有助于为传承和弘扬中华优秀传统文化培育大量优秀的储备人才，这对于传统文化的历久弥新、中华优秀传统文化的发扬光大具有非常重要的意义。

另外，在中小学体育教学中落实传统文化教育，可以不断增强中小学生的民族文化自信和价值观自信，使其坚守中华民族的共同理想信念，切实维护国家文化安全，提高国家文化软实力。

（四）增强民族凝聚力和自豪感

在传统文化教育中，其核心内容就在于重本民、求正义、爱国爱家。培养学生的民族凝聚力和自豪感是中小学教育的主要目标之一，体育教学作为中小学教育的重要内容，也应该将此作为一个重要追求。传统文化教育内容涉及中华民族的历史传统、文化积淀以及基本国情。因此，将中小学体育教学与传统文化教育相融合，可以帮助学生从几千年的历史发展进程中了解中华民族的发展，深层次了解国家和民族的关系，这对于学生爱国爱家高尚情操的培养具有重要意义，由此让学生懂得必须坚定不移地走中国特色社会主义道路，实现中华民族伟大复兴的中国梦。

三、中小学体育教学与传统文化教育融合的原则

中小学体育教学与传统文化教育的融合，并不是随意将两者融合在一起即可，而是要遵循一定的原则，综合两者的优点，充分发挥两者融合的多重功能，如图6-4所示。

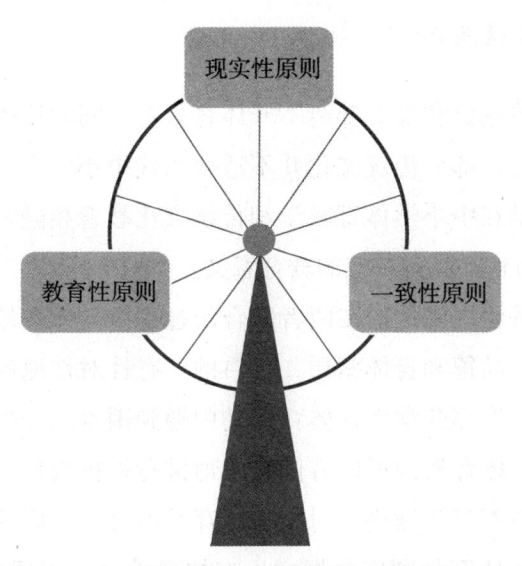

图 6-4　中小学体育教学与传统文化教育融合的原则

（一）现实性原则

我国传统文化博大精深、内容丰富、形式多样，但正是传统文化的这一特点使得传统文化的传播不仅要符合现代社会意识形态，还要迎合现代社会的发展趋势。部分传统文化的教育功能只适用于一定的历史社会时期，所以体育教师在选择传统文化进行教育的时候，有必要结合现代社会实际情况对传统文化进行一定的补充与完善，避免选择和使用不符合现代社会意识形态的传统文化，以至于使学生思想无法与时代接轨。

体育教学与传统文化教育是一个相互作用、相互促进的过程，唯有坚持现实性原则，才可以选择符合现代社会意识形态和现代社会发展趋势的传统文化进行教育，充分发挥传统文化的现代教育功能，塑造学生现代化的理念和思想，促使中小学体育教育更加契合现代发展趋势，有效避免学生过度追求复古、出现心理偏激的情况。

（二）教育性原则

任何学生的成长和发展都离不开体育教育，同时传统文化教育需要序列化，换言之，部分传统文化并不适合当代中小学生学习。所谓教育性原则，指的是在中小学体育教学和传统文化教育相融合的过程中，应当充分体现针对性并具备一定的教育意义。

其中，针对性主要是指在两者融合的过程中，体育教师需要依据学生当下的特点、品德和身体素质，有目的、有针对性地侧重于某一方面的教育。例如，当部分学生在体育运动中遇到困难或挫折时，自信心容易受挫，对此，体育教师可以有侧重点地进行挫折教育；而部分学生无论遇到什么事情都较为激进，对此，体育教师可以有侧重点地进行思想教育。简言之，体育教师应根据学生在体育学习中表现出的具体情况，选择与之相应的传统文化内容。

教育意义更多是指体育教师所选择的传统文化必须对学生思想、情感、个性和意识等的发展具有促进作用，通过中小学体育教学与传统文化教育的融合，能够让学生的思想觉悟、学习积极性有一定进步。

（三）一致性原则

相对而言，体育教育更侧重于对学生身体素质、心理素质进行提升，而传统文化教育更侧重于对学生思想、行为的约束和教育，两者各有侧重。在中小学体育教学与传统文化教育融合的过程中，需要对各方面的影响加以组织和调节，避免两者出现分层，通过有计划、有组织、有步骤地对学生进行持续性教育，不断增强两者相互配合、通力合作的力度，使两者的影响一致，汇聚成连贯的合力，促进学生身体素质和思想行为均衡发展。

两者在教育理念和思想层面上必须保持一致，但在方法和活动层面可以有所区分，不仅要具备相互连接的基本特征，还要充分体现教育一致性的原则。由此才能使整个教育逻辑联系更加密切，为教学活动井井有条地开展提供重要保障。

四、中小学体育教学与传统文化教育融合的路径

（一）在教育制度建设中探索中小学体育教学与传统文化教育的融合

十年树木，百年树人，教育乃兴国之本。中华文明上下五千年，教育从古至今都受到了极大的重视。在中国特色社会主义新时代发展的背景下，中小学体育教学与传统文化教育的融合具有极其重要的现实意义。为了保证这一教学实践有条不紊地推进，首先要从教育制度层面提供重要保障。从整体上来看，中小学体育教学与传统文化教育的融合应该是一个自上而下的教育改革过程，只有制度保障，才能为这一教学实践的可持续发展创造更多的可能性，才能在实践中不断总结经验，进行有依据的调整与改进，最终走向成熟。

国家相关部门应当组建相关工作小组入驻教育部门和学校，从制度保障层面入手，为中小学体育教学与传统文化教育的融合打下牢固的政策基础。例如，各中小学可以组建体育教学与传统文化教育融合的相关部门，设置相关岗位，并制定详细具体的岗位职责，明确职责分工，指导监督日常体育教学工作中传统文化教育内容的选用与渗透。这一措施的常态化发展，使得体育教师教学实践活动的开展有据可依、有章可循，有助于创设别具一格的教学环境，营造积极向上的学术氛围，促进体育教学与传统文化教育融合的良性发展。

除此之外，为了调动体育教师终身学习的积极性，政府和相关部门还可以出台相关政策并落实体育教师工资待遇的提升，增强体育教师教学工作的幸福感。提升教师的地位和待遇，有助于显著提升体育教师队伍的整体素质，为体育教学与传统文化教育相融合的教学实践的高质量

发展提供保障。同时，地方教育部门和中小学还可以设立专门的体育教育专项基金，专项资金可用于置办相关文化活动所需物资、校外传统文化学习活动经费、奖励优秀教职工等，保证在渗透传统文化教育时所需的物质基础到位。

（二）在教学实践中探索中小学体育教学与传统文化教育的融合

1.发挥传统体育项目的传统文化特色，丰富中华优秀传统文化的传承内容与方式

（1）丰富传统体育项目的内容和形式。传统体育项目呈现出丰富多彩的内容和形式，任何一项传统体育项目都具有独特的教育意义。组织精彩纷呈的传统体育项目活动，有助于培养学生良好的意志品质，促进学生体能的发展。为了增强传统体育项目的吸引力，让学生乐于参与其中，体育教师需要不断丰富传统体育项目的内容和形式。

以传统武术项目为例，这类体育活动蕴含着浓厚的刚健有为、自强不息的精神，有助于培养学生尊师爱友、团结友善、互帮互助等优良品质。长拳、短拳、太极拳等武术的动作有一个共同的特点，即动静结合、快慢相间、张弛有度，这就要求学生具备一定的力量、灵敏性和柔韧性，长期坚持学习锻炼，具有强筋骨、健体魄、长精神的作用。针对小学生，武术活动应该以格斗为主，着眼于学生学习和锻炼兴趣的培养；针对中学生，武术活动以基本功训练为主，侧重于学生对武术技术动作组合的学习与掌握。同时，体育教师要控制好武术技术动作的示范速度，多传授一些简单的武术套路，在注重学生技能学习的同时，关注武术文化的传承和学生武德的养成。

（2）在体育课放松活动中融入养生类和健身类活动。传统体育项目涉及传统中医和传统体育养生学等方面的内容，在学生运动恢复的过程中，五禽戏、八段锦等中国传统保健功法的学习，有助于引导学生放松身体；推拿、针灸、按摩等中医手法的学习，有助于治疗与恢复学生的

运动损伤。

在中小学体育课的放松活动中，体育教师可以融入养生类和健身类传统体育活动，帮助学生整理放松身体，治疗运动损伤。例如，在体育课的放松活动中，体育教师可以结合实际需要引入竹竿舞、太极拳、导引术等活动，这不仅能带给学生耳目一新的感觉，激发学生对体育运动和传统文化的学习兴趣，还能舒缓学生身心，起到强身健体的作用。此外，部分传统体育活动形式较为简单，难度较低，如踢花毽、抖空竹、花样跳绳、踢毽子、滚铁环等，学生可以利用课余时间将这些传统体育活动作为健身活动，丰富自己的课余生活。

（3）注重体育课中传统文化知识的学习。在中小学体育教学中，教师应加强学生对传统文化知识的学习，以文字、图片、视频等直观的形式，向学生介绍与传统文化相关的历史故事，如蹴鞠、毽球的起源，越王勾践剑，中国剑文化，夯实学生传统文化知识基础。例如，在少年剑的教学过程中，体育教师可以为学生播放"鸿门宴"中项庄舞剑的视频画面，帮助学生更好地了解剑术，让学生更直观地感受剑术轻快敏捷、潇洒、飘逸的特点，通过刺激学生的视觉感官，充分激发学生对剑术的学习兴趣。

2.在现代体育运动项目教学中融入中西方优秀传统文化

（1）认识西方现代体育项目中的传统文化精髓。实际上，西方现代体育项目中也蕴含着非常丰富的传统文化精髓。例如，在现代球类比赛过程中，如足球、篮球比赛中，队伍之间极易发生身体对抗，在竞争激烈的赛场中，要在比赛中始终保持谦虚、平和的心态，对球员的耐性、平和力是一个重要的考验。当队伍之间犯规时，如果队员不小心遭到误伤，犯规队员能够主动积极地将其扶起，这就体现了"仁""义"等中华优秀传统美德。西方现代体育项目强调"友谊第一，比赛第二"，这也充分体现了中华优秀传统文化中的"和谐"。

从某种程度上来看，西方现代竞技体育文化与中华优秀传统文化交相辉映，两者有异曲同工之妙。例如，合作、平等、团队互助与中华优秀传统文化中崇德重义的伦理精神高度契合，女排精神与中华优秀传统文化中的集体主义精神高度契合，自强不息、勇于超越、为国争光等优秀品质与中华优秀传统文化中乐于奉献的爱国主义精神具有相似性。显而易见，对于现代运动员来说，传统文化教育有助于培养其竞技体育精神。

（2）将游戏活动、新媒体技术融入现代体育运动项目。现代体育运动项目走进中小学体育课堂，需要充分凸显其自身特色，结合实际情况增加一些全新的元素，如动作创新、器材改良、色彩运用、技术引进、游戏设计。比如，在小学阶段，体育教师可以依托体育游戏，通过通俗易懂的讲解，追求教学方法的灵活性、趣味性，少运用诸多技术名称，多运用游戏教学法、情境教学法。

在实际教学中，体育教师要根据学生当下水平，将中华优秀传统文化精神巧妙地渗透到现代体育运动项目中，将中国民族民间传统体育与西方现代体育项目有机结合。教师可在体育课中增设兴趣环节，让学生通过不同的游戏形式掌握基本运动技能，在提高身体素质的同时感受民族文化。在教学评价中，教师可通过校内小型的比赛活动检测学生的体育学习成果，激发学生的学习斗志。

3. 明确中华优秀传统文化在体育教学中的载体，满足学生多样化需求

（1）开齐开足体育课，确保学生接触更丰富的传统体育运动。依据《教育部关于保证中小学体育课课时的通知》《关于全面加强和改进新时代学校体育工作的意见》《义务教育体育与健康课程标准（2022年版）》可知，体育与健康课应该占所有学科课程总课时的10%～11%。其中，1～2年级每周应开设5个课时的体育课，3～6年级每周应开设4个课时的体育课，7～9年级每周应开设3个课时的体育课，高中阶段每周应开设2个课时的体育课。

体育课时如果经常被其他课程占用，不仅无法保证学生接触更多的传统体育运动，还会对学生体质健康水平带来不利影响。因此，各中小学必须开齐开足体育课，确保体育课时不被占用，积极引导学生参加各种各样的体育活动，接触更加丰富的传统体育运动，在提升学生对传统体育运动认识的同时，促进学生体质健康水平的提升。

（2）挖掘当地民族体育文化资源，开发传统体育校本课程。各级各类中小学校，特别是少数民族地区和农村学校，应该充分挖掘并利用好当地得天独厚的体育文化资源，积极开发和实施校本课程。在校本课程的开发和建设中，编写人员要追求民族、民间体育项目的趣味性，侧重于对体育运动项目文化背景的介绍，力求给学生带来印象深刻的体验，从而充分激发学生的好奇心、探索欲。例如，教师在介绍竹竿舞相关内容时，可以讲解不同民族如苗族、黎族、佤族等在竹竿舞活动中展示出的不同特色，同时呈现竹竿舞的真实场景，提出小组合作学习的要求，以有效提高学生的参与感。

农村学校可以结合本地和本校实际情况及办学特色，选择合适的民间传统文化体育活动作为教学内容，开发富有特色的民族体育文化活动课程，形成彰显农村、民族特色的体育教材。

除此之外，城市地区的中小学也可以根据地域特色，积极开发和建设传统体育运动课程，将一些难度较低、易于学习的民间体育活动引入课堂，如拔河、踢毽子、跳皮筋。

（三）在教师队伍建设中探索中小学体育教学与传统文化教育的融合

教师是教学活动的组织者和管理者，加强体育教师传统文化修养是提高学生传统文化素养的重要前提，特别是在中小学体育教学与传统文化教育的融合中，教师对于传统文化的了解和认识至关重要。这就要求教师具有良好的传统文化修养，如此才能从教学活动的上游环节开始保证教学质量，加强对学生传统文化修养的培养。因此，为了增强传统文化教育的效果，当务之急是建设一支传统文化教育骨干队伍，为中小学体育课堂传承中华优秀传统文化的专业性、科学性、全面性提供保障。

首先，借助有效的传播媒介，发挥传统文化的传播优势。学校可以根据中华优秀传统文化在体育课堂中的传播情况，评选优秀体育教师，在学校宣传栏介绍优秀体育教师的先进事迹，再利用微信、微博等传播媒介，进行大力宣传和推广，提高体育教师的社会号召力和影响力。其次，构建体育教师传统文化修养培养长效机制。学校可设立专门机构，做好体育教师传统文化修养培养规划；组织有关传统文化修养提升的系列培训，开展"优秀教师经验谈"等专题讲座、研讨会，增强教师在课堂中渗透传统文化的意识。再次，在教师招聘阶段，加强对德育、传统文化教育的重视，选择学历、综合素养较高的体育教师。最后，还需要适当提高体育教师的工资待遇和社会地位，吸引更多高素质体育教师来应聘和入职，加入体育教师队伍当中，壮大体育教师队伍。

另外，传统体育项目并不仅仅是一项运动，更应该是中华优秀传统文化的活载体，体育教师不仅要完成对传统体育运动项目知识和技能的讲解，还要在此基础上为学生介绍传统体育运动项目的文化背景，与语文、地理、历史等学科进行跨学科联动，点燃学生的好奇心和探索欲望。

五、中小学体育教学与传统文化教育融合的实践思考

（一）避免形式主义

初期的教育改革通常具有非常重要的科学指导意义，然而在自上而下的教学实践中，有可能出现一些形式主义行为，这一现象在以往的传统教学实践中时有发生。在教育教学实践中，如果不对重知识、轻行动的现象加以阻止，在教材编写和教学实践过程中出现过度重视理论知识传递，忽视实践性的情况，将会导致学生学习仅仅停留于形式层面，缺

乏充足的实践经验和真实的体会。因此，在中小学体育教学与传统文化教育融合的过程中，必须避免过于重视形式而忽略实践的现象，要将教学根本目标设置成学生的学习成果，为学生制订适切度高的有关理论知识和实践的学习计划。

（二）防止过犹不及

"双减"政策要求减轻学生在校内和校外承受的学科教育负担，适当增加素质教育课程的比例。在此背景下，体育教育、传统文化教育作为素质教育的重要组成部分，越来越引起大家的关注与重视，中小学中已经兴起了一股"国学热"，中小学生将以前难以熟记的《三字经》《千字文》等国学经典背得滚瓜烂熟。虽然这一现象体现了人们对传统文化教育的重视，但难免会存在个别过犹不及的情况，如家长严格要求孩子遵守古代儿童的礼仪规矩，给孩子施加巨大压力。这些行为在中小学体育教学与传统文化教育融合的过程中应该引起重视，防止物极必反、过犹不及。

（三）保持与时俱进

事物变化发展总是一个波浪式前进、螺旋式上升的过程，任何事物都并非一成不变的，教育理念同样如此。我国传统文化有着十分悠久的历史，其文化内涵始终是随着时代进步而不断更新与完善的，而新时代的中小学体育教学的开展也要与当下教育理念相符。对待传统文化不能直接采取简单粗暴的方法，对于传统文化中的精华要做到继承发扬，对于其中的糟粕要去除，坚决抵制盲目地全面继承。唯有将中华优秀传统文化内涵与新时代爱国主义、社会主义核心价值观有机融合，并有效落实到中小学体育教学实践中，才可以培育出一大批满足中国特色社会主义发展要求的新时代青年。

第三节　人文素质教育理念下中小学体育教学的创新

一、人文素质教育的相关概念

(一) 人文素质的内涵

人文素质是组成四个方面内容的基本文化修养，即世界观、人生观、价值观及个性品质，它是一个人身上所展示的广义的文化状况、特征、趋势以及对社会进步有利的潜能。人文素质由以下四个方面的内容构成，如图6-5所示。

图6-5　人文素质的组成内容

1. 人文知识

广义上的人文知识指的是文化知识，主要包括历史知识、文学知识、语言知识、政治知识、道德知识、法律知识、艺术知识、哲学知识、宗教知识等。狭义上的人文知识专指哲学知识，尤其是与美学范畴相关的知识。

2. 人文思想

人文思想指的是对人文知识起到支撑作用的基本理论及其内在逻辑。相比科学思想，人文思想具有更强的民族色彩、个性色彩以及显著的意识形态特征。人文思想的核心在于基本的文化理念。

3. 人文方法

人文方法指的是隐藏于人文思想中的认识方法和实践方法。人文方法可以清晰地展示人文思想的诞生过程。就人文素质而言，正确运用人文方法对实际问题进行思考与解决是重要内容之一。相比注重普遍适用性、精确性的科学方法，人文方法更加强调定性和体验，而且与特定的文化相联系。

4. 人文精神

人文精神指的是从人类创作的所有文化中所提炼出的文化精髓，它体现了对人本质的探寻以及对人类命运的关怀。换句话说，人文精神注重人的价值，尊重人的权利，追求人个性且自由地发展以及自我完善。人文精神是人类文化的奥妙所在，从本质上来看，民族精神、时代精神都是人文精神的具体表现。

在人文素质的四个组成部分中，人文精神占据着核心位置。人文素质是通过学习人文知识，如日常经验、书本知识，经过人内心对人文精神进行的认定、取值、积淀、提升等一系列过程，最终定性为个人的心理认同和行为规范。人文素质是一种以人的全面发展、社会的全面进步为最终目标的精神态度。

（二）人文素质教育的内涵

人文素质教育指的是通过知识、环境熏陶以及自我反思等多样化的教育方式，将现有自然科学、社会科学的优秀成果传递给受教育者，使之内化于心、外化于行。简言之，人文素质教育是一个传递人文知识、塑造人文精神、体现人文行为的教育过程。人文素质教育的主要目的在于教会学生做人，包括如何处理人与自然、人与社会、人与人的关系，以及如何处理自身的理性、情感、意志等方面的问题。

1. 人文知识传授是人文素质教育的基本内容

人文知识是人文素质的载体，所以人文素质教育也需要以知识传递的方式进行。近些年来，教育现代化加速推进，知识传递不再是教育的唯一内容，但毋庸置疑的是，它依旧是教育的重要内容。同样，人文素质的提升也离不开人文知识的传递和内化。从某种意义上来看，人文素质教育是一个以人文知识传播为载体和形式的教育过程，人文素质教育可以划分为两大基本范畴，即人文教育范畴和艺术教育范畴。前者主要包括哲学、历史、心理学、语言学、考古学等领域的知识，后者主要包括音乐、诗歌、戏剧的阅读与欣赏。因此，人文素质教育需要通过人文教育、艺术教育领域的知识传递的过程来实现。虽然这一说法尚未得到学术界的一致认同，但人文素质教育必须以人文知识为根基，通过人文知识学习这一途径来促进受教育者人文素质的提升，这一观点是不容争辩的。

2. 人文精神塑造是人文素质教育的根本目标

人文知识传播作为人文素质教育的基石，其主要目的在于提升、提高素质教育，奠定知识基础和背景。人文素质教育所重视的并不是知识，而是质量，这有力地说明了在知识传播的基础上进行精神塑造的重要性。如果一个人只具备扎实的人文知识基础，而缺乏人文素养，就会导致知识与行为之间割裂开来，永远达不到知行合一的境界。换言之，如果知识无法内化，人文素质教育的根本目标将永远得不到实现。因此，人文素质教育是一种塑造人文精神的教育，它通过将人类所积淀的智慧、经验、精神等传递给下一代的方式，教会下一代洞察生活，提高思想认知水平，净化灵魂，理解生命的本质和价值所在，找到正确的生活方式。总之，人文精神的塑造是人文素质教育的中心要义。

3. 人文行为外化是人文素质教育的重要目标

人文素质教育作为素质教育的重要组成部分，其实施不仅应体现在思想理论上，还应该转化为自觉行为。因此，人文行为的外化过程也是人文素质教育的重要内容。行为是思想开出的花朵，思想主导行为，人文精神的培养正是人们在参加社会实践时自觉地选择人文行为的根本目的，人们展示文化品位和文化修养，从而呈现出内在的人文知识和内在的人文精神之间不可分割的联系。这种行为对整个社会和实践活动都具有非常深刻的影响。因此，人文素质教育的重要目标之一就在于人文行为的外化。

人文素质教育依托多样化的教育形式，组织学生在提高自身修养的基础上参加各种各样的实践活动，使学生充分内化人类创造的文化成果，并将此转化为自身经验，沉淀成深厚的人文科学基础知识，以及积极健康的社会心理和高水平的文化修养，树立良好的人文精神，形成健全的人格。从终极意义上来看，人文素质教育是一种将内在的人文素质转化为外在的人文行为的教育活动。

二、人文素质教育理念下中小学体育教学创新发展新路径

（一）教学观念的转变

在中小学体育教学改革中，体育观实现了由单一向三维的转变，即从单纯的生物体育观转变为由生物、心理、社会三个要素组成的三维体育观，人们充分认识到体育的多元性特征。同时，人们逐渐意识到人文精神教育渗透到体育教学中的必要性和重要性。随着体育观的转变，中小学体育教学目的和教学任务也发生了相应的转变。教学目的从以往单纯的增强学生体质转变为增强学生体质、培养学生终身体育习惯；教学任务从以往单纯的传授体育知识技能转变为传授体育知识技能、培养学生体育兴趣，并同时促进学生心理健康发展，提高学生人文素养，提高学生社会适应能力。

（二）教学目标的转变

教学目标是整个体育教学活动的出发点和落脚点，它不仅决定着教学内容的选择，指导着教学过程的组织，还统领着教学策略的选择。在人文素质教育理念下，体育教学目标由注重体育知识技能的学习转变为强调"健康第一"，主张人文教育和素质教育，关注学生的全面健康发展。

（三）教学任务的转变

教学是一种有目的、有组织、有计划的教育活动，基本任务在于有选择地传授人类社会几千年历史所积累的文化科学知识与技能、社会道德与思想意识，从而使人类文化生生不息、源远流长。虽然人才培养的途径多种多样，但教学是效果最显著、最基本的途径。随着体育课程改革的持续深化，中小学体育教学逐渐打破传统僵化的课程结构，逐渐趋于开放化、灵活化。同时，课程内容、课程模式趋于丰富化，从而完善了中小学体育教学任务。

（四）教学评价体系的转变

教学评价体系是保证教学目标实现的有效手段。在人文素质教育理念下，体育教学评价改变了过去单一的结果性评价，转而重视学习过程，讲究评价的全面性，关注学生的学习历程、进步程度、人文素养，使体育教学评价体系趋于公正化、客观化、理性化。

三、人文素质教育理念下中小学体育教学的创新途径

中华优秀传统文化是中华民族繁衍发展、生生不息的重要滋养，是人文素质教育的重要内容，对于体育文化建设、学生全面发展、社会和谐发展具有非常重要的现实意义。基于人文素质教育理念，中小学体育

教学要重视文化建设，努力探寻教学改革与创新的有效途径，具体可以从以下几个方面入手，如图6-6所示。

人文素质教育理念下中小学体育教学的创新途径

04 构建情感沟通体系，提高学生学习积极性

03 创新教学模式，推动人文素质教育快速发展

02 遵循教学原则，构建教育教学机制

01 加大理论教学力度，促进学生有个性地学习

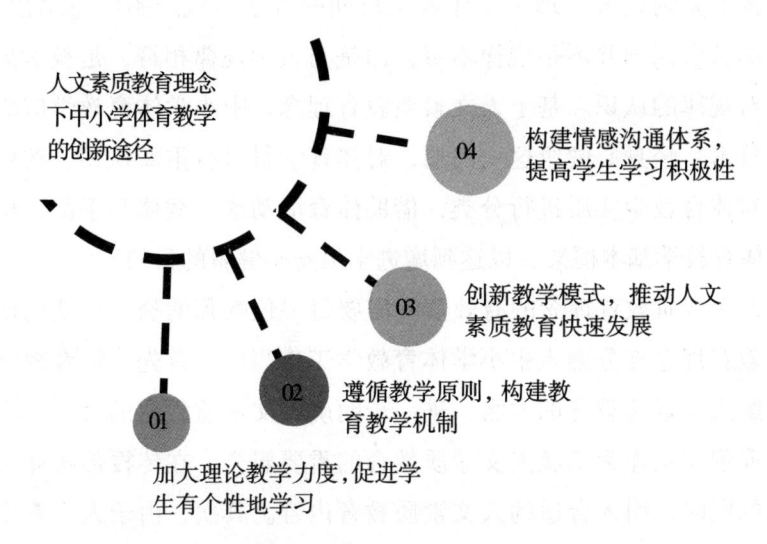

图6-6 人文素质教育理念下中小学体育教学的创新途径

（一）加大理论教学力度，促进学生有个性地学习

中小学体育教学必须面向全体学生，尊重学生的主体地位，高质量地完成理论教学工作，通过渗透性强、集约性强、时效性长的滴灌式理论教学，充分发挥学生的主观能动性，积极引导学生基于人文素质教育理念进行主动且富有个性的学习。体育教学要重视传授人文知识，组织生动活泼、充满乐趣的体育教学活动，增强学生情绪体验，使学生将人文知识内化为自身的人格、气质、修养，形成相对稳定的良好的内在品质。另外，虽然体育是一门实践性较强的课程，但也不能过于重视实践，而是应该坚持理论与实践并重，通过传授健康知识的方式，着眼于学生体育文化素养和健康素养的培养，充分发挥体育的教育功能，致力于促进学生身心全面发展。

（二）遵循教学原则，构建教育教学机制

教学原则是教学理论工作者从长期的教学实践经验中总结出来的。科学的教学原则并不是规律本身，而是与教学规律相符，是教学理论工作者对规律的认识。基于人文素质教育理念，中小学体育教学应跨越重运动技术、轻身心健康这一门槛，对体育学科进行重新认识，按照一定标准对体育教学实质进行分类，借助体育活动这一载体和手段，构建全新的体育教学基本框架，以达到增进学生身心健康的目的。

人文素质教育理念的有效落实需要每一位教师的努力，从而使人文素质教育理念充分融入中小学体育教学工作当中。首先，体育教师应深入理解人文素质教育的内涵，进一步明确人文素质教育的目标，将体育教育课程体系作为承载人文素质教育的重要媒介，在传授传统体育理论知识的同时，引入合适的人文素质教育内容。其次，由于人文素质教育涉及学科较多，范围十分广泛，仅仅依靠体育课堂中的教学活动难以从真正意义上落实人文素质教育理念。因此，体育教师应与语文教师、地理教师、历史教师加强沟通，协同备课，探寻各专业领域蕴含的人文精神，进而通过构建教育体系的形式，汲取更加丰富的人文学科知识，并有效地应用到当前的教学体系中，完善学生的知识体系，激发学生学习的好奇心和积极性。最后，中小学校应提高对人文素质教育的重视程度，通过行政引领功能，定期组织相关学科教师围绕人文素质教育进行探讨互动，并厘清各学科的特征及特点，更好地实现人文素质教育在体育等学科领域当中的渗透，充分发挥人文学科的教育功能。

（三）创新教学模式，推动人文素质教育快速发展

人文素质教育强调人类生存价值与关怀，主要宗旨是传授给学生人生哲学，培养学生道德精神、艺术精神、科学精神，不仅关注学生的情感教育，还关注学生的感性教育。这是传统教育机制所缺少的，是中小

学体育教学改革与创新的重要内容。因此，在中小学体育教学改革与创新的过程中，应以人文教育理念为抓手，立足学生发展实际，探索全新的体育教学模式，促进学生良好情感的养成，以便更好地服务于学生的发展。

首先，从文化视角提高学生鉴赏能力。体育教师可以通过体育比赛欣赏，吸引学生注意力，使学生充分感受身体美、力量美、速度美等体育美，提高学生鉴赏能力，完善学生现有的文化鉴赏体系。其次，将课程体系置于人文素质教育范畴，使体育教学内容服务于人文素质教育。在讲解与人文素质教育相关的内容时，如历史文化，教师可以提前准备好相应的文字、图片、视频等素材，激发学生情感，促进学生更好地理解相关的历史文化，进而在开展体育教学活动时，推动人文素质教育的开展。

（四）构建情感沟通体系，提高学生学习积极性

人文素质教育强调学生的情感体验，提倡学生的思想自由和个性解放。这是中小学传统体育教学所不具备的，所以，在中小学体育教学改革与创新过程中，学校应充分利用互联网技术建立健全情感沟通体系，帮助体育教师及时、充分地了解学生的思想动态和情感动态，从内在层面深化中小学体育教学的改革与创新工作。

首先，构建教学沟通平台。当前阶段，教学辅导 App 层出不穷，但大多都针对性不强，难以充分彰显各个学科教育的特点。针对此，中小学可以结合体育教学实际和人文素质教育要求，加强与专业性强、可靠性高的软件供应商的沟通交流，以研发出满足中小学体育教学需求的教学 App。其次，在建设教学沟通平台的前提下，体育教师要善于应用沟通软件，对学生当下实际学习需求加以了解，从而充分调动学生应用教学平台的主动性，以及学习平台内学习资源的积极性。

第七章 中小学体育教学创新之教师专业发展

在教育改革背景下,体育教师在教育体系中的角色变得愈发重要,推动体育教师的专业发展,成为实现教学创新的关键所在。本章聚焦中小学体育教学创新中的核心力量——体育教师的专业发展,希望通过提升教师的教学能力和素养,改善师生关系,为中小学体育教学创新提供一个有利的教育环境,为培养健康、全面发展的新一代奠定坚实基础。

第一节 中小学体育教师的角色定位

一、教师角色与社会形象

(一)教师角色

教师这一职业最早出现于我国古代春秋战国时期,"官学衰落,私学兴起"这一现象的出现便是最充分的体现。"士"阶层的产生和崛起为教师这一职业的出现创造了良好的社会条件。周平王登基后迁都洛邑(周朝都城洛阳的古城),导致王宫里的部分贵族和文化官员被迫四处游荡,这使得首批以出卖知识为谋生手段的"士"得以产生，这也标志着早期教师职业的出现。

随着"私学"的形成和发展，教师这一职业开始拥有较为重要的社会基础和发展空间。另外，从唐代文学家韩愈的《师说》中人们也能感受到教师这一职业的特殊性和基本定位。在学校中，教师是专门从事教育教学工作的角色，可以说，教师的角色和身份具有一定的特殊性，经常受到众多行为规范的约束，同时表现出不同于其他职业的特点。

（二）教师的社会形象

教师的角色取决于教师的社会形象。社会公众往往会根据教师这一职业所具备的特殊属性，对教师职业进行最基本的认识和价值判断，进而逐步形成了教师的社会形象。

教师的社会形象并不是一成不变的，而是会随着国家和社会的发展而发生相应的变化。下面从教师隐喻视角来认识我国教师的传统社会形象和现代社会形象，如图7-1所示。

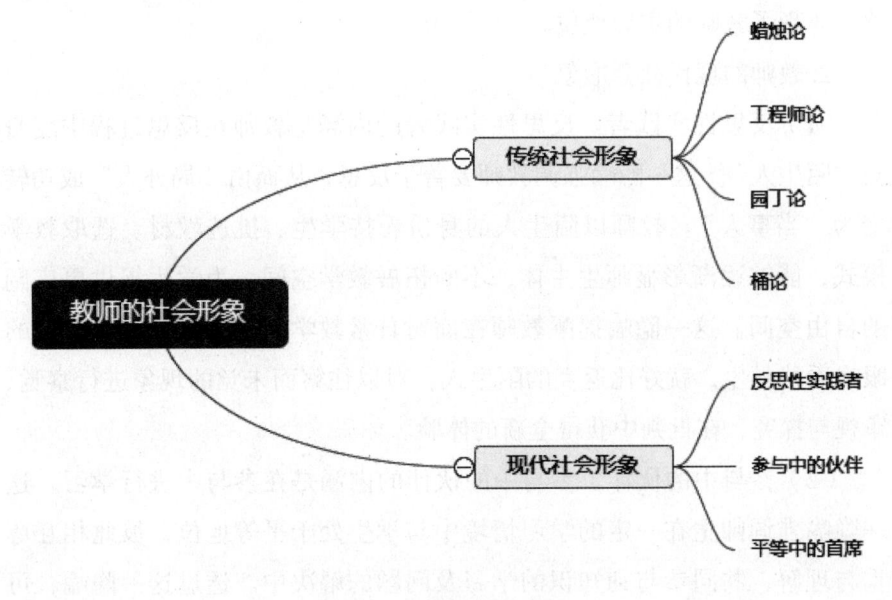

图7-1 教师的社会形象

1. 教师的传统社会形象

（1）蜡烛论。蜡烛论将教师比喻成无私奉献、甘于牺牲的蜡烛，燃烧自己，照亮学生前进的道路。这一隐喻生动形象地描绘了教师的传统社会形象，对教师劳动作出了充分的肯定与高度赞扬。

（2）工程师论。工程师论充分体现了教师的时代价值。在工业化社会，工程师是一个受人尊敬、令人羡慕的职业，将工程师与教师之间建立起联系，其实就是将工程师设计和制造产品的过程看成教师教育学生的过程。这一隐喻将教师比拟成塑造学生灵魂的工程师，实际上体现了一种工业化的教育模式，具有一定的片面性。

（3）园丁论。园丁论将教师视为辛勤劳作的园丁，将学生比喻成种子，体现出教育的农业模式。被比喻成种子的学生有其自己的生长发展规律，园丁论隐喻了教师的作用在于浇水、培土、施肥、修剪，这种观点隐含着教师主要是顺应学生自然发展的意义。

（4）桶论。桶论强调教师给学生"一碗水"的前提是教师有"一桶水"。桶论指出教师的主要任务在于传授知识，为学生传道、授业、解惑，体现了教师的主导地位。

2. 教师的现代社会形象

（1）反思性实践者。反思性实践者的内涵是教师在反思过程中变身为"陌生人"。这一隐喻强调教师要善于反思，从而由"局外人"成功转变为"当事人"。教师以陌生人的身份看待学生、挑选教材、选取教学模式，能够逐渐彰显师生主体，不断拓展教学空间，为学生提供更广阔的自由空间。这一隐喻提醒教师在面对日常教学工作时，应该以探究的眼光看待学生，就好比返乡的陌生人，对以往察而未觉的现象进行察觉、审视与探究，在批判中获得全新的体验。

（2）参与中的伙伴。参与中的伙伴的内涵是在参与中进行学习。这一隐喻强调师生在一定的学习情境中与学生处于平等地位，彼此相互尊重与理解，共同参与到知识的学习及问题的解决中。透过这一隐喻，可以发现：教师角色、教师与学生地位有所改变，教师一改知识传递者、教学主导者的形象，转变为参与者和启发者；教师与学生之间的地位是相对平等的，两者之间存在着教学相长（相互学习、相互促进）的关系。

（3）平等中的首席。平等中的首席批判了教师权威性、师生垄断和控制关系的课程观，强调师生关系主要体现为一个群体围绕某一课题进行共同探究，在此过程中相互影响，最终达成共识。这里的首席强调教师是内在于情境中的首席，而非外在的控制者；平等的首席强调在相互理解、民主平等的教学情境中，师生从思想、话语、情感等层面进行双向的交流与互动，教师从以往的独白者、知识的传递者转变为对话者、学生学习的引导者，与学生建立和谐友好的师生关系，以提高学生的学习能力。

总之，教师这一职业的角色和社会形象具有相对稳定性，又随着社会的发展而被赋予了新的特质。

二、中小学体育教师的角色定位

教师职业的特殊性，使得教师角色具有多样性。总的来说，中小学体育教师所扮演的角色主要有以下几个，如图7-2所示。

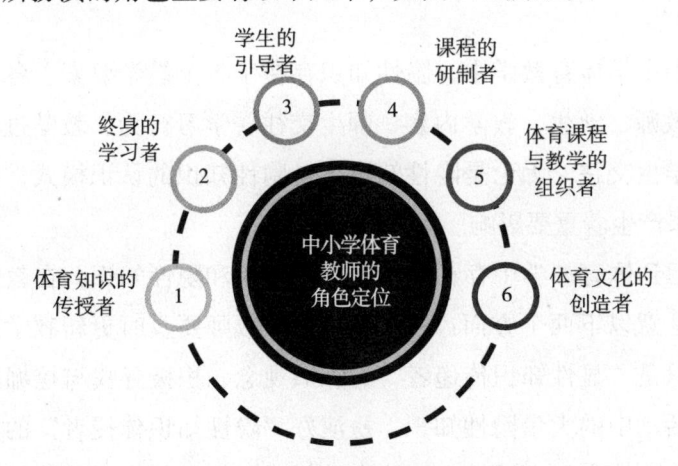

图7-2 中小学体育教师的角色定位

（一）体育知识的传授者

体育课程和体育教学的主要目的在于传递和传播体育知识，这一目的在教育和课程诞生之际就已经被规定好了，并且不会因为人的思想、想法而发生改变。这就意味着体育知识的传授者是体育教师的首要角色。

这里所指的知识传授者不同于传统意义上的知识传授者，是以超越传统为基础的对现代知识的传授者。传统的知识观局限于哲学反映论，是一种较为狭义的知识观，它的关注点在于显性和陈述性的知识，有着鲜明的唯物主义色彩，强调知识源于外部世界。由此可见，如果单纯依靠传统知识观进行学校教育、教学是远远不够的。

因此，体育教师需要在教学中树立新的知识观，即在研究哲学、心理学的基础上逐渐形成的广义知识观。广义知识观的出现有力地说明了知识是丰富多彩的。目前，学术界普遍认同的知识分类方法主要有以下两种。

1. 按照表现形式进行划分

根据表现形式的不同，知识可以划分为两大类，即显性知识和隐性知识。在日常生活和科学活动中，相比显性知识，隐性知识数量居多，这类知识数不胜数。可以说，显性知识和隐性知识组成了人类知识的有机整体。

在中小学体育教学中，隐性知识存在于各个教学要素、各个环节当中，如教师、学生、教学内容、师生交往、学习行为、教学过程、教学空间、学生交往。无论是隐性知识还是隐性知识的认识模式，都对体育教学效果产生着重要影响。

考虑到体育教学中存在诸多的显性知识和隐性知识，在教学改革过程中要注意以下两个方面：一方面，体育教师要及时更新教学观念，摒弃自己只是"显性知识传递者"的陈旧观念，积极寻找与挖掘隐藏于体育教学活动中的大量隐性知识，扮演好"隐性知识传授者"的角色。另一方面，在体育教学活动中，体育教师要想方设法实现隐性知识的"显性化",从而更加充分地认识、理解及应用隐性知识。

2.按照功能进行划分

根据功能的不同,知识可以划分为陈述性知识、程序性知识及策略性知识。

(1)陈述性知识。陈述性知识又称描述性知识,是指有关事物及其关系的知识,主要包括实施、规则、发生的事件、个人态度等。

(2)程序性知识。程序性知识又称操作性知识,指的是个人具有的有意识地提取线索,从而能直接进行回忆和陈述的知识,这是一种智慧技能。

(3)策略性知识。所谓策略性知识,是指关于如何学习和如何思维的知识,即个体运用陈述性知识和程序性知识进行学习、记忆、解决问题的一般方法和技巧。在学习过程中,学生很有可能会逐渐拥有自教或自学的能力,达到一定水平之后,会变成独立学习者。

面对知识的不同类型,中小学体育教师应树立的知识观应是全面的,能够整合不同类型的知识,灵活运用于教学实践中。这不仅有助于提高教学质量,还能更好地满足学生的学习需求,促进他们在体育活动中的全面发展。对于陈述性知识:教师需要了解和传授体育运动的基本原理和事实,如运动规则、健康知识等。这要求教师具备扎实的理论基础和广博的知识面。对于程序性知识:这类知识涉及技能和动作的学习。教师不仅要掌握如何进行体育技能的教学,还要能够指导学生如何实践这些技能。这要求教师具有良好的示范能力和教学技巧。对于策略性知识:这要求教师能够教授学生如何根据不同的情境采取不同的策略和决策。例如,在团队运动中,如何制定战术和应对竞赛。这需要教师具备高度的策略意识和灵活应变的能力。

(二)终身的学习者

1.体育教师成为终身学习者的原因

(1)知识更新速度加快。随着信息时代的来临,瞬息万变的信息使得知识以前所未有的速度更新和增长，体育教师原有的知识储备和经验已经无法满足学生对知识的需求，这就要求体育教师持之以恒、坚持不懈地学习，从而为维持教师这一职业存在的价值奠定良好的基础。

（2）学习型社会的形成。信息社会，知识过时速度逐渐加快，知识更迭周期不断缩短，使得学习型社会迅速形成，学习型组织、学习型家庭、学习型学校也相继形成。因此，在社会、学校、家庭等场景中，体育教师都需要成为一名持续不断学习的学习者。

（3）终身教育的持续深入。终身教育自20世纪中叶开始流行以来，经历了几十年的发展之后，在二十世纪八九十年代逐渐演变为全民教育，以满足社会全体民众的基本学习需要。同时，个人发展观也有了质的飞跃，发展已不局限于从出生到成熟，而是拓展至人的一生。这使得教育从以往的阶段性教育走向终身教育。因此，为了顺应教育发展的趋势，体育教师必须成为一名终身学习者。

2. 体育教师学习的特点

（1）成人自我概念性强。大部分体育教师都比较看重自己教师这一角色，相比学习者，他们更倾向于将自己定位成一名生产者或做事者。这种成人的自我概念，为体育教师的学习意愿赋予了特殊的内涵，他们希望自己的学习具有更多的选择性和自由空间。当体育教师能够自我定向自己的学习时，就会形成强烈的学习动机和不断学习的欲望。

（2）经验占据重要地位。经验为体育教师的学习提供了非常丰富的学习资源。经验充足的体育教师，不仅能为学生学习提供帮助，还能为自己和同事的学习作出贡献。在校内外的互动活动中，教师相互分享和反思已有经验，有助于新经验的形成，同时，新旧经验的交织，使得新经验变得更有意义。

（3）学习的准备性。将各种各样的学习活动融入学习任务当中，可以为学习者提供更多的学习机会，当学习者做好充分准备对主题或活动进行组合和吸收时，才能实现有意义的教学，这意味着体育教师面对所学事物时要保持时刻准备的状态。不同体育教师有着不一样的学习需求和兴趣，所以并不是每一位体育教师都在相同时刻具有学习的准备性。

(三) 学生的引导者

1. 引导学生学习体育知识

过去的体育教学更加关注教授问题，现在的体育教学更加关注学习问题。总的来说，体育教学从本质上来看是学生对已有体育知识和新知识的探索与获取过程。

在知识大爆炸的今天，学生在获取知识的过程中，应该将与众不同的体验置于首要位置，而不应该只是强调对知识经验的获得。需要明确的是，前者是体育教师所不能"传授"的。对于这种特定的学习探求，学生在内容、方法等方面难免会出现手足无措的情况，而体育教师却对此较为熟悉，所以体育教师要为学生提供有效的引导。

2. 引导学生良好道德品质的发展

概括来说，任何一种完整的道德品质都应该包括以下五种基本要素。

（1）知。知，指的是对道德的认知，其集中体现为对某种观点及是非善恶的判断。它是完整道德品质得以形成的认识基础。在评价一个人道德品质的优劣时，尚未转化为行为习惯的道德认知是不能作为衡量标准的。

（2）信。信，指的是道德信念。在日常生活中，人的言行一致、言行不一致都是常见现象，这种现象的形成同知与不知、知的深浅及对错息息相关，但在大多数情况下，这种现象的主要形成原因就在于正确的知识尚未成功转化为信念。可以说，信念是知识转化成行为的中介。

（3）情。情，指的是道德情感。只有道德知识和情感体验之间形成强烈的共鸣，人们才能非常相信这种道德知识，才会主动用道德知识所需的精神力量来支配自己的行为。信念的形成需要以情感为依托，情感也是决定知识能否转变为行为的关键因素。

（4）意与行。意，指道德意志。行，指道德行为。行为的形成取决于意志，而且在意志的推动下，人们长期的行为会逐渐演变成一种习惯。随着习惯的形成，这种行为就会变成一种自动化、愉快的义务行为。

上述道德品质的五个基本要素之间具有相对独立性。与此同时，它们在各自的发展方向和水平方向上也有着彼此不适应和不平衡的矛盾。唯有使各要素之间相互作用、相互促进，才可以真正实现知行统一。如果有矛盾没有得到有效解决，便会出现知行不一的现象。

由此可见，知与行之间的不断转化实际上就是道德品质的五个基本要素之间不断适应、不断平衡的过程。要想有效掌握各要素之间的转化过程，需要精细化剖析每一要素及其相互关系。

学生道德品质各要素之间的相互作用和知与行的相互转换是个体社会化的过程。这一过程的实现需要以社会外部条件为支撑，其中就包括教师的正确引导这一关键条件。教师引导所起的作用主要有以下几点。

①帮助学生学习和掌握基本的道德知识。

②使学生更加关心国家、世界、社会、父母、教师、同学等。

③帮助学生将所学知识与实际生活建立起有效联系。

④帮助学生拓展社会交往活动的范围，从而更快速地融入集体生活当中。

⑤帮助学生形成内部道德心理定向。

⑥引导学生积极参加各种各样的社会实践活动，采取实际行动为社会发展作贡献，积累更多的社会经验，同时不断增强情感体验。

3. 引导学生身心全面健康发展

体育教师在引导学生身心健康发展时采取的主要方式是传授体育知识，培养学生体育锻炼的习惯，使学生心理始终处于和谐的状态，也就是所谓的健康智慧。简单来说，健康智慧就是一种身体和心理处于健康的自觉状态，主要包括健身智慧、健心智慧。

4.引导学生的人生道路

中小学生正处于身体和心理快速发展的关键时期，经历认识、选择、定向人生道路的阶段。体育教师对中小学生人生道路的引导具有全面性，主要体现在两个方面：一方面，以学生实际条件为依据，为学生树立崇高而伟大的人生理想提供引导。学生的人生理想要切合实际，既不能过高也不能过低。过高的人生理想不容易实现，学生的自信心极易受到打击；过低的人生理想没有挑战性，学生的潜能得不到充分发挥。另一方面，为学生实现人生理想的信心和恒心的形成提供引导。人生理想的实现离不开信心和恒心，教师培养学生坚定不移的精神和毅力，有助于学生实现人生理想，走上正确的人生道路。

（四）课程的研制者

教师作为课程的研制者，肩负着十分艰巨的使命。在课程开展的不同阶段，教师承担的课程研制任务有所不同。

1.体育课程规划阶段

通常情况下，教育行政部门所制定的体育课程计划、标准及教学材料均属于宏观层面，相对而言具有一定的抽象性，需要体育教师对其进行微观化、细节化、明确化、具体化，然后才能将其有效应用到课堂之中。具体来说，体育教师在这一阶段的任务主要包括以下几点。

（1）详细地制定体育课程的目的和目标。

（2）精心挑选体育课本、教学参考资料。

（3）全面挖掘、识别、应用学校和周边社区的体育课程资源。

（4）进一步明确每一节课的设计范围。

（5）适当删减体育课程内容。

（6）确定体育教学计划类型，制订可行的体育教学计划以及课外发展性和补习性计划。

（7）设计因材施教的教学方法。

（8）协调体育课程内容，研制符合学校学生实际的体育教学材料。

2. 体育课程实施阶段

在体育课程实施阶段，教师的主要任务在于有组织、有步骤地开展体育教学活动，并实施备课过程中制订的方案，具体任务主要包括以下几点。

（1）侧重于讲解体育课本中的重点内容。

（2）从学生自身特点出发，有选择地讲解重点学习内容。

（3）合理分配与掌握不同主题和单元的教学时间。

（4）发挥教学设备和媒体的辅助作用。

（5）以直观、形象的方式向学生呈现相关材料和信息。

（6）选择适合学生发展的切实有效的教学策略。

3. 体育课程评价阶段

体育教师的评价主要包括对体育课程的评价、对体育教学的评价两个方面。这两个方面的评价不容易区分，其中对体育课程的评价主要包括以下几点任务。

（1）分析教学计划与体育课程目标要求是否相符。

（2）判断教学计划的可行性、有效性，能否激起学生的学习兴趣，能否满足学生的学习需求。

（3）考查所讲述的材料和信息。

（4）检验完成的体育课程产品。

对体育教学的评价主要包括以下几点任务。

（1）在体育教学正式开始之前，评估学生已有水平。

（2）适时检测学生的实际学习情况。

（3）引导学生评价自己的学习表现和体育课程材料。

（五）体育课程与教学的组织者

在体育教学过程中，为了有效实现内容到经验的转化，教师作为组织者的主要任务在于设计与开发教学环境、教学媒体、教学活动，尤其是数字媒体。体育教师需要以传统的黑板、教师示范等为设计基础，引入多媒体和网络媒体，实现教学内容与多媒体和网络媒体的有机结合，从而更好地激发学生的学习兴趣。

1. 教学环境设计与开发的基础

在学生学习过程中，要想实现从被动学习到主动学习的转变，教师就必须不断创设学生"自我经验"体育实践环境，由此才能进一步优化体育教学环境。体育教学环境的优化可以从以下几个方面入手。

（1）创新体育组织方式和实施形式。

（2）促进体育教育内容向学习经验的转化。

2. 教学媒体的设计与开发基础

教学媒体的设计与开发基础在于信息技术，主要依托的是多媒体和网络，全方位设计与开发体育教学媒体。有机结合教学内容和媒体，能够帮助学生更好地学习体育知识、经验及价值。

（1）体育知识的学习。根据知识应用的不同，体育知识的学习可以划分为以下三类。

①对分科知识的学习。

②对各方面知识之间联系的学习。

③对新知识获取技能的学习。

（2）体育经验的学习。人对自己和世界认识的形成主要基于经验的构建，要想促进学生的学习，必须实现体育课程的经验化。为了改变学生被动学习体育的状态，使学生主动投入体育学习当中，体育教师必须将体育学习变成学生亲身经历的经验，如此才能使学生对体育学习终生难忘。

（3）体育价值的学习。

在体育教育和课程领域，体育价值的学习主要包括以下两个方面。

①关于个人的生理价值和心理价值，在个人自身关系中"体知情意"价值的学习。

②涉及多元体育文化，在社会个体、群体关系中价值的学习。

3.体育教学活动的设计与开发基础

体育教学活动的设计与开发需要遵循以下几条基本原理。

（1）"物—物"互动原理。"物—物"互动是体育教学活动有效开展的前提条件。"物—物"互动原理的含义主要包括以下两个方面。

①从时空层面来看，体育教学环境中的物资设备是可以进行动态互换的。

②科学合理地设计体育教学环境的布局和结构，可以使体育教学环境中的各物资设备之间有效地建立内在的"互动"关系，使之能够交相辉映、相互促进。

（2）"物—人"互动原理。开展"物—人"互动的教学活动，有助于实现人的有效学习。这一互动原理的含义主要包括以下两个方面。

①以人的实际学习需要为依据，构思、设计、构建体育物质环境，从而充分激发学生的学习兴趣。

②教师在准备、设计、实施体育教学活动时，要尝试开发体育教学活动。

（3）"人—人"互动原理。"人—人"互动的教学活动是促进人有效学习的关键因素。"人—人"互动涵盖范围较广，主要包括社会、学校、家庭等各类人员的互动。在中小学体育教学的"人—人"互动中，最为常见且重要的主要互动包括教师与教师之间、教师与学生之间、学生与学生之间的互动。根据互动的方式，"人—人"互动可以划分为"人—人"直接互动、"人—人"间接互动。

随着社会的不断发展，"物—物"互动、"物—人"互动、"人—人"间接互动日益增多，但"人—人"直接互动却变得越来越少，特别是教师与学生之间的互动。因此，今后中小学体育教学的主要发展方向之一就是增加教师与学生之间的互动。

在过去很长一段时间里，中小学体育教师扮演的主要角色是课程的执行者，对体育课程的组织略显匮乏。随着信息技术的日新月异及其在体育教学中的应用越来越广泛，体育教师教学组织者的角色面临着巨大的挑战。为了有效应对这一挑战，促进体育教师教学组织者角色的发展，需要相关学者广泛深入地研究与解决相关理论与实际问题。

（六）体育文化的创造者

在体育文化的传承与创新中，体育教师担任的主要角色是体育文化的创作者，他们是体育文化创新的主体。体育教师创新体育文化主要是为了培养学生的创造性，增强学生自觉改进活动的意识，从而使学生不断挖掘、构建、享用生命的价值。作为体育文化的创造者，体育教师在日常教学中需要遵循以下几个原则。

1. 改变自己的态度和行为

体育教师作为体育文化的创造者，为了更好地培养学生的创造能力和创新能力，必须拥有丰富的体育知识和体育技能。在此基础上，体育教师要从学生当下的身体条件和学习特征出发，为他们量身定制个性化的学习策略，从而更加充分地满足不同学生的学习需求。同时，体育教师要支持与鼓励学生独立思考问题，致力于学生独立解决问题能力的培养。除此之外，体育教师本身应该积极接触和了解新事物，并主动根据学生合理的需求改变自己的态度和行为。

2. 理解创造

就中小学体育教学活动而言，创造主要包括以下几个特殊内涵。

（1）创造不是一个事件，而是一个过程。创造不仅仅是一个全新的方案，更是一个具有持续性特征的过程，这个过程可能会持续几年甚至几十年。对这一点的充分认识是实现有效改革的先决条件。

（2）创造需要全体体育教师的共同参与。创造对个人思想、能力的发展具有重要影响。同样，人在变化中也扮演着十分关键的角色。因此，革新方案的焦点应该是人，而非方案本身。只有每一位体育教师都全身心地投入革新中，学校体育才能有所开拓、有所创造。

（3）创造包含着发展。倘若体育教师能够从创造活动中获取相应经验，就意味着其体育知识和技能均在原有基础上获得了一定的发展。由此体育教师会积累越来越多的经验，自信心也会随之增强，而且，这种自信会体现在日后的体育教学创造中。

3. 研究与实践相联系

有效的体育教学就是体育教师通过发挥自身的引导作用，使学生完成对体育领域相关知识的学习。这里需要明确的是"好"的体育教学和"有效"的体育教学之间存在的区别。

"好"的体育教学倾向于针对具体某一种体育教学风格的个人表现。"有效"的体育教学是一种联结体育教师行为和学生所得的研究。体育教师的特殊能力，是影响体育教师行为，以及教师和学生之间能否建立起有效关联的关键因素，主要包括以下几个方面的内容。

（1）明晰。明晰指的是体育教师的教学、组织、表达、提问、指导达到了具体、明确、清晰的程度。为了让学生进行有效学习，教师必须进一步明确与学生交流的内容、方式和对学生的要求。

（2）热情。热情指的是体育教师要以满腔热忱投入体育教学活动、与学生的互动。体育教师需要从体育教学实际、学生学情出发，构建一种张弛有度、收放自如的教学方式。大量教学实践证明，在中小学体育教学中，富有激情的体育教师更容易带动学生感情充沛、全神贯注地投入学习中，更容易令学生回味无穷。另外，风趣幽默等独特个人风格能够提高体育教师的热情度。

（3）综合运用多种体育教学方法。相较于运用单一的体育教学方法，系统运用多种不同体育教学方法更能吸引学生的注意力，提高学生的体育成绩。在一堂体育课中，如果教师可以灵活运用多样化的教学方法，学生就能快速习得体育教师希望他们掌握的知识和技能。

（4）使学生专注于体育学习任务。高水平的体育教师可以长时间保持学生注意力的高度集中，让学生高效率地完成体育学习任务。让每一个学生将全部时间投入学习中是一种不切实际的期待，因为任何人都会出现精神不集中、注意力分散的情况。

如果一位体育教师可以创设良好的体育学习环境，基本可以保证80%~90%的学生在规定时间内专心致志地学习，这已经算是达到了高效率的体育教学标准。教师可以从以下几个方面入手营造良好的体育学习环境。

①提出难度适中且具有挑战性的学习任务。
②教师与学生保持真实有效的双向互动。
③教师给予学生权威性的反馈，尤其是对于学生错误的纠正。
④使课程结构化，并指导具体任务的实施。
⑤鼓励学生进行小组合作学习，分工合作、相互配合完成任务。

（5）促进学生思维技巧的发展。开展有效的体育教学，有助于促进学生思维技巧的发展，包括创造性思维、批判性思维及问题解决思维。

①基于创造性思维培养的体育教学。培养学生创造性思维的主要目的在于让学生创造性地解决实际问题，主要包括以下步骤。

第一，探寻事实，即针对特定情境搜集相关信息，从中找出已经有所了解的信息，并进行客观、细致的观察。

第二，探寻问题，即从多个观点中寻找问题，再一次启动问题。

第三，探寻办法，即通过思考想出各种办法，在全面考虑所有办法的基础上再进行判断，从而选出比较理想的办法。

第四，寻找解决方法，即构建评价解决方法的标准，基于一定的目的将这些标准应用于方法的选择上，对解决方法进行选择与评价。

第五，寻找共识，即制订一个切实可行的行动方案，全面考虑每一个参与者，通过集体讨论的方式确定一个大家达成共识的问题解决途径。

②基于批判性思维培养的体育教学。批判性思维指的是对某种事物的真实性或准确性作出判断的思维，是一种合理的、反思性的思维，它

不仅属于思维技能,也是思维倾向。

基于批判性思维培养的体育教学主要包括三个环节:第一是定义和澄清,主要是对结论、不恰当之处、相同之处和不同之处进行辨别,恰到好处地提出问题,以澄清和质疑学生的思维。第二是判断资源的可信度。第三是解决问题和得出结论,重点培养学生归纳和判断结论的能力、判断效力的能力、预测可能结果的能力。

③基于问题解决思维培养的体育教学。教会学生正确、高效地解决问题,是体育教师的重要教学任务。当学生掌握多种解决问题的策略时,他们就能将这些思维应用于以后相似的情境中,从而更好地解决实际问题。对于解决问题策略的传授,体育教师可以按照以下步骤进行。

第一步,根据学生现有的体育水平和能力,创编一个有针对性的练习,引导学生通过个人独立学习或小组合作学习的方式,发现已知和未知的信息和事实。

第二步,通过练习的方式使学生聚焦问题。

第三步,鼓励学生发挥想象力,产生更多的想法。对于学生的提议,教师不能指责,以维持学生的参与性。实际上,有些看起来偏离主题的办法却是最新颖、奇特的办法。

第四步,引导学生制定评价某一观点的标准。

第五步,根据班级想出的办法,学生需要完成相关行动方案的制订。同时,学生需要制定一个具体的策略,使方案可以"卖"给一个合适的接收者。

第二节 中小学体育教师专业发展的必要性和途径

一、体育教师专业发展的概念

教师专业发展是指教师个体专业化,是新知识获取和专业技能提高的过程，也是教师个体专业技能形成与完善、专业精神逐渐提升与成熟的过程。体育教师专业发展是指体育教师在职业生涯过程中，通过不断地进行专门训练与学习，最终获得体育专业知识和运动技能，并在实践过程中实现自身教学水平的持续提升，从而蜕变为优秀体育教师的全过程。

二、中小学体育教师专业发展的必要性

目前，体育教师职业是一个具有专业的性质，但尚未达到成熟专业状态的职业，体育教师的专业发展显得十分必要，如图7-3所示。

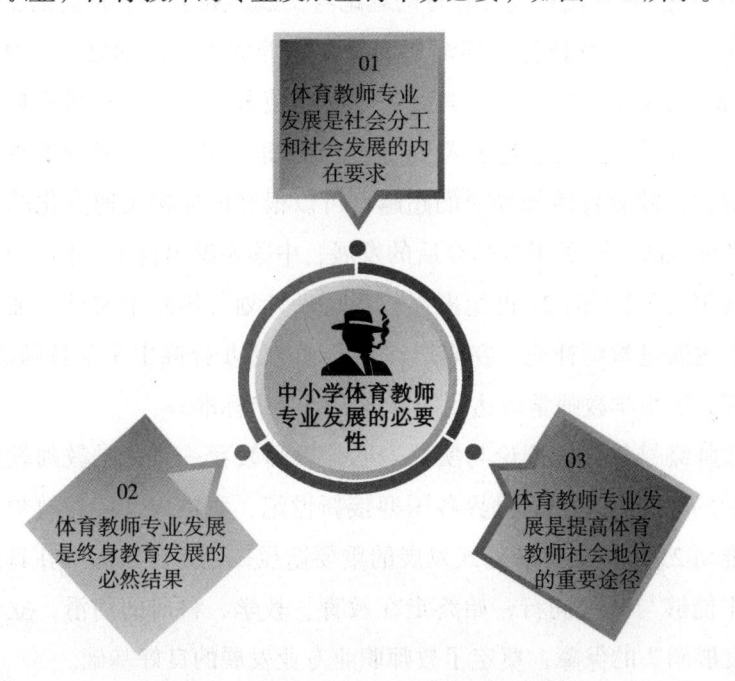

图 7-3 中小学体育教师专业发展的必要性

（一）体育教师专业发展是社会分工和社会发展的内在要求

人类生活方式的复杂程度日益提升，加之知识经验的持续性积累，必然导致社会分工，并由此推动社会向前发展。不断发展的现代社会，对职业技能的专业化程度的要求日益提升，以至于采取一般、简单的社

会化手段是无法满足这种需求的，必须采取专业化手段才行。与其他职业一样，教师职业随着社会分工变得逐渐精细，并慢慢转入专业的发展轨道。在信息化社会的今天，知识社会必然要求各个职业趋于专业化，其中就包括体育教师。包括体育教师在内的各学科教师的专业发展充分体现了社会分工与社会发展的内在要求。

（二）体育教师专业发展是终身教育发展的必然结果

20世纪90年代，终身教育的理论与实践形成了一个完整化、系统化的教育体系，终身教育也逐渐成为师资培养的主流方向之一。1996年，联合国教科文组织发布了《教育——财富蕴藏其中》这一研究报告，明确指出终身教育的概念是进入21世纪的关键所在，终身教育实现了对职前教育、继续教育传统界限的超越，可以很好地迎接飞速变化的世界带来的各种挑战。[①] 关于教师今后的发展，中国相继出台了《中国教育改革和发展纲要》《面向21世纪振兴教育行动计划》等政策文件，强调在一定时期内通过教师补充、在职培训等渠道，逐步提高中小学教师的学历，使大部分中小学教师学历达到国家规定的合格标准。

教师终身教育的理论与实践表明，教师教育一体化是教师教育改革与创新的大势所趋，是世界各国迎接新世纪、新挑战，培养教师良好素质，推动21世纪教育跨越式发展的重要途径；也是广大教师在日后教育实践中能够与时代同行，始终走在教育、教学、科研的前沿，立于教育改革发展潮头的保障，奠定了教师职业专业发展的良好基础。

（三）体育教师专业发展是提高体育教师社会地位的重要途径

从社会学理论的角度来看，经济收入、职业声望、权力是衡量一个职业社会地位高低的三大主要因素。体育教师走专业化发展道路，对于

---

① 联合国教科文组织.教育：财富蕴藏其中[M].联合国教科文组织总部中文科，译.北京：教育科学出版社，2014：64-71.

自身经济收入、职业声望、权力的提升具有促进作用，能够为自身社会地位的提升奠定基础。

首先，体育教师走专业化发展道路能够提高自身的物质待遇，进而提高自身的社会地位。随着专业化水平的日益提升，体育教师职业会逐渐朝着像律师、医生一样的成熟专业方向发展，从而使体育教师获得可以与医生、律师相媲美的专业地位，此时体育教师的物质待遇会自然而然得到提高。随着体育教师物质待遇的提升，体育教师的社会地位也会得以提升，体育教师会全心全意、扎扎实实、兢兢业业地做好体育教学工作，随之而来的将是体育教学质量的进一步提高。

其次，体育教师走专业化发展道路能够提高自身的职业声望。教师的职业声望指的是人们对教师职业作出的社会评价。在整个职业声望结构中，教师职业的声望居于中上位置，排位具有相对稳定性，并有逐步提升的趋势。职业和专业的不同之处就在于，专业的职业声望往往高于一般职业的社会声望。体育教师的专业化水平与社会声望成正相关关系，体育教师专业化水平越高，与成熟专业水平之间的差距越小，体育教师的社会声望就越高。因此，体育教师专业化水平的提升是提高体育教师职业声望的重要基础。

最后，体育教师走专业化发展道路能够提高自身的专业权力。不同于行政权力或其他权力，体育教师的权力属于一种专业性的权力，这种权力集中体现在体育教学活动中，指的是体育教师在教学中对各项教育资源所拥有的权力。正是这种专业性权力使得体育教师能够使用和控制学校各项体育教育资源。与其他学科的教学活动有所不同，体育教学活动经常在户外进行，存在诸多可变因素，所以，体育教师必须结合具体的教学情况，精心设计与处理体育教学活动的全过程，这就要求体育教师富于创造性地劳动。从这个意义上讲，体育教师在教学活动中享有更多的自主权。体育教师不断朝着成熟专业方向发展，有助于提升自己的专业自主权，进而获得更高的专业地位。

三、中小学体育教师专业发展的有效途径

中小学体育教师专业发展的途径多种多样，具体可以从以下几个方面入手，如图7-4所示。

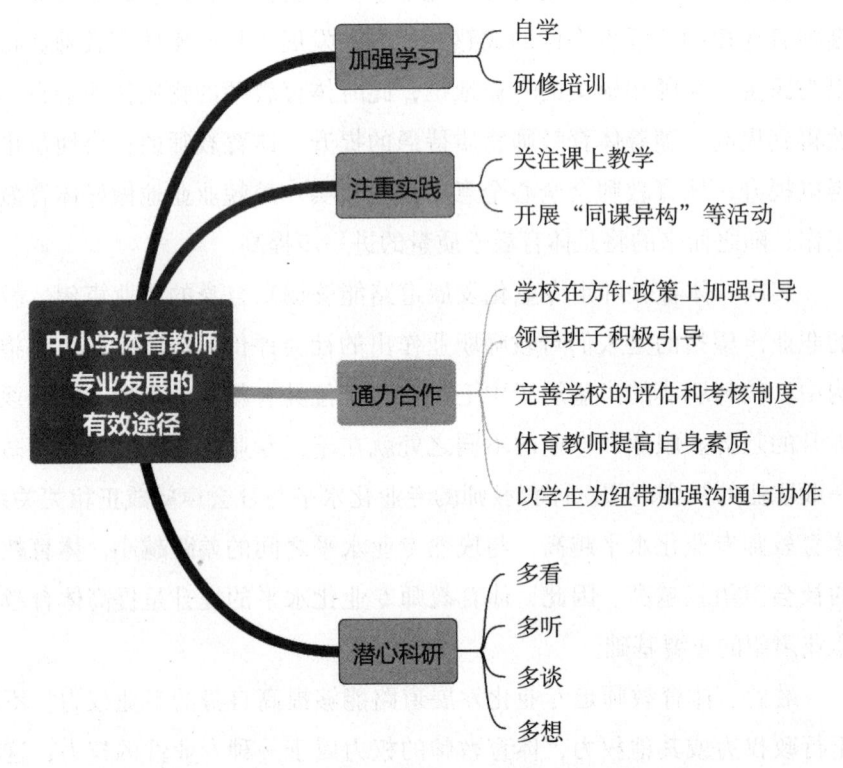

```
中小学体育教师专业发展的有效途径
├── 加强学习
│   ├── 自学
│   └── 研修培训
├── 注重实践
│   ├── 关注课上教学
│   └── 开展"同课异构"等活动
├── 通力合作
│   ├── 学校在方针政策上加强引导
│   ├── 领导班子积极引导
│   ├── 完善学校的评估和考核制度
│   ├── 体育教师提高自身素质
│   └── 以学生为纽带加强沟通与协作
└── 潜心科研
    ├── 多看
    ├── 多听
    ├── 多谈
    └── 多想
```

图7-4　中小学体育教师专业发展的有效途径

（一）加强学习：在学习中获取知识、发展理论

常言道："活到老，学到老。"人的一生就是一个不断学习的过程，教师行业更是如此。传道、授业、解惑是教师永远不变的职责，所以教师更应该通过孜孜不倦、持之以恒的学习不断丰富和完善自我，为教学活动的开展做好充分准备。

为了更加有效地传递体育知识和技能，体育教师需要在完善自身知

识体系的同时，掌握必要的教学手段和教学方法，从而落实、落细教育工作，更好地实现"授业"目的。可以说，学习是中小学体育教师专业发展的基础途径，也是不断完善体育教师专业知识体系的重要途径。体育教师的学习可以从以下两个方面入手。

1. 自学

体育课程具有较强的全面性、个性、娱乐性，这意味着体育教师必须涉猎广泛。在教学工作中，教师要不断补充与完善自己体育学科方面的专业理论。与此同时，教师还要通过读书、旅游、拜访名师、交友、个人领悟等途径学习其他知识，如现代教育技术、文化科学知识、心理健康知识等。

除此之外，体育教师在自学时还应该及时阅读有影响力、权威性的教育期刊，如《体育学研究》《体育与科学》《体育文化导刊》《体育学刊》，了解教育和体育教育领域的最新动向，及时进行教学改革，同时及时扩充知识储备，促进自身理论知识的发展。

2. 研修培训

体育教师要珍惜并把握学校提供的培训研修机会，富有热情地参加每一次培训研修，同时做好记录，积极发表教育教学成果，促进自身专业发展。通过研修培训，首先，体育教师可以深刻意识到学习理论知识的重要性，尤其是如何成为一名优秀的、深受学生喜爱的、家长满意的体育教师。其次，体育教师能够进一步明确教师这一神圣职业的初心和理想追求，全面了解与掌握课程改革和创新的发展方向和目标，反思以往教学工作中有待改进之处。最后，体育教师可以感受不同风格名师的独特魅力，了解更多鲜活的教学案例，从中获得更多有益的指引，从而更新教学观念。

（二）注重实践：在实践中获取实践技能、检验知识

实践是打开理论宝库的钥匙。单纯依靠学习活动获取理论知识是无

法实现专业发展的,体育教师还需要充分发挥主观能动性,积极将所获取的理论知识应用于教学实践。这里提及的实践主要是指课上教学。通过课上教学的方式,体育教师可以实现对理论知识的应用与检验,同时进一步强化教学技能。

除此之外,学校可以积极开展"同课异构"等活动,为体育教师在实践活动中更好地实现专业发展创造良好的条件。所谓"同课异构",指的是多名体育教师针对相同的教学内容,根据自己的实际、理解,完成备课和上课工作。教师的教学风格、备课结构、上课结构、教学方法、教学策略都不尽相同,便形成了同一内容用不同的风格、方法、策略进行教学的课。在这样的教学实践活动中,多维的教学角度、迥然不同的风格、丰富多彩的教学策略,发生了激烈的碰撞与升华,碰撞出来的智慧火花便是教学实践中体育教师专业发展的价值所在。

(三)通力合作:在合作中实现独立思考、互惠共赢

虽然专业发展要求体育教师个体发展,但个体的发展离不开合作与交流。教师之间的相处简单而快乐,虽然不可避免地会存在一些小摩擦,但并不存在原则性的分歧和矛盾,所以教师与教师的通力合作、团结协作是相对容易的。促进教师通力合作可以从以下几个方面着手。

1. 学校在方针政策上加强引导

要想让体育教师之间展开高效、顺利的团结协作,凝聚团队力量,打造合作共进的体育教师团队,让体育教师将主要精力放到教学和科研工作当中,学校在方针政策方面要加强引导,从大的方向上为体育教师之间的团结协作提供保障。

2. 领导班子积极引导

要想让体育教师展开良好的合作,领导班子的引导作用至关重要。领导班子要发挥示范带头作用,以身作则,身体力行,在日常生活和工作中体现团结意识和合作精神。

3. 完善学校的评估和考核制度

从一定程度上来看，体育教师之间存在着竞争关系，这种竞争集中体现在考核和晋级方面。为了营造良好的竞争氛围，学校的评估和考核制度必须完全公平、公正、公开，向那些脚踏实地、成绩优异、师德高尚的教师倾斜，不为好大喜功、投机取巧的教师留后路、开后门，从而促进体育教师之间的团结协作。

4. 体育教师提高自身素质

在团队合作过程中，如果有人喜欢锱铢必较、针尖对麦芒，将不利于合作活动的开展。因此，体育教师要善于提高自身素质，将集体荣誉放在第一位，将个人利益置于集体利益之后，不断增强团队协作意识和团队合作精神，促进体育教师队伍的团结合作。

5. 以学生为纽带加强沟通与协作

在工作之余，体育教师可以聚到一起，围绕学生的课堂表现展开沟通与交流，从多方面了解学生的同时，根据学生表现共同研究和制定有针对性的教学策略，坚持因材施教，从而加强体育教师之间的合作与交流，实现互惠共赢。

（四）潜心科研：在科研中实现创新教学、推动教改

科研是提高教师教学研究能力的主要途径，对教学质量的提高起着间接的促进作用。体育教师应高度重视科研工作，将教研科研协同于体育教学实际，强化适应新时代的体育教育教学实践策略探究，以更好地顺应时代教育改革发展需要，助力新时代体育教学的高质量发展。体育教师可以从以下几个方面潜心科研。

1. 多看

多看是提高体育教师科研能力的主要途径之一。体育教师可以多看国内外有关体育学科的核心期刊，以及有代表性的体育学科的教材、专著等。

2. 多听

多听指的是体育教师要积极参加学术活动，从而不断提高自身的教研能力。

3. 多谈

多谈指的是体育教师要加强与专家、教授、学者的交谈，从中快速获取重要信息。

4. 多想

通过看、听、谈等途径，体育教师会获取大量的知识和信息，之后就需要充分联想、假想、反思质疑，从而发现问题、打开思路，进行深入的分析、归纳与总结。

第三节 中小学和谐师生关系的建设

一、和谐师生关系的概念和内涵

（一）和谐师生关系的概念解读

要想了解和谐师生关系的概念，首先要弄清楚"和谐"的意思。"和谐"并非新名词，而是一种历史悠久的教育思想。"和谐"这一概念由中国教育界鼻祖孔子率先提出，之后由孟子发扬光大。《辞海》将和谐定义为"协调"。[1]《现代汉语词典》将"和谐"解释为配合得适当。[2] 由此可以看出，和谐师生关系是一种教师与学生之间相互协调、平等友好的关系。

---

[1] 《现代汉语辞海》编委会. 现代汉语辞海：第3卷 [M]. 延吉：延边人民出版社，2002：693.

[2] 中国社会科学院语言研究所词典编辑室. 现代汉语词典 [M].7版.北京：商务印书馆，2016：527.

具体来说，和谐师生关系指的是全方位展现师生个性交往，由教师与学生共同参与、共同建构的一种相互理解、相互信任、平等民主的新型师生关系，其主要目的在于促进教师教学和学生学习的共同发展。

（二）和谐师生关系的内涵分析

和谐师生关系包括三个主要内涵，如图 7-5 所示。

图 7-5　和谐师生关系的内涵

1. 师生教学关系

师生教学关系是师生关系中最为基本的表现形式，强调师生在教育教学活动中基于特定教学任务的引导，通过教与学的过程，为促进学生全面发展而建立的关系。这种关系涵盖教与学两种行为，主要内容是传递文化知识，最终目的在于促进学生全面健康发展。和谐师生关系下的教学关系不同于传统的教学关系，在关注教师教的行为的同时，更加关注学生学的行为，强调师生之间的相互学习、相互作用、共同提高，是一种师生双向沟通和交流的活动，是一种教与学和谐统一的过程。

2. 师生情感关系

作为和谐师生关系的重要组成部分，情感关系强调师生在教育教学活动中所持有的观念和态度。情感关系体现了人性的真善美，以及和谐社会的最高价值理念——以人为本。教师作为普通人拥有丰富的情感，如果教学中忽略情感因素，势必导致师生情感交流次数变少、亲密度降低，情感色彩越来越淡。而现实生活中的师生关系始终存在情感等方面的双向交流。只有师生之间从情感层面进行交流互动，才能保证教师与学生之间的联系是建立在相互理解、相互信任基础之上的，从而使教师角色实现从"独奏者"到"合奏者"的转变。如此一来，可以从很大程度上消除教师与学生之间在心理层面存在的隔膜，有助于形成和谐友好的师生关系。

3. 师生伦理关系

师生伦理关系是基于教师角色定位而具备的权利和义务所形成的关系，这是和谐师生关系的重要内容，也符合新时代发展的要求。在教育教学活动中，伦理关系可以充分发挥学生的创造性、主体性，彰显法治时代对教师与学生之间权利关系和义务关系所提出的本质要求。从表现形式上来看，教育教学活动属于一种伦理上的行为模式，是对教师与学生之间相互尊重、平等互助等关系的具体体现。和谐师生关系的形成，离不开道德规范的指导和约束，长期如此，就会促进师生关系道德伦理层面的形成。

二、中小学体育教学中和谐师生关系的特征

和谐师生关系的建立是建设中国特色社会主义和谐社会的大势所趋，是按计划完成教育教学目标的必要保证。在中小学体育教学中，和谐师生关系主要有以下几个特征，如图7-6所示。

第七章 中小学体育教学创新之教师专业发展

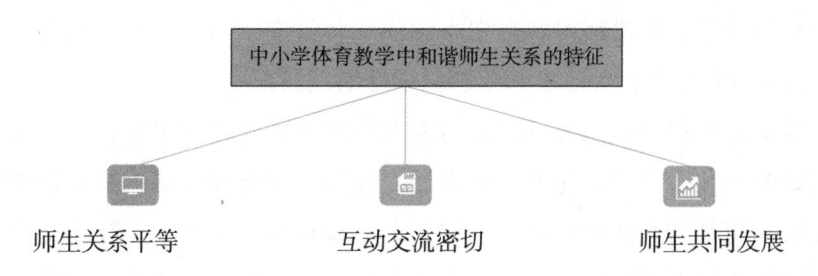

图 7-6 中小学体育教学中和谐师生关系的特征

（一）师生关系平等

在学校生活中，教师与学生所扮演的角色有所差别，但在社会生活中，教师与学生的人格处于平等地位。在教学活动中，教师和学生都是活动的主体，两者都具有相对独立的人格，且两者的人格没有高低、强弱之分，处于绝对平等的地位。

随着网络时代的到来和发展，学生获取知识的途径发生了巨大变化，由以往单一的教师传授转变为多方位的学习，学生通过网络可以获取自己感兴趣的知识，甚至学生对部分知识的掌握还会超越教师。在此背景下，教师必须从传统"尊师重道"观念下的权威者转变为与学生平等相处的引导者，从教学的主角转变为与学生地位平等的学生学习的促进者，从而与学生更加融洽地相处。

中小学体育教学中和谐师生关系更应该体现出平等。教师要从心里把学生视为与自己人格平等的人，真诚地与学生进行交往，放下权威，从传授者积极转变为帮助者、合作者、引导者、促进者。同时，教师必须做到面向全体学生，尊重和理解学生之间的差异，为每一个学生提供有针对性的引导，力争使每个学生都能从体育课中收获快乐。

（二）互动交流密切

体育课堂应该是互动交流密切的课堂，如此才能充分展现出体育课堂的精彩纷呈、生机活力。在中小学体育教学中，频繁的互动交流有助于促进教师和学生行为态度和情感认识等的发展。

随着时代的进步与发展，人与人之间的关系变得越来越密切，人与人之间的交往也向频繁化的态势发展。任何人在交往活动中都不是孤立存在的，而是与其所处环境相互交织。在课程改革背景下，互动交流成为和谐师生关系的实质所在。就中小学体育教学而言，师生互动是一种"人—人"模式的互动沟通，是不同个体之间相互包容、相互理解，体育教师对学生施加影响，分享体育知识和技能的过程。和谐师生关系强调教师与学生之间的良性互动交流，要求两者共同参与到体育教学中，拓展发展空间，实现教学目标与学习目标的一致，从而顺利地完成教学活动。

（三）师生共同发展

"一切为了每一个学生的发展"是新课改的核心理念，也是教育的最终目的，即促进学生各方面素质的全面发展。这种全面发展主要包括两个方面的内容，即学生全面发展、教师专业发展。

首先，教师充分发挥自身知识、文化素养的影响力，促进学生知识获得、品格养成，帮助学生在具体情境中建构知识结构，更新已有认知，真正内化所获取的知识，从而推动学生的发展。其次，教师教学内容和方式也会受到学生性格、思维方式以及知识的影响，教师需要不断了解学生，重新认识学生，在反思自己的教学理念和教学方式的过程中，实现自身的专业发展。正是师生之间的相互作用、相互促进，使得两者价值得以充分实现，最终使师生共同发展，这也是教学相长的过程。

三、中小学体育教学中和谐师生关系建设的理论基础

中小学体育教学中和谐师生关系的建设有着坚实的理论基础，主要包括以下几点，如图7-7所示。

第七章 中小学体育教学创新之教师专业发展

平等的首席者　　　　多元智能理论

中小学体育教学中和谐师生关系建设的理论基础

三喻文化理论

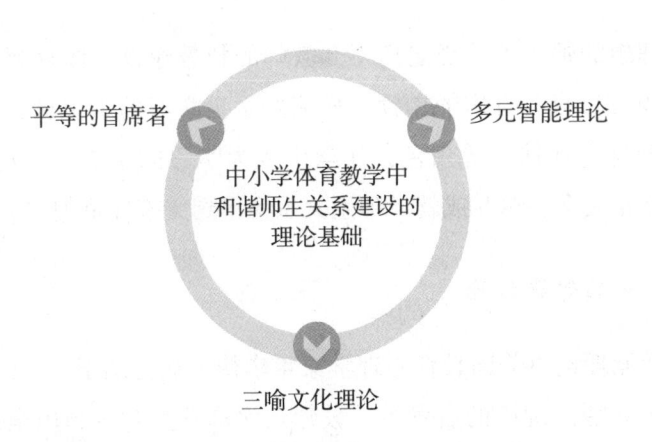

图 7-7　中小学体育教学中和谐师生关系建设的理论基础

（一）平等的首席者

美国后现代课程论的主要代表人物小威廉姆·E.多尔顺应后现代师生关系发展的新趋向，将教师的作用界定为"平等的首席者"，并试图通过平等对话、重建教师权威的方式形成新的师生观。[1] 首席指的是一个公司中的首席执行代理人，他不仅是公司的一部分，还被赋予了独特的权力，发挥着重要的引领作用。作为体育教学活动的组织者和观察者的体育教师就是师生关系中的"首席"，他们不仅是班级中的一员，还具备独特的引领作用，就如同一个乐队的总指挥，不仅是师生关系中人格平等的一员，还拥有策划、陪伴、监督、引导、评估等重要责任与义务。

与学生建立和谐关系是每一个体育教师的愿望，但在实际操作中教师又怕与学生过度亲密而失去威严，因而把握好师生之间的亲密度是关键所在。体育教师一方面要把握好与学生之间的相处距离，明确自己的身份地位，在与学生亲密接触的同时，牢记自己教育者的责任，在教学上容不得半点"宽恕"之心，用自己的言传身教来树立威信；另一方面要树立服务意识，一视同仁，走进学生的内心，放下自己的身段，服务于学生的生活和学习，从而赢得学生的尊重和认可。

---

[1] 多尔.后现代课程观[M].王红宇，译.北京：教育科学出版社，2000：166-179.

一种理想的师生关系必定离不开教师的智慧建设。体育教师要转变观念，挣脱盲目自我肯定的枷锁，扮演好学生学习的组织者、顾问、学习伙伴、教练、评估者等角色，让学生成为学习的主人。在此过程中，师生之间互相成全、相互成就，师生关系将得到突破性重塑。

（二）多元智能理论

多元智能理论由美国教育心理学家霍华德·加德纳于1982年首次提出。[1] 在多元智能理论的启发下，教师在评价学生时应当用全面、多维度、发展的眼光。因为每个人都至少拥有八种智能，分别为语言智能、数理智能、音乐智能、空间智能、动觉智能、自省智能、交流智能、自然观察智能，这也造就了人与人之间的差异。每个人的智能表达方式都具有特殊性，所以在评价一个人是否聪明时，并没有一个适用于所有人的评价标准。因此，人们在评判哪个人更聪明时有着截然不同的视角。而且，人们无法评判哪个人更聪明，只能回答他们各自在哪些方面更聪明。

体育教师在与学生相处的过程中，如果运用多元智能理论的思想和观念，就能摒弃"以分数论英雄"的衡量指标，既能看到学生的学习成绩，又能发现学生在其他方面的闪光点。如此一来，每一个学生在某些方面都是聪明的，从而给体育教师留下良好的印象。好印象是一段关系的良好开端。体育教师对学生的正确认知是建立和谐师生关系的第一步。

（三）三喻文化理论

20世纪60年代，美国文化人类学家玛格丽特·米德提出了三喻文化理论，将人类社会划分为三个不同的时代，即前喻文化——晚辈向长辈学习知识及经验，并喻文化——晚辈与长辈相互学习，后喻文化——长

---

[1] 加德纳. 智能的结构[M]. 沈致隆, 译. 北京：中国纺织出版社, 2022：11.

辈向晚辈学习知识及经验。① 三喻文化的共存，展现出一个多维度、多层次的文化传递模式。其中，代表未来的不再是长辈，而是晚辈。当代社会，三喻文化共存，长辈和晚辈可以相互交流、相互学习、相互合作，这有助于消除长辈和晚辈之间的代沟，构建和谐关系。

在后喻文化背景下，出现了一种新型文化传承模式，即年轻者向年长者传递文化的模式，其促使社会文化传承模式趋于多样化，改变了校园师生关系形式。在后喻时代，学生可以获取更加全面的知识，如果师生之间在认知层面上出现矛盾，学生有权利直接指出，并进行评判。这是对当今教师的一种考验。与此同时，教师也应该善于变通，不再只是做知识的灌输者、言行的规范者，更要力争成为学生成长路上的同路人、引路人，照亮学生前行的道路，更多地发挥自身的辅助、陪伴作用，与学生相互影响、相互促进。

四、中小学体育教学中和谐师生关系建设的原则

和谐师生关系的建设是一个需要师生共同参与、共同努力的系统工程，对于教育教学工作具有重要的指导作用，同时有助于提高教师的教学水平。为了保证师生关系朝着更加和谐、健康的方向发展，和谐师生关系的建设需要遵循一定的基础性原则，如图7-8所示。

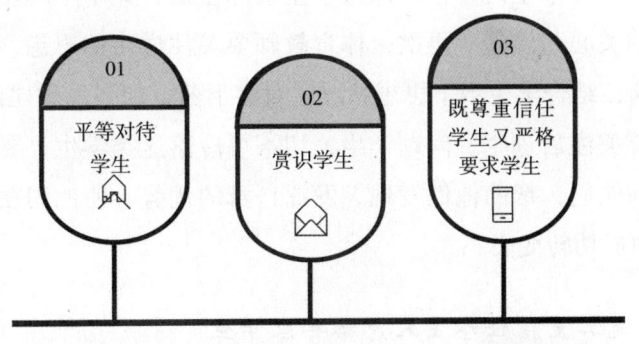

图7-8 中小学体育教学中和谐师生关系建设的原则

① 米德.文化与承诺：一项有关代沟问题的研究[M].周晓虹，周怡，译.石家庄：河北人民出版社，1987：9.

（一）平等对待学生

师生平等不仅是新型师生关系的基本特征，还是教师与学生之间有效互动学习的重要前提，能够满足时代发展的客观要求。如果教师与学生的相处无法做到地位平等，则会导致学生长时间处于压抑、沉闷的教育环境中，不仅难以取得理想的学习效果，还无法保证教学目标的实现。因此，在中小学体育教学中，体育教师要在课堂上给予学生充分的自主权，摒弃以教师为中心的灌输式教学方式，积极转变自身角色，从教书匠转变为促进者，通过互动式学习，营造平等、自由、和谐的教学氛围，引导学生积极地发现问题，并制定解决问题之策。

（二）赏识学生

赏识教育是一种积极的、正面的教育，是一种崭新的教育理念，倡导广大一线教师欣赏学生的品德，为学生提供全方位的关怀，积极鼓励与引导学生参加更多有意义的活动。赏识教育的有效落实能够为和谐师生关系的形成夯实基础。

首先，体育教师要关注学生的学习，了解学生的学习态度，帮助学生优化学习方法，鼓励学生自觉找出学习中存在的问题并改正。其次，体育教师要关注学生的生活，深入学生实际生活，让学生真切地感受到来自教师的关心与温暖。再次，体育教师要关注学生的思想，用思想武装学生头脑，结合学生当下思想状况，对症下药，加强思想建设。最后，体育教师要关注后进生、问题学生，切不可冷落这类学生，要寻找机会鼓励、表扬他们，帮助他们发现、发挥自身的优势，使他们在新我与旧我的交锋中成功转变心态。

（三）既尊重信任学生又严格要求学生

教师与学生之间的相互尊重、相互信任是师生有效互动的前提条件。如果师生双方缺乏尊重和信任，将无法展开最起码的沟通，也就更谈不上教学任务的完成了。爱是教育实施的重要工具，而师生之间的信任是教育取得成功的重要保障。当体育教师善于理性思考，以高度的责任感融入学生的现实生活，获得学生的认可和信任时，学生便会积极主动地配合教师完成教学任务。

另外，体育教师在实际教学中要将尊重信任与严格要求有机结合起来，对学生提出具体、明确的要求，把好学生行为的"方向舵"，制定合情合理的学习规范，鼓励学生努力达到这些要求。

五、中小学体育教学和谐师生关系建设的具体途径

和谐师生关系的建设受到社会、学校等诸多因素的影响，需要各方通力配合、共同努力。因此，和谐师生关系的建设需要充分调动各方的积极性，激发各方热情，利用一切积极力量，不断增强多方协作力度，形成强大的教育合力，共同建立公平公正、真诚友善、充满活力的师生关系。中小学体育教学和谐师生关系建设的途径如图7-9所示。

中小学体育教学和谐师生关系建设的具体途径：

- 社会、政府、教育部门营造良好的社会氛围
  - 提高教师的社会地位
  - 提供强大的社会支持
- 学校创设自由、真诚、平等的工作氛围
  - 营造良好的环境
  - 构建和谐民主的校园文化
  - 加大实训条件建设
- 教师提高沟通水平
  - 掌握沟通交流技巧
  - 掌握必备心理学知识
- 学生发挥主观努力
  - 端正学习态度
  - 尊重和理解老师
  - 关注自身身心健康

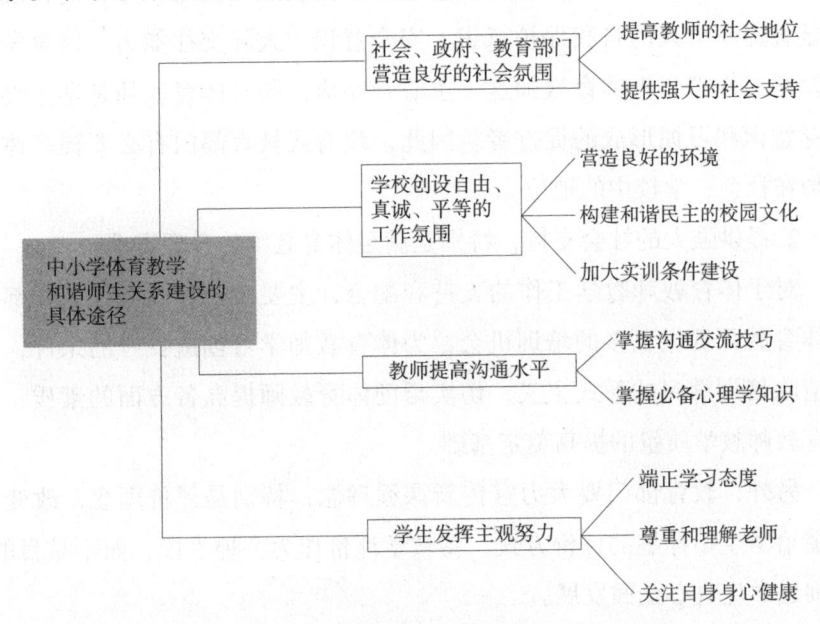

图7-9 中小学体育教学和谐师生关系建设的途径

（一）社会、政府、教育部门营造良好的社会氛围

事物之间是普遍联系的，这是事物本身固有的属性，中小学体育教学中和谐师生关系的建设，不仅需要教师和学生的共同参与，还离不开社会、教育部门的共同努力。社会、政府、教育部门应该营造出和谐的大环境，特别要重视体育学科的社会地位。

1.提高教师的社会地位，特别是体育教师的社会地位

体育学科具有特殊性，对于社会进步、个人发展起着特殊的作用，这是其他任何一门学科所不能代替的。从社会层面来看，体育的有效开展有助于提高广大人民群众的身体素质，还能传承和弘扬民族传统体育文化，从整体上提高人们的运动竞技水平，进而使民族具备更强的战斗力和生产能力。从个人层面来看，体育的有效开展有助于增强个人的身体素质，培养和提高个人的活动能力，锻炼个人的自然适应能力，促进个人意志品质、行为、情感及美感等的共同发展。同时，体育的开展还能显著提高个人的自我保护意识、安全意识、人际交往能力。体育学科的教学工作需要由体育教师这一主心骨完成，同时体育教师是学生终身体育意识和习惯形成的促进者。因此，政府或教育部门有必要提高体育教师在社会、学校中的地位。

2.提供强大的社会支持，特别是满足体育教师的合理需求

对于体育教师教学工作的支持和配合，主要途径是政府或教育部门为体育教师提供更多的培训机会，为体育教师学习创造良好的条件，彻底清除培训学习的形式主义，切实帮助体育教师提高各方面的素质，为体育教师教学质量的提高奠定基础。

另外，教育部门要大力宣传新课程理念，特别是评价理念，改变以成绩给学生贴标签的评价方式，将教学评价作为一种手段，而不是目的，以促进学生身心全面发展。

（二）学校创设自由、真诚、平等的工作氛围

学校是中小学体育教学中和谐师生关系建设的重要促进者，新型和谐师生关系的建设需要引起学校的高度重视。中小学体育教学坚持以"健康第一"为导向，以促进学生身心健康发展为核心，是当前中小学体育教学值得深思和解决的问题，它为中小学体育教学改革、办学思想转变指明了方向。学校可以从以下几个方面入手，创设良好的工作氛围，充分调动体育教师工作的积极性。

1. 营造良好的环境，促进和谐师生关系

学校要多角度、多方面加强师资队伍建设，提高教师的综合素养，如定期组织培训，更新教师教育观念；组织座谈交流探讨会，围绕实际教学中存在的问题和解决策略进行探讨和交流，以促进一线教师教学能力的提升。同时，学校需要积极构建教育合力，即校园内部所有人际关系都保持和谐，包括不同领导之间、不同部门之间、不同教师之间、教师与学生之间、不同学生之间等的人际关系。和谐的人际关系可以高效合作与充分协作，形成强大的教育合力，从而达到最优目标。

除此之外，学校要构建良性竞争制度，为教师营造相对自由、宽松的环境，以充分发挥教师的主动性和创造性，加强教师之间的相互协作、合作竞争，最终实现共同进步与提升。学校要更新教师教学成果评价制度，改变将分数作为唯一衡量标准的评价方式，多角度、多层次、全方位地评价师生关系，积极地为教师教学、学生学习营造自由、宽松、融洽的环境，为师生和谐关系走上良性长久的发展道路提供保障。

2. 构建和谐民主的校园文化，促进教学关系和谐

校园文化是校园群体文化的简称，是一所学校对外展示的窗口。校园文化体系是由学校成员所共有的物质、制度、行为、精神等方面的要素所组成的。构建和谐民主的校园文化，对于教学关系的和谐具有重要意义。

校园文化建设应该紧紧围绕精神文化这一核心展开。精神文化是对一所学校精神的具体展示，是学校的灵魂所在，只有保证每一项学校工作的开展都以精神文化为导向，才能充分体现学生成长和发展的价值。俗话说："三流学校靠情感，二流学校靠制度，一流学校靠文化。"只要能推动学校高质量发展，无论是情感、制度还是文化，都是好方法。例如，寓意深刻的校名、催人奋进的校歌、凝聚团结的校训，基于共同的愿景，在同一个奋斗目标的牵引下，促进学校的发展。

校园文化建设要以制度文化为保障，俗话说："不以规矩，不成方圆。"即便没有明文规定，也需要制定积极向上的校园公约，要具备合理的学校管理组织结构、完善的规章制度以及科学人文的评价体系。学生观、世界观、人生观、价值观等观念弥漫在整个校园，会对学生产生润物无声、潜移默化的影响。

值得注意的是，打造了精神文化，建立了制度文化，并不意味着学校就能健康、稳步前进了，还需要构建富有特色的校园主流文化。这就需要学校分析本校背景，植入成长理念。成长理念指的是打造什么样的学校、学生今后的发展方向。成长理念是校园文化发展的主要线索，贯穿学生入学到毕业的始终，是学校文化的顶层设计。学校主流文化的构建主要包括三个步骤：第一步，制定学校成长理念；第二步，提炼文化关键词；第三步，解读文化关键词。

3.加大实训条件建设，培养学生良好的学习态度

中小学生的学习离不开实训，实践、操作对他们而言非常重要。学校对学生的培养也需要立足当下实训情况。学校要加大对实训条件的建设投入，为学生提供良好的实训条件。学生只有在实训活动中亲自动手、操作，并获得真实的体验，才能将理论内化为自身的本领。而且，成功的体验往往更容易激发学生的学习兴趣，使学生将更多的关注放到自身综合能力的提升上，进而形成"乐学善学"的学习态度和学习状态，这有助于师生共同完成教学目标，促进和谐师生关系的形成。

第七章　中小学体育教学创新之教师专业发展

（三）教师提高沟通水平

1. 掌握沟通交流技巧

体育教师肩负着教书育人和完善心灵的双重任务，特别要注重提高自身的语言表达能力和沟通能力，尊重、爱护每一个学生，注重与学生进行平等交流和情感交流，让学生敞开心扉，倾听学生内心的声音。常言道："良言一句三冬暖，恶语伤人六月寒。"体育教师在日常教学工作中要讲究语言艺术，切不可将批评用语常挂嘴边，杜绝使用任何语言暴力，以防引起学生的反感，不利于和谐师生关系的形成。

当体育教师与学生之间的关系处于和谐融洽状态时，学生会将教师的表扬视为鼓励，将教师的批评视为爱护。因此，在融洽的师生关系中，无论是教师的表扬还是教师的批评，都是推动师生友好和谐共处的动力。而如果体育教师经常挖苦、讽刺学生，学生会将教师的偶尔表扬当作欺骗，将教师的偶尔批评当作挑剔。因此，在不和谐的师生关系中，表扬和批评都是师生和谐共处的障碍。

有效的沟通是师生和谐关系建立的桥梁和纽带，师生沟通是一门需要用心、用情、用智的艺术。体育教师要树立与时俱进的精神进行学习，不断总结先进、成功的沟通经验，及时针对沟通问题进行研究，不断提升理论水平，并积极将所学应用于教学实践。在师生关系中，虽然体育教师起着主导作用，但是师生的人格处于平等地位。因此，体育教师首先要从内心深处真正意识到师生的人格平等，以平等的身份与学生进行交流，充分尊重学生的人格，在与学生沟通交流之前做好充足的准备，创设自由、宽松、愉悦的氛围，从而使师生之间坦诚相待。在师生交流中，教师要善于倾听学生的声音和需求，多多肯定、鼓励学生，帮助学生树立自信，委婉地指出学生的缺点和不足，减少使用批评性语言，促进师生之间情感层面的交流、心灵层面的互动。每次交流结束后教师要注意总结。

2. 掌握必备心理学知识

知己知彼方能百战不殆，这在和谐师生关系的构建中同样适用。虽然学生并不是教师的敌人，但教师要想与学生建立良好的关系，就必须了解学生的心理特征，在传授体育知识与技能的同时，引导学生树立良好的价值观。这就需要体育教师掌握一些必备的心理学知识，对学生学习中出现的问题作出最基本的判断。

中小学生有着十分鲜明的个性特征，独立性日渐提升，逻辑思维能力正处于快速发展阶段。体育教师作为这一群体的领跑者和促进者，他们的及时、有效引导对于学生学习和人生规划具有非常重要的影响。例如，高中生正处于蓬勃向上的青春期，这一阶段的学生很可能对异性产生好感，如果教师不及时进行有效的引导，学生就非常容易出现早恋现象。总之，中小学生正处于成长的重要阶段，体育教师作为他们体育学习中的陪伴者、引导者，需要为学生提供有针对性的沟通、引导，为和谐师生关系的构建做好铺垫。

（四）学生发挥主观努力

1. 端正学习态度

学习态度是学生对学习所持有的稳定的心理倾向，这种心理倾向蕴含着个体的主观评价和由此产生的行为倾向。中小学生学习体育课的主要目的并非应付考试，而是强健体魄，为学生的文化课学习提供良好的身体基础，培养终身锻炼的意识和习惯，为今后的社会工作奠定牢固的身体基础。体育课程的学习涵盖内容较为丰富，学生可以从中获取诸多领域的知识，拓宽自身的视野，为交流沟通提供更加丰富的素材。

学生必须清楚地认识到学习体育课的必要性和重要性，不能因个人兴趣爱好而轻视体育课的学习，要始终在体育学习中保持积极向上的状态，真正学懂、学会、会用课上所学的体育知识和技能，具备源源不断的学习动力和内驱力，不断追求新知识的学习并学以致用，在一次次的尝试中感受成功的喜悦，最终将这些变成自己的特色。

2. 尊重和理解老师

师生之间是相互影响、相互作用的，不仅教师会影响学生的发展，学生也会反作用于教师。体育教师的教学工作是倾注了大量心血的劳动，学生必须正视并珍惜教师的劳动，由衷地理解和支持老师的良苦用心，支持和相信自己的老师。对于体育教师而言，学生的理解和支持能够增强其自我成就感、幸福感，并以更加饱满的热情和激情投入教学工作中，有助于形成良好的师生关系。

3. 关注自身身心健康

中小学生正值身心快速发展的时期，同时面临着来自学习、情感等方面的压力和困惑，尤其是高中生，还面临着巨大的高考压力。因此，中小学生要关注自己的身心健康。中小学生应该将身体的成长置于首位，因为良好的身体是顺利完成学业的前提保障，所以，体育、健康在中小学教育中尤为重要，这符合中小学生的发展规律。因此，中小学生要认识到身体健康的重要性，加强体育锻炼，以过硬的身体素质迎接来自学习和生活的各种挑战。

另外，除了关注自身身心健康，中小学生还要关注自己的心理健康。在与教师和同学之间的冲突中，很多问题出现的原因都是学生存在心理问题，如果心理问题无法得到有效、及时的疏导，就容易逐渐演变成心理疾病，引发一系列恶性事件。因此，中小学生要学会调适自己的心理状况和情绪，不断提高自己的心理承受能力，形成良好的心理素质，对负面情绪的存在有正确的认识，学会接纳与转化负面情绪，积极敞开心扉与老师和家长进行沟通与交流，从而获得更多的合理性建议和指导。

总之，学生通过关注自己的身心健康来促进自己身心健康成长，减少与老师之间的冲突，这有助于学生与教师建立和谐的师生关系。

参考文献

[1] 周奕君，郭强. 中小学体育教学法理论与实务 [M]. 北京：中国原子能出版社，2021.

[2] 于洁. 中小学体育教师专业技能发展的途径与实践 [M]. 成都：西南交通大学出版社，2018.

[3] 唐军良. 中小学体育教学技能训练的理论与实践 [M]. 长春：吉林人民出版社，2021.

[4] 任俭，王植镯，肖鹤. 体育教学原理及体育学法的创新研究 [M]. 北京：中国纺织出版社有限公司，2020.

[5] 闫文. 小学体育教学模式研究 [M]. 北京：光明日报出版社，2018.

[6] 蔺新茂，孙思哲. 我国学校体育教学内容研究 [M]. 重庆：重庆大学出版社，2020.

[7] 王海燕. 现代体育教学功能实现与创新应用 [M]. 北京：中国书籍出版社，2020.

[8] 王丹. 体育教学的理论与实践探索 [M]. 北京：北京理工大学出版社，2019.

[9] 韦勇兵，申云霞，汤先军. 体育教学与运动技能分析 [M]. 长春：吉林人民出版社，2019.

[10] 金俊. 体育教学方法及教学技能探究 [M]. 北京：研究出版社，2020.

[11] 罗荣汶. 小学体育教育教学创新与发展研究 [M]. 北京：北京工业大学出版社，2021.

[12] 申映辉. 小学体育课程设计及教学质量提升探索 [M]. 太原：山西经济出版社，2021.

[13] 崔洪伟. 传统体育在小学体育教学中的价值与实施 [M]. 北京：现代教育出版社，2019.

[14] 李开梦. 少儿趣味田径在中小学体育教学中实施的价值研究 [D]. 哈尔滨：哈尔滨体育学院，2021.

[15] 张智豪. 信阳市农村中小学体育教学资源现状与对策研究 [D]. 信阳：信阳师范学院，2021.

[16] 李莹. 近年我国中小学体育教学研究的知识图谱比较分析 [D]. 沈阳：东北大学，2018.

[17] 伍建权. 民国初期中学体育教学理念的变革研究（1912—1927）[D]. 株洲：湖南工业大学，2022.

[18] 叶玉平. 多元智能理论在中学体育教学中的应用研究 [D]. 赣州：赣南师范大学，2021.

[19] 衣茞. 在中学体育教学中培养学生健全人格的研究：以吉林油田第二中学为例 [D]. 长春：吉林体育学院，2021.

[20] 谭堃堃. 建国以来我国中学体育教学大纲（课程标准）的历史演进与价值取向研究 [D]. 桂林：广西师范大学，2021.

[21] 马金龙. 体育强国背景下宁夏石嘴山市初级中学体育教学优化路径研究 [D]. 银川：宁夏大学，2021.

[22] 侯颖. 西藏中学体育教学有效性研究 [D]. 西安：陕西师范大学，2020.

[23] 朱林可. 健康教育融入中学体育教学的实证研究 [D]. 南昌：华东交通大学，2020.

[24] 董星胜. 互联网资源在中学体育教学中应用研究 [D]. 曲阜：曲阜师范大学，2020.

[25] 周旭. 中学体育教学方法改革困境与对策研究：基于宜春市中学体育教学方法调查分析 [D]. 长沙：湖南师范大学，2019.

[26] 丁萌.中学体育教学中应用趣味体育的效果研究：以运城市夏县中学为例[D].长春：吉林体育学院，2019.

[27] 王雨婷.分层教学法在中学体育教学中应用的案例研究：以北京教育学院附属中学为例[D].北京：首都体育学院，2018.

[28] 王思文.对小学体育教学内容的比较研究：基于对五所小学的调查[D].大连：辽宁师范大学，2022.

[29] 唐春雨.体育游戏在小学体育教学中的应用效果研究：以重庆市大足区实验小学为例[D].上海：上海体育学院，2021.

[30] 刘成学.小组游戏竞赛法在小学体育教学的应用效果研究[D].岳阳：湖南理工学院，2021.

[31] 朱会会.基于游戏化理论的翻转课堂教学法在小学体育教学中的应用研究[D].广州：广州体育学院，2021.

[32] 石岳奇.课程思政视域下小学体育教学中德育教育研究[D].锦州：渤海大学，2021.

[33] 徐杰.珠海市小学体育教学内容现状的调查研究[D].广州：广州体育学院，2020.

[34] 林华洁.小学体育教学师生互动的研究[D].福州：福建师范大学，2019.

[35] 李利萍.健康中国背景下小学体育课堂教学创新研究：以北京市小学为例[D].锦州：渤海大学，2019.

[36] 罗器宇，凤兆媛，刘亚云，等."双减"政策下中小学体育教师专业资本发展路径[J].教育理论与实践，2022，42（32）：35-37.

[37] 马卉君，姚蕾，史瑞应."五育"融合视域下中小学体育教学的逻辑框架与推进机制[J].教育理论与实践，2022，42（32）：56-58.

[38] 张平.中小学体育后备人才培养研究：基于上海市普陀区的实践[J].上海教育科研，2022（11）：57-60，86.

[39] 季浏.新时代我国中小学体育与健康课程的整体构建与发展趋势[J].武汉体育学院学报，2022，56（10）：5-12，20.

[40] 陈学东."双减"背景下中小学体育教学探索[J].教育理论与实践，2022，42（26）：62-64.

[41] 王琪，项鑫. 中小学体育教师学科教学知识对教学投入的影响机制：有调节的中介模型[J]. 北京体育大学学报，2022，45（8）：85-95.

[42] 闫纪红，吴文平，代新语."双减"背景下中小学体育教师专业发展的生态化路径研究[J]. 体育学研究，2022，36（2）：9-20.

[43] 张磊. 核心素养导向的中小学体育课程一体化建设：台湾经验与启示[J]. 成都体育学院学报，2021，47（5）：31-38.

[44] 任贵，李笋南，杨献南，等. 我国中小学体育教师身体语言指标体系构建研究[J]. 北京体育大学学报，2021，44（3）：139-150.

[45] 杨伊，任杰. 我国中小学体育课程改革70年：兼论人工智能对体育教育的影响[J]. 体育科学，2020，40（6）：32-37.

[46] 陈长洲，王红英，项贤林，等. 新中国成立70年中小学体育与健康课程标准的演变及反思[J]. 上海体育学院学报，2020，44（6）：85-94.

[47] 王文增，刘晓明. 中小学体育教师工作特征与工作倦怠的关系：自我决定和工作旺盛感的链式中介[J]. 沈阳体育学院学报，2020，39（1）：29-38.

[48] 彭泽平，李礼，罗珣. 新中国70年中小学体育课程改革的历史经验[J]. 天津体育学院学报，2019，34（5）：373-380.

[49] 吴爱军. 中小学体育课程内容的整体设计与实施[J]. 教学与管理，2019（25）：49-52.

[50] 马卉君，马成亮，姚蕾. 我国中小学体育教师专业性的逻辑起点与路径重构[J]. 北京体育大学学报，2019，42（6）：89-98.

[51] 毛振明. 近20年中小学体育课程教学改革回顾与反思[J]. 上海体育学院学报，2019，43（3）：1-6.

[52] 郎健，毛振明. 论体育课程在大中小学的断裂与衔接：上[J]. 成都体育学院学报，2019，45（2）：38-43，127.

[53] 周建新，王瑶. 基于扎根理论的浙江中小学体育名师专业素养探索[J]. 体育学刊，2019，26（2）：113-117.

[54] 白翠瑾，张守伟. 我国中小学体育教师资格考试制度审思[J]. 体育文化导刊，2019（3）：87-92.

[55] 朱斌，毛振明. 我国中小学体育教师专业素质能力之惑与解决之策：对全面深化新时代教师队伍建设改革的建言（3）[J]. 首都体育学院学报，2019，31（1）：12-16.

[56] 胡小清，唐炎，刘阳，等. 近30年美国中小学体育教育发展现状及启示：基于《美国学校体育教育发展现状报告》的文本分析[J]. 上海体育学院学报，2018，42（6）：82-97.

[57] 董国永，刘丽，王健. 中小学体育教师评价的学生参与现状研究[J]. 体育学刊，2019，26（1）：125-131.

[58] 智敏，罗勤. 构建"五育融合"的小学体育活动体系[J]. 人民教育，2022（22）：77-78.

[59] 夏静，钱丙瑶. "以生为本"理念下小学体育教育中课堂转型实践研究[J]. 中国教育学刊，2022（S1）：136-138.

[60] 曹忠. 全面育人理念下的小学体育跨学科协同教学[J]. 中小学管理，2019（11）：22-24.

[61] 李佳. 文化传承与创新视域下体育课程教学研究改革[J]. 中国教育学刊，2019（S1）：204-206.

[62] 许莉. 民间游戏资源在农村小学体育教学中的开发与利用[J]. 教学与管理，2018（21）：90-92.

[63] 陈莉. 美国小学体育对我国小学体育改革的启示[J]. 体育学刊，2018，25（6）：112-116.

[64] 兰文婷. 健身类App在小学体育教学中的应用[J]. 中国教育学刊，2019（S1）：215-216，246.

[65] 刘李煜阳，王春. 体育游戏在高中体育教学中的应用[J]. 体育视野，2022（24）：45-47.

[66] 董磊，乔湜博，王志鹏. 高中体育模块教学实施中教学内容的研究[J]. 冰雪体育创新研究，2022（14）：103-106.

[67] 张丽荣. 高中体育专项化教学改革的必要性及面临的问题与实施策略[J]. 体育风尚，2022（7）：122-124.